ARTS-AND CRAFTS-GÄRTEN

Arts-and-Crafts-Gärten

Wendy Hitchmough

Aus dem Englischen von
Ulrike Stopfel

Deutsche Verlags-Anstalt,
Stuttgart

Für Greysteil und Matty – die fabelhaften Söhne

Die Deutsche Bibliothek – CIP-Einheitsaufnahme

Hitchmough, Wendy:
Arts-and-Crafts-Gärten / Wendy Hitchmough.
Aus dem Englischen von Ulrike Stopfel. -
Stuttgart : Deutsche Verlags-Anstalt, 1998
Einheitssacht.: Arts and crafts gardens <dt.>
ISBN 3-421-03167-3

1997 Pavilion Books Limited, London

Reproduktionen: Anglia Graphics
Druck und Bindung: Graficas Reunidas
Printed and bound in Spain

ISBN 3-421-03167-3

FRONTISPIZ:
William Robinson's garden, Gravetye Manor in Sussex.

INHALTSVERZEICHNIS

Vorwort

Es war nicht meine Absicht, mit diesem Buch einen umfassenden Überblick über die *Arts-and-Crafts*-Gärten vorzulegen. Das hätte einen sehr viel größeren Umfang erfordert und im Grunde nur eine Wiedervorlage des Materials aus David Ottewills ausgezeichnetem Buch *The Edwardian Garden* bedeutet. Mir ging es vielmehr um die Ideen, denen diese Gärten ihre Gestalt verdanken, um die soziale Atmosphäre, die dafür bestimmend war, wie sie behandelt und wie sie genossen wurden, und um Planung und Bepflanzung als Ausdruck des Engagements und der Überlegungen ihrer Entwerfer. Um diesen Fragen nachzugehen, habe ich mich entschlossen, einige wenige Gärten im Detail zu betrachten. Bei einer größeren Anzahl hätte das zugleich die Beschäftigung mit weiteren Idealvorstellungen innerhalb einer Bewegung bedeutet, die sich durch ihre Diversität auszeichnete. Die Liste der Gartengestalter, deren Werk – hier kaum erwähnt – eine eingehendere Beschäftigung rechtfertigen würde, ist lang. Ich nenne nur einige Namen: C.E. Mallows, Thomas Mawson, Mervyn Macartney, Ernest Newton, E.S. Prior, R.W. Schultz und W.R. Lethaby. Hätte ich aber zu viele Gärten in mein Programm hineingenommen, wäre daraus am Ende ein unzusammenhängender Katalog von Namen und halbverdauten Eindrücken entstanden. Ich hoffe, daß die in diesem Buch besprochenen Gärten sowie die Strukturen und die Persönlichkeiten, die sie miteinander verbinden, ein Licht auf die Bewegung als Ganzes werfen werden. Andere Studien werden, wie ich weiß, meine nur ausschnitthafte Darstellung ergänzen.

Danksagung

An erster Stelle muß ich meinen Kindern Greysteil und Matthew danken, die sich so oft damit abgefunden haben, daß ich nicht zur Stelle war, weil ich an meinem Buch arbeitete. Ken Baker war mir eine große Hilfe, und meine Eltern bezeigten wie immer Interesse und bestärkten mich in meinem Vorhaben.

Auch bei Colin Webb möchte ich mich bedanken, der das Projekt sogleich enthusiastisch begrüßte und durchzog. Ein besonderes Glück war es für mich, wieder mit Martin Charles arbeiten zu können. Seine Kommentare zu meinem Rohmanuskript und zu den Gärten selbst sind in dieses Buch eingeflossen. Seine Fotos brauchen meine Bestätigung nicht. Helen Castle nahm sich dankenswerterweise die Zeit, den Text kritisch zu lesen, als Zeit gerade einmal knapp war. Danken möchte ich auch Penny David, Natasha Martyn-Jons und Emma Tait, die den Text mit Verständnis und Sorgfalt lektorierten, und Janet James für das Design. Frances Kelly und Vivien James steuerten das Projekt freundlich und bestimmt durch kritische Phasen.

Die Besitzer und Verwalter der Gärten, ohne die dieses Buch nicht hätte geschrieben werden können, verdienen meinen besonderen Dank. Peter Herbert schulde ich die Feststellung, daß die Gastfreundschaft von Gravetye Manor in der Tat vollkommen ist. Anne Ellis ließ mich an ihren Forschungen im Zusammenhang mit dem Innengarten von Hill House teilhaben, und Paul Nichols machte mich mit Menschen bekannt, die Hidcote aus einer Zeit kennen, zu der es noch nicht im Besitz des *National Trust* war. Jean-Paul Marix-Evans stellte mir freundlich sein großes Wissen über Great Tangley Manor zur Verfügung. Danken muß ich auch dem Baron und der Baronin von Earlshall sowie David Usher, Lady Clark, Stephen King, Edward Hollamby, Lois Marshall, Stephen Biddulph, Edward Bosley, Penny und Gerry Reading, M.J. Allen und Jack Percival. Bedanken möchte ich mich schließlich bei Patrick Taylor, der mich auf Sir Robert Lorimers Bedeutung als Gartenentwerfer aufmerksam machte, und bei John Brandon-Jones und Maurice Hoard, die beide meine Kenntnis der *Arts-and-Crafts*-Bewegung erweiterten, obwohl wir uns selten über Gärten unterhielten.

Einführung

Die *Arts-and-Crafts*-Bewegung wird allgemein als eine Reformbewegung in Architektur und Design definiert, die aus dem schriftlichen Werk und der praktischen Tätigkeit von John Ruskin und William Morris hervorging. Sie machte sich als erkennbarer Stil in den achtziger Jahren des vorigen Jahrhunderts bemerkbar, florierte in den Neunzigern, erreichte ihre glänzendsten Wirkungen um die Wende zum 20. Jahrhundert und wurde durch den Ersten Weltkrieg beendet. Diese historische Eingrenzung ist von einer gefälligen Vollständigkeit, sie impliziert dabei aber, daß man bewußt von der Artikulierung eines eigenständigen Stils mit einem definitiven Beginn und Ende ausgeht. Die Fakten sind nicht ganz so gefällig. Wenn wir Red House (1859), den Wohnsitz von William Morris, als den Ausgangspunkt und den Krieg als den letzten Schlag ansehen, der eine bereits im Niedergang begriffene Entwicklung traf, dann hat die *Arts-and-Crafts*-Bewegung eine Lebensspanne von fünfundfünfzig Jahren – zu lang, als daß man sie als separate, sich selbst genügende künstlerische Wortmeldung ansehen könnte. In seiner eigenen Zeit bezeichnete der Begriff »Arts and Crafts« eine lose Gruppierung gleichgesinnter Künstler, Designer, Fabrikanten und kunsthandwerklich tätiger Männer und Frauen, die über die *Art Workers' Guild* und andere regionale Vereinigungen miteinander bekannt wurden und unter den Auspizien der *Arts and Crafts Exhibition Society* gemeinsam ausstellten. Diese Gesellschaft gab der Bewegung ihren Namen und ab 1888 eine öffentliche Identität. Die *Arts-and-Crafts*-Bewegung war niemals – wie etwa die Präraffaelitische Bruderschaft – auf eine exklusive künstlerische Mitgliedschaft beschränkt, und sie war auch nicht durch ein schriftliches Manifest definiert.

Die *Arts-and-Crafts*-Bewegung wollte vom »Stil« als von etwas künstlich Aufgezwungenem nichts wissen (und sorgte damit für Verwirrung unter den Historikern). Nichtsdestotrotz zeichnen ihre Hervorbringungen sich durch eine gewollte Bescheidenheit und Einfachheit, durch die Anwendung alter, über die Generationen hinweg tradierter Methoden und durch natürliche Materialien aus, die in einfacher Weise bearbeitet wurden. Die Bewegung entstand unabhängig in England und in Amerika. Obwohl speziell mit Landhäusern, Gartenvorstädten, Möbeln, häuslichen Objekten und graphischen Erzeugnissen assoziiert, liegt die Faszination des Phänomens gerade im Überschreiten der physischen Grenzen des Designs. Das *Arts-and-Crafts*-Haus und der zugehörige Garten versinnbildlichten einen ganzen Fächer von Ideen, Anliegen und Interessen. Häufig zeugte es von einem Streben nach Reinheit und Unschuld, einem Eintauchen in die Spiritualität, in überkommene und kosmische Symbole und orientalische Religionen und von der Sinnsuche in einem Jahrhundert der radikalen Veränderungen.

In ihren prägenden Jahren lief die *Arts-and-Crafts*-Bewegung parallel zur sogenannten ästhetischen Bewegung. Deren Begeisterung für orientalisches Porzellan und die »Liebe zur Kunst um der Kunst willen«, für die Walter Pater in den siebziger Jahren plädierte, lassen sich vom Interesse an den nach *Arts-and-Crafts*-Designs der achtziger und neunziger Jahre von Hand hergestellten gesunden »cottage-style«-Einrichtungen und einfachen Eichenmöbeln zwar durchaus absetzen; beiden Bewegungen sind aber zu viele Ideale, stilistische Assoziationen und selbst Schlüsselfiguren gemeinsam, als daß sich eine klare Trennlinie zwischen ihnen ziehen ließe. Die Ansicht, daß Künstler und Designer kreativ zusammenarbeiten müßten, das Beharren auf dem Prinzip der Einfachheit und der unterschwellige Gedanke, daß die Qualität des Lebens durch Architektur und Innendekoration gefördert oder beeinträchtigt werden könne, gehörten zu den grundsätzlichen Überzeugungen beider Bewegungen.

Sowohl die ästhetische als auch die *Arts-and-Crafts*-Bewegung bescherten den Frauen neue Möglichkeiten in ihrem häuslichen Umfeld, die ihnen eine gewisse künstlerische Unabhängigkeit und in manchen Fällen letztlich einen professionellen Status eintrugen. Das Bild der Frau in den siebziger Jahren als eines Geschöpfs von verfeinerter Sensibilität mit einer besonderen Verantwortung für die häusliche Sphäre, perpetuiert in Handbüchern, welche die Amateurin in allen Fragen der Gestaltung ihres Interieurs unterwiesen, erweiterte sich um den Anspruch, auf dem Weg über den *Arts-and-Crafts*-Garten eine physische und professionelle Selbstbehauptung durchzusetzen. Das *Arts-and-Crafts*-Haus stellte ein progressives Umfeld dar, in dem liberale Vorstellungen und alternative Theorien *de rigueur* waren. Jetzt wurden gesunde Aktivitäten wie Radfahren und Tennisspielen zur modischen Beschäftigung, und ebenso brachten die attraktiven Aspekte des Gärtnerns die Frauen aus dem Haus und am Ende in die Domäne der bezahlten Tätigkeit. Um die Wende zum 20. Jahrhundert war gärtnerisches Wissen und Können für Frauen ein anerkannter Weg zur professionellen Glaubwürdigkeit.

Zwischen der Bewegung für das Frauenstimmrecht und dem *Arts-and-Crafts*-Garten besteht ein eindeutiger Zusammenhang, der es wert ist, näher untersucht zu werden. Es war kein Zufall, daß eine Zusammenkunft von angehenden Gartenkünstlerinnen im Haus von Gertrude Jekyll wegen des Verdachts einer subversiven Tätigkeit von der Polizei aufgelöst wurde und daß die Werkstatt für Gartenornament, die Mary Watts in Compton unterhielt, um hier Landfrauen in kunsthandwerklichen Betätigungen auszubilden, zu einer Begegnungsstätte für die Frauenrechtlerinnen dieser Gegend wurde. Bei der Beschäftigung mit der Entstehung des *Arts-and-Crafts*-Gartens stößt man auf Frauen des 19. Jahrhunderts, deren Einfluß in den allgemeineren Untersuchungen zu diesem Thema bagatellisiert oder marginalisiert worden ist. Kate Greenaways Bilder kindlicher Unschuld und ihre Wirkung auf die Mode spielten eine wichtige Rolle bei der Kondensation künstlerischer Ideen, die eine populäre Identität gewannen. Und – um eine konkretere Ebene zu betreten – Gertrude Jekylls Passion für das Bauen und ihre Stimme in der Welt der Architektur verdienen es, besonders hervorgehoben zu werden.

Die Ideale der *Arts-and-Crafts*-Bewegung und die sozialen und ökonomischen Bedingungen, unter denen sie gedieh, standen in einer spannungsreichen Koexistenz. *Arts-and-Crafts*-Häuser, -Interieurs und -Gärten bedienten in einer sehr spezifischen Weise die künstlerischen Ambitionen und Interessen der arrivierten Mittelschichten. Sie wurden aus den Erträgen industrieller und finanzieller Tätigkeit entworfen und gebaut, aber sie suchten bewußt eben jene ländlichen Traditionen und Handfertigkeiten wiedereinzuführen und mit Leben zu erfüllen, die von der Industrialisierung untergraben worden waren. Es hat etwas von Ironie, daß viele *Arts-and-Crafts*-Gärten für erfolgreiche Industrielle oder Unternehmer entworfen wurden, die entschlossen waren, ein Cottage auf dem Land zu erwerben, um dort den Schrecken des städtischen Lebens zu entgehen. Ein beträchtlicher Teil des Geldes, das ausgegeben wurde, um viele Morgen ländlichen Terrains zu terrassieren, Gartenmauern und Pergolen zu errichten und ganze Armeen von Gärtnern zu bezahlen, war neues Geld oder erst durch ein oder zwei Generationen gefiltertes neues Geld. Einige der einflußreichsten Figuren auf dem Gebiet der Gartengestaltung stammten aus Mittelschichtfamilien, die ihr Vermögen in der Industrie erworben hatten. Obwohl sie sich gegen die Massenproduktion und die damit einhergehende Abwertung von Tradition und Handwerkskunst wandten, waren sie letzten Endes abhängig von der Industrie.

Je mehr die Menschen sich von den Kräften der Natur distanzierten, indem sie, in städtischen Agglomerationen lebend, ihren Wohlstand und ihr Überleben durch Manufaktur und Import anstatt durch Anbau und Hege sicherten, desto komplizierter wurde ihr Verhältnis zur Natur. Diese physische Distanzierung war von einer vehementen philosophischen und theologischen Debatte begleitet, da der wissenschaftliche und technische Fortschritt die religiösen Dogmen herausforderte und ein Verständnis von Evolution ins Spiel brachte, das für viele Menschen die Gesetze der Natur in einen direkten Gegensatz zu dem brachte, was bisher als das Gesetz Gottes akzeptiert worden war. Malerei, Literatur und Musik des 19. Jahrhunderts sind voll von beruhigenden Verweisen auf pastorale Szenen. Die Natur – wie die Erdgöttin Erda in Wagners *Ring des Nibelungen* (der als Zyklus 1876 zum ersten Mal aufgeführt wurde) – wurde mit den alten, regenerativen und prophetischen Mächten assoziiert oder aber mit rationalistischen Implikationen befrachtet.

Die reichen Industriellen, die sich Häuser mit *Arts-and-Crafts*-Gärten auf dem Land errichten ließen, und die Philanthropen, die Geld für den Entwurf von Gartenstädten und Gartenvorstädten gaben, bemühten sich, das Ideal des harmonischen Zusammenlebens von Mensch und Natur wieder einzusetzen, die einen auf der persönlichen, die anderen auf der kollektiven Ebene. Ihre Architekten strebten danach, eine organische Architektur zu ersinnen, die von der Natur inspiriert war und die Konturen und Materialien der Landschaft spiegelte. Die lokalen Gegebenheiten – Gelände, Boden, Klima – gingen als wesentliche Kriterien in das Design des Hauses und seines Gartens ein – mit der Folge, daß der *Arts-and-Crafts*-Garten aus einer breiten stilistischen Palette schöpfte. Die Gärten von Greene und Greene in Kalifornien unterschieden sich in ihrem Aussehen, ihrer Bepflanzung und ihren Sichtbezügen sehr stark von den Gärten, die Gertrude Jekyll und Edwin Lutyens in Surrey bauten, denn sie antworteten auf andere klimatische Bedingungen und eine andere Art des Bauens in der Landschaft. Die Ambitionen ihrer Besitzer, die künstlerischen Überzeugungen ihrer Entwerfer und das Verhältnis zwischen Bepflanzung und Architektur waren einander dagegen bemerkenswert ähnlich.

Auch größere Themen von nationalem und politischem Belang spielten bei der Entstehung des *Arts-and-Crafts*-Gartens eine Rolle. Handel und Industrie expandierten, und zugleich wuchsen das Gemeinwesen und das Handelsimperium, und besonders der Import japanischer Drucke und sonstiger Artefakte hatte einen tiefreichenden Einfluß auf das Design in Nordamerika wie in Europa. Japan war der westlichen Welt gegenüber mehr als zweihundert Jahre lang verschlossen gewesen, bis die Revolution von 1848 den Weg für Handels- und diplomatische Beziehungen freimachte. Schöne japanische Bilderbögen, die als Packpapier für chinesisches Porzellan dienten, wurden 1856 von Malern in Paris entdeckt. Zwei Jahre später unterzeichnete Japan ein Handelsabkommen mit Großbritannien und Amerika. Der Einbruch japanischer Exporte nach Europa und Amerika beeinflußte die künstlerischen Tendenzen und bewirkte eine zeitweilige Begeisterung für blauweißes Porzellan und orientalische Seidenstoffe. Die impressionistische französische Malerei, die ästhetische Bewegung in England und die Architektur von Frank Lloyd Wright und von Greene und Greene in Amerika – sie alle stehen in der Schuld der klaren, einfachen Umrisse und aufregenden Kompositionen der japanischen Kunst. Ganz buchstäblich kamen japanische Einflüsse in den orientalischen Teehäusern zum Ausdruck, die man in englischen *Arts-and-Crafts*-Gärten errichtete. Japanische Einflüsse inspirierten auch Monets Wassergarten in Giverny. Am stärksten war ihre Wirkung allerdings in Amerika: Der Ho-o-den-Pavillon auf der Chicagoer Weltausstellung von 1893 machte eine ganze Generation von Architekten und Gartendesignern mit dem Bauen von Hand, mit der kontemplativen Integration von Landschaft und Architektur und mit einer neuen symbolistischen Betrachtungsweise von Landschaft und Design bekannt.

Internationale Ausstellungen brachten Künstler und Designer und ihr Werk in direkten Kontakt miteinander und förderten auch den internationalen Handel. Mit dem Schwinden der Handels- und Kommunikationsbarrieren zwischen den Ländern ging allerdings auch eine kompensatorische Betonung nationaler Eigenschaften und Unterschiede einher. Ein Gefühl für

LINKS: *Monets Wassergarten in Giverny übersetzte den Einfluß der japanischen Kunst in ein Sujet der impressionistischen Malerei.*

die nationale, ja sogar für die lokale Geschichte trat zu den Faktoren hinzu, die zur Entstehung des *Arts-and-Craft*-Gartens führten. Gaudís Dachgärten in Barcelona, bar der Bepflanzung und doch berstend vor organischer Energie, riefen die mythischen Figuren von Georg und dem Drachen auf, die Symbole des katalanischen Nationalismus, und zeichneten die Formation der die Stadt umgebenden Berge nach. Die amerikanischen Gärten antworteten auf koloniale und indigene Gartentraditionen: Im südlichen Kalifornien adaptierte Irving Gill im Entwurf seiner Häuser und Gärten hispanische Traditionen; wo die Geschichte den Gartenplaner erbarmungslos mit dem Schicksal der Pioniere konfrontierte, wurden die großen amerikanischen *Plains* zum Fokus und zur Inspiration für das Gartendesign. Englische Gärten inspirierten sich an mittelalterlichen Traditionen und an der Tudorzeit als einem goldenen Zeitalter in der britischen Geschichte und förderten damit noch ein bereits vorhandenes Wohlwollen gegenüber Tennysons Arthur-Erzählungen und der präraffaelitischen Malerei.

Der *Arts-and-Crafts*-Garten variierte, was seinen Maßstab wie seinen Charakter betraf. Besonders ambitioniert trat er in Gestalt der grandiosen formalen Anlage und der zu Elefantenform geschnittenen Büsche im Mogulgarten von Neu Delhi auf, den Lutyens 1917 schuf. Seinen Höhepunkt erreichte er in den zwischen 10 und 20 *acres* großen Landgütern, wo Haus und Garten als Einheit angelegt waren und der Garten eine Folge von Außenräumen bildete, deren jeder seine spezifische Funktion und seinen eigenen Charakter besaß. Das Prinzip des mit der Landschaft verbundenen Hauses, dessen Linien und Materialien sich wie auf der Oberfläche verlaufende Wurzeln in die Mauern und Wege des Gartens ausbreiteten, des Aufbrechens der scharfen Trennung zwischen Innen und Außen in der Form von Wohn-Räumen im Freien, die sich wie Decks in die Landschaft schoben, war am Ende des 19. Jahrhunderts für Designer, Gärtner und Auftraggeber gleichermaßen von unendlichem Reiz. Dieses Prinzip konnte einerseits in einem Anflug imperialer Großartigkeit heraufgeschraubt und andererseits – in den kleinen Stadthäuschen von Baillie Scott oder den teilweise freistehenden Häusern der Gartenvorstadt – auch wieder auf seine wesentlichen Elemente herunterdestilliert werden.

Die *Arts-and-Crafts*-Bewegung gab ihren Gärtnern eine reiche und flexible Gesamtheit von Regeln und Bezügen an die Hand, die ein Entkommen aus den Zwängen des modernen Lebens verhießen. Gesunde Luft, körperliche Übung, ein neuer Kontakt mit den Kräften der Natur und das Versprechen, daß das Gärtnern auch für den Amateur eine leichte Sache sei – das alles wurde als Anreiz und Verführung aufgeboten. Die Besitzer von *Arts-and-Crafts*-Gärten allerdings konnten – anders als die meisten Gartenbesitzer heutzutage – das Rabattenschäufelchen weglegen, sobald sie auch nur den kleinsten Schmerz im Rücken verspürten. Die gärtnerische Tätigkeit durfte mit dem ebenso ernsthaften Ritual des Teetrinkens kaum jemals interferieren, und jede Aufgabe, die sich als ermüdend oder langweilig herausstellte, konnte den stets parat stehenden und zuverlässigen Hilfstruppen, dem Gartenpersonal, überlassen werden. Sich in Schweiß zu arbeiten oder den Komposthaufen umzugraben kam ganz einfach nicht in Frage.

Wie heute sah sich der Gärtner auch damals von einer Fülle von Gartenbüchern und -zeitschriften inspiriert und informiert. So wie uns Heutige die farbigen Fotos anregen und verführen, so sah sich der Gärtner des späten 19. Jahrhunderts angeregt von Aquarellen, auf denen beschnittenes Buschwerk sich über einen Schleier einjähriger und perenner Blüten erhob und strohgedeckte Behausungen halbversteckt hinter einer verschwenderischen Fülle von Malven und Rosen lagen. Künstler wie Gärtner flunkerten gelegentlich, indem sie Topfblumen unter strategischen Gesichtspunkten in die Rabatten plazierten oder blühende Pflanzen zusammen malten, deren Blütezeiten in Wahrheit mehrere Wochen auseinanderlagen. Der *Arts-and-Crafts*-Garten war eine Mischung aus Wahrheit und Illusion, aus Nostalgie und Regeneration. Er war inspiriert von der Malerei seiner Zeit, und umgekehrt wurden die besonders romantischen Gärten gemalt, um dann als Gemälde Aufnahme in die Royal Academy oder in einen Bildband zu finden.

Der *Arts-and-Crafts*-Garten verband rationale, »menschengemachte« Strukturen mit einer üppigen »natürlichen« Bepflanzung. Er hob die Grenze zwischen Architektur und Natur, zwischen Kontrolle und dem Unbekannten auf. Er war ein Ort der Ruhe und des Friedens und schloß vielfach Komponenten – wie Mauern und Tore – ein, die der Zeit widerstanden. Er lieferte den Hintergrund für die jahreszeitlichen Veränderungen und überdauerte die Erosion der Zeit. Er nahm die Ideale seiner Epoche in Dienst und führte sie vor, aber er barg auch einen Ort für Phantasie und Imagination abseits der hartnäckigen Forderungen eines Reformzeitalters, in dem alles von der Politik bis zur Erziehung im Interesse des Fortschritts unter die Lupe genommen und reorganisiert wurde.

KAPITEL 1

DIE URSPRÜNGE

Der *Arts-and-Crafts*-Garten legte die Grundlagen der modernen gärtnerischen Praxis. In England lehnte man inzwischen die kunstvollen viktorianischen Bepflanzungsschemata mit den geometrisch angeordneten einjährigen Pflanzen in bunten Farben ab. Auch die Begeisterung für die auf botanischen Exkursionen in die fernsten Gegenden der Welt zusammengetragenen und in eigens dafür entworfenen Treibhäusern sorgsam gehegten exotischen Pflanzen kam an ihr Ende. Statt dessen erweckte der *Arts-and-Crafts*-Garten die wohlbedachte Zurückhaltung und zeitlose englische Qualität wieder zum Leben, wie sie in den Tudorgärten beschlossen waren, jenen Gärten, die strenge architektonische Strukturen, buchsgesäumte Beete und die Einteilung in eine Folge separater Kompartimente mit

RECHTS: *Die Mauern von Hestercombe weisen künstliche Löcher und Spalten auf, die bepflanzt werden können.*

einer verschwenderischen Fülle von Pflanzen verbanden. Hohe Hecken und Mauern unterteilten den Garten in eine Folge von Außen-Räumen, und geradeverlaufende Ziegel- oder Steinpfade säumten lange und tiefe Rabatten voller perenner Staudengewächse. Der Grundriß war an formalen Sichtachsen ausgerichtet, mit Brunnen oder Sonnenuhren als Fokus, aber innerhalb dieser geordneten Anlage gab es unerwartete und oftmals geheimnisvolle Binnenräume: einen versunkenen Garten, einen schlichten Gartensitz, halbverborgen in einer von Rosen überwachsenen Laube. Künstlich zu Tier- und Vogelformen beschnittenes Buschwerk fügte ein humoristisches Element hinzu und sprach im übrigen von der peinlich genauen Beachtung des Details; kunstvoll gesetzte Stufen akzentuierten die Gliederung eines abfallenden Geländes als Folge von Terrassen.

Innerhalb dieser präzise definierten, geordneten Struktur war den Pflanzen das freie Spiel zugestanden. Sie durften sich über Bögen und Pergolen ausbreiten, sich über die Konturen der Wege ergießen, aus den Fugen steinerner Stützmauern hervorbrechen. Verhältnismäßig bekannte Bäume, Sträucher und Blumen wurden eingesetzt, häufig Einheimische oder aber winterfeste Exoten aus ähnlichen Habitats, und der Gärtner warf sich nicht etwa zum Diktator über die Natur auf, sondern ging eine Partnerschaft mit ihr ein. Alte Rosen, mittelalterliche Blumen wie Nelken, Blumen mit »unbotmäßigen« Gewohnheiten wie *Verbascum* und Fingerhut – die der viktorianische Gärtner ausgemerzt hätte – kamen wegen ihrer unprätentiösen Schlichtheit in Mode. Den Einjährigen wurde gestattet, sich an den Plätzen, von denen sie Besitz ergriffen hatten, selbst auszusäen, und die Fugen der Stützmauern quollen über von Felsenpflanzen wie *Gypsophila* und *Cerastium* oder waren von Kaskaden üppig wuchernder Rosen bedeckt.

Der *Arts-and-Crafts*-Garten war weit mehr als eine oberflächliche Zeitströmung auf dem Gebiet des Designs. Er war befrachtet mit intellektuellen und visuellen Scherzen, Provokationen und Subtilitäten, von denen die meisten von der Zeit verdunkelt worden oder anderweitig vergangen sind. Gartendesign entsteht nicht in einem kulturellen Vakuum. Es steht im Zusammenhang mit den Hoffnungen und Wertvorstellungen seiner Zeit, mit Malerei, Musik und Literatur sowie mit der gleichzeitigen Architektur. Der *Arts-and-Crafts*-Garten entstand im Sog einer umfassenden Abkehr vom ostentativen und vulgären viktorianischen Geschmack, und er repräsentierte die bewußte Zurückweisung der sozialen Wertvorstellungen und drückenden Bedingungen der viktorianischen Ära. *Arts-and-Crafts*-Gärten verkörperten zu ihrer Zeit auch ein Schockpotential: Sie waren das gärtnerische Äquivalent des wildentschlossenen Emanzentums, und sie gerierten sich in einem jugendlichen Überschwang und einer Unverfrorenheit, von der wir uns heute nur ein Bild machen können, wenn wir unsere Vorstellungskraft bemühen und uns die Disziplin und die Konventionen der viktorianischen Gärten vor Augen halten, an deren Stelle sie traten.

Die großen viktorianischen Gärten hatten auf zwei Fundamenten geruht. Das erste, ein Erfordernis jeder ehrgeizigen Gartengestaltung, war Reichtum. Riesige neue Vermögen, in Manufaktur, Finanzwesen oder Handel erworben, wurden zum Bau neuer oder zur Wiederherstellung alter Landhäuser und zur Anlage der zugehörigen Gärten verwendet. Der zweite erforderliche Faktor war eine unbekümmert akquisitive Einstellung gegenüber historischen Stilen. Gärten des 18. Jahrhunderts, die es, in der pittoresken Tradition angelegt, fertiggebracht hatten, natürlich auszusehen, waren den ambitionierten viktorianischen Bauherren viel zu esoterisch, und die authentischen Knotenbeete und gestutzten Büsche des 17. Jahrhunderts waren ihnen zu langweilig. Imposante neue Herrenhäuser entliehen und bastardisierten jetzt jeden nur denkbaren Stil, wobei sie eine deutliche Vorliebe für die grandioseren und kunstvolleren Stilrichtungen an den Tag legten. Ihre Gärten orientierten sich an der Renaissance und an den aus der Zeit der Tudor und Stuarts stammenden Anlagen. Sie kopierten fran-

LINKS: *Der Sumpfgarten in Great Tangley Manor widersetzt sich den viktorianischen Konventionen von Ordnung und Formalität.*

zösische, italienische und niederländische Motive ebenso wie die exotischen Stilrichtungen des Orients. Fragen nach dem Anrecht von Geburt her, nach der Angemessenheit eines solchen Vorgehens, wurden vom viktorianischen Gärtner gar nicht gestellt. Sie interferierten mit dem Impuls, in großem Maßstab zwar nicht immer den guten Geschmack, wohl aber die Ressourcen des Auftraggebers zur Schau zu stellen.

Farbe und Schema waren die essentiellen Elemente des viktorianischen Gartens, so wie sie mit ihrem Übermaß das viktorianische Interieur erdrückten und die künstlerische Sensibilität seiner Bewohner sozusagen durch Blendung außer Kraft setzten. Leuchtend bunte Pflanzen in geformten Beeten, die miteinander farblich genau umrissene Muster bildeten (das sogenannte »Teppichbeet«) wurden ein kennzeichnendes Merkmal des viktorianischen Gartens. Vom *Arts-and-*

Crafts-Gärtner geradezu verabscheut, war das Teppichbeet für die meisten Viktorianer die Zelebration der jüngsten Errungenschaften in der Hortikultur: Indem man exotische und neue Pflanzen importierte und durch Hybridisierung »verbesserte«, konnte man Blumen in erstaunlichen Mengen produzieren und zusammen in gloriosen und phantasievollen neuen Formen zur Schau stellen. Es ist kein Zufall, daß Parks und öffentliche Gärten, häufig von reichen Auftraggebern als wohltätige Geste eingerichtet, im 19. Jahrhundert geradezu aus dem Boden schossen. Besonders in diesen Gärten hat sich das Auspflanzen, das Prinzip des Teppichbeets also, bis heute in seiner glänzendsten Weise erhalten.

Die Viktorianer waren geradezu zwanghafte Sammler, die Schätze und Kuriositäten aus aller Welt importierten. Sie zelebrierten das Exotische als ein Vehikel der Phantasie und der Neugier und befolgten ein ganz strenges Sammelverhalten, das sich durch wissenschaftliche Exaktheit und Beharrlichkeit auszeichnete. Der viktorianische Garten spiegelte einen größeren sozialen Kontext, in dem die Expansion des britischen Weltreichs und die politische Herrschaft über die Untertanen draußen in der Welt ein heftiges und lukratives Anliegen waren. Das Studium der Botanik nahm im 19. Jahrhundert einen großen Aufschwung, eben weil die Natur der immer feineren wissenschaftlichen und intellektuellen Erkundung unterzogen wurde. Die Physiologie der Pflanzen wurde analysiert und erklärt, die Pflanzen wurden in Familien eingeteilt und als einzelne Exemplare in wunderbar detaillierten Aquarellen festgehalten. Dem Umfang und der Intensität der labormäßigen Erkundung entsprach eine Begeisterung für botanische Expeditionen, die die Sammler in die Berge, Sumpfgebiete und Wüstenregionen bisher noch nicht kartographisch erfaßter Territorien führten. In vielen Fällen wurden solche Expeditionen von gewinnorientierten Gönnern finanziert. Die Samen und Pflanzen wurden mit größter Sorgfalt verpackt und an heimische Gärten und Pflanzenzüchter gesandt, die sie katalogisierten, vermehrten und dann in den prächtigen Gärten großer Landgüter auspflanzten.

Die viktorianischen Gärten und Treibhäuser wurden zu Schaukästen für neue exotische Exemplare. Im ersten Jahrzehnt des 19. Jahrhunderts wurden immer neue winterharte Pflanzen aus dem Himalaja, aus Nord- und Südamerika und aus China eingeführt. Der Rhododendron beeindruckte gleich bei seiner Ankunft aus dem Himalaja so, daß große Areale in den Gärten umgestaltet wurden und man die verschiedenen Varietäten zur Schau stellen konnte. Kiefern- und andere Baumgärten wurden angelegt und nahmen Musterexemplare der verschiedensten Arten auf, und riesige Treib- und Glashäuser wie diejenigen in Kew wurden gebaut, um empfindliche Exoten aufzunehmen. Angesichts dieses noch nie dagewesenen Fächers spektakulärer Pflanzen kann es kaum überraschen, daß die viktorianischen Gärtner die heimischen Arten vernachlässigten und sich der Faszination hingaben, die von den üppigen Farben und höchst interessanten Formen von Acerazeen und Azaleen und von der schieren Neuheit der Araukarie ausging.

Biddulph Grange in Staffordshire, das ab 1846 von seinem Besitzer, James Bateman, angelegt wurde, war der perfekte Ausdruck des viktorianischen Sinns für den hortikulturellen Imperialismus. Der Garten war als eine Weltreise im kleinen konzipiert. Bateman finanzierte ehrgeizige botanische Expeditionen und legte seinen fünfzehn *acres* großen Garten als eine Folge von Theaterszenerien an. Dazu zählten ein ägyptischer Hof mit steinernen Sphingen und zu Obelisken geschnittenen Eiben, ein Arboretum mit einer Allee aus den ersten Wellingtonias, die in England gepflanzt wurden, und ein chinesischer Garten mit Tempel und Zierbrücke über einen mit Seerosen bewachsenen Teich. Mit den dunklen Tunnels, massiven Felsarrangements und hellfarbigen Skulpturen und Gebäuden kamen ein melodramatisches Element und der Versuch ins Spiel, die Bepflanzung von Biddulph in geographische Schauplätze einzubinden. Allerdings sagte die krasse Reduzierung von Geschichte und Kultur der einzelnen Länder auf einige wenige symbolische Arrangements mehr über die viktorianische Geisteshaltung aus als über das heimische Umfeld der neuen Pflanzen.

Wenn Gärten den Charakter und die Bestrebungen ihrer Besitzer offenlegen, dann war Biddulph Grange dazu bestimmt, die weltmännische Art eines James Bateson sowie seinen Wagemut und seine Kennerschaft als Sammler seltener und exotischer Arten darzutun. Sein vom Vater ererbtes Vermögen entstammte dem Kohlenbergbau. Die englische Aristokratie hätte ihn als einen *nouveau riche* verachtet, wenn er nicht Töchter im heiratsfähigen Alter besessen hätte, deren Reichtum es sehr wohl vermochte, einen Titel samt jenem jahrhundertealten, verfallenden Landsitz zu verjüngen, den so viele reiche Industrielle in ihren neuen Landhäusern zu imitieren suchten. Bateson war insofern ein typischer Vertreter seiner Generation, als er die Neuheit seines Vermögens durch eine (in Oxford erworbene) exquisite humanistische Bildung kompensierte; und wenn er einerseits, um nur ja in die gehobene Gesellschaft aufzusteigen, ein Landhaus in Auftrag gab, so muß andererseits gesagt werden, daß er es in der Orchideenzucht zu höchster Spezialisierung gebracht hatte – die Quintessenz dessen, was ein Angehöriger der feinen Kreise von sich berichten konnte.

Die ehrgeizigen Intentionen, das Zusammengruppieren exotischer Pflanzen, die Lust am Großmaßstäblichen und Extravaganten, wie wir sie in Biddulph finden, waren typisch für den Garten des großen viktorianischen Landguts. Biddulph war auch typisch in seiner Abhängigkeit von riesigen Glashäusern, die sowohl im eigentlichen Garten standen als auch als eher kunstvolle, mit dem Haus in Verbindung stehende Strukturen existierten und in denen ein künstliches Klima das natürliche Habitat empfindlicher Exoten simulieren konnte. Biddulph besaß eine Orangerie, ein Kamelienhaus, einen Wintergarten und ein Farnhaus zusätzlich zu den eher funktionalen beheizten Gewächshäusern, in denen Obst und Blumen für das Haus gezogen wurden, ein Team erfahrener Gärtner sich um die Überwinterung und Vermehrung von Batemans großer Sammlung kümmerte und Tausende von einjährigen sowie von mehr oder weniger winterharten Pflanzen für den Einsatz in der zwei- bis dreimal jährlich wechselnden Beetbepflanzung vorbereitet wurden. Gärten wie Linden Towers in Menlo Park, Kalifornien, der 1876 von Rudolf Ulrich angelegt wurde, besaßen Wege, die von einem Mosaik aus Hunderttausenden von Sukkulenten gesäumt waren, womit der herrschenden Vorliebe für kleinteilige und farbenfrohe Muster Genüge getan wurde. Viktorianische Stoffe, Tapeten, Keramik- und Metallerzeugnisse konnten alle sehr billig durch die Maschine entworfen werden, aber die verschlungenen Muster der arbeitsintensiven Pflanzschemata im Garten sprachen von beträchtlichen Ausgaben und einer großen Extravaganz.

Während die viktorianischen Hortikulturisten demonstrierten, wie weit die Natur sich unter der Aufsicht des Menschen disziplinieren, analysieren und massenproduzieren ließ, bemühten die Naturwissenschaftler sich um den Beweis, daß es nicht etwa die göttliche Intervention, sondern natürliche Kräfte gewesen waren, welche die Erde und alles Leben auf ihr hervorgebracht hatten. Der Mensch konnte der Natur gegenüber Gott spielen, aber die Natur schickte ihre Ranken in Gottes Domäne hinein. Die Religion war von allergrößter Bedeutung für die viktorianische Gesellschaft und Kultur. In vielen Familien war der Sonntag ausschließlich dem Kirchgang und der Bibellektüre vorbehalten. Die Heilige Schrift wurde wörtlich gelernt. Mit ihrer sehr vorsichtigen Äußerung, daß die Schöpfung nicht in sieben Tagen vollendet worden sein könne, brachten die Geologen eine Kette wissenschaftlicher und rationaler Debatten in Gang, die an den Grundlagen der viktorianischen Gesellschaft rüttelten. Nach der Schrift waren Moses die Ereignisse der Genesis direkt von Gott enthüllt worden. Wenn die geologischen Fakten der Schöpfungsgeschichte widersprachen (und in der Tat hatte die Geologie greifbare Beweise dafür, daß die Entstehung der Erde mehr als sieben Tage in Anspruch genommen hatte), dann war die unumschränkte Autorität der Bibel in Frage gestellt, und eine Fülle anderer rationaler Zweifel nistete sich in der Lücke zwischen wissenschaftlicher Entdeckung und religiösem Dogma ein.

Charles Darwins 1859 erschienenes Buch *Vom Ursprung der Arten* wurde sogleich zum Bestseller. Seine Gegner beschimpften es als eine Blasphemie und eine Häresie, und vielen Menschen erschien die Vorstellung, der Mensch sei mit dem Tier verwandt, als gefährlich, verächtlich oder lachhaft. Keine Evolutionstheorie kam an gegen die Geschichte von Adam und Eva mit ihrer eingebauten Weiberfeindschaft und dem für das viktorianische Moralempfinden unabweisbaren Schluß, daß Frauen, die den Anweisungen Trotz bieten und mit Schlangen paktieren, sich niemals eines behaglichen und sorgenfreien Lebens erfreuen dürfen. Fortschrittlichen und rationalen Denkern erschienen Darwins Erkenntnisse dagegen als eine Erlösung von allen Zweifeln. Sie lieferten den überzeugenden Beleg dafür, daß die Lehren der Bibel nicht wörtlich zu verstehen waren, und das machte die christliche Lehre, weit entfernt davon, ihre Gültigkeit zu unterminieren, mit dem modernen Leben und Denken vereinbar.

Die Allmacht der Natur und der Gedanke des Eingebundenseins der Menschheit in eine übergreifende natürliche Ordnung brachten die fortschrittlichen Viktorianer zwangsläufig dazu, ihre Umgebung in neuem Licht zu sehen. Seit dem 18. Jahrhundert hatte man die wilde Natur und die Schönheit der belassenen Landschaft als erhabene Äußerungsformen göttlicher Milde und göttlichen Wohlwollens angesehen. Es entstanden neue Religionen wie (1871) der Theismus, demzufolge die Natur der unmittelbare Ausdruck von Gottes Großmut war und der Mensch sich durch das ehrfurchtsvolle Studium der Natur in direkter Gemeinschaft mit Gott befand. Die Illustratorin Kate Greenaway, im übrigen nicht eben berühmt wegen des Tiefgangs ihrer Gedanken, faßte diese Vorstellungen in einem Brief an John Ruskin vom September 1898 in die Worte:

»Wie kommt es, daß ich inzwischen in der Liebe zur Natur und zu allen Formen der Kunst eine *wirkliche* Religion sehe? Ich kann und werde niemals glauben, daß es frömmer sei, in einer heißen Kirche zu sitzen und einer nichtssagenden Predigt zu lauschen, als einen schönen Himmel oder die Wellen zu betrachten, die herankommen.«[1]

In den Augen dieser neuen Radikalen war die viktorianische Gartenkunst, welche die Pflanzen aus ihrer natürlichen Umgebung herauslöste und sie künstlichen Bedingungen und einem künstlichen Regime unterwarf, nicht nur auftrumpfend und vulgär, sondern sie war gleichbedeutend mit Häresie.

Zu den einflußreichsten Kritikern auf seiten der Radikalen der zweiten Hälfte des 19. Jahrhunderts zählte John Ruskin (1819-1900). Er artikulierte die wachsende Beunruhigung darüber, daß die Fabrikarbeit und die städtischen Lebensbedingungen den Arbeiter nicht nur seiner Selbstachtung, sondern auch der Würde der Arbeit als einer Form der spirituellen Äußerung beraubt hatten. Ruskin stellte eine Theorie auf, derzufolge Architektur nach ihrer Abhängigkeit von der natürlichen Form beurteilt werden konnte und das Ornament nur akzeptiert wurde, wenn es sich eindeutig von natürlichen Vorbildern herleitete. Er kritisierte die »terraced houses«, die Häuserzeilen an erhöht gelegenen Straßen, als »trübselige Reihen formalisierter Genauigkeit« in der Sprache des Gärtners:

»nicht nur mit dem gleichgültigen Abscheu eines beleidigten Auges, nicht nur mit Kummer wegen einer entheiligten Landschaft, sondern mit der schmerzlichen Vorahnung, daß die Wurzeln unserer nationalen Größe stark zerfressen sein müssen«.[2]

Es war ein Affront gegen die viktorianischen Aspirationen, als er die heimische Architektur zum Beleg dafür nahm, daß »es jedermanns Ziel ist, in einer höheren als seiner natürlichen Sphäre zu sein«, und dann zu dem Schluß kam:

»Wenn Menschen ihr Heim nicht lieben, wenn sie ihre Schwelle nicht ehren, dann ist das ein Zeichen dafür, daß sie beide entehrt haben ... Unser Gott ist ein Gott des Haushalts und zugleich ein himmlischer Gott; er hat einen Altar in jedermanns Wohnung.«[3]

Ruskin war ein passionierter Schreiber und überzeugender Autor. Die Vorstellung eines häuslichen Gottes und des Häuserbauens als einer Form des Opferns war neu und eingängig. Zur Gartenkunst äußerte er sich ähnlich spezifisch. Das formale viktorianische Beet repräsentierte »eine Ansammlung unglücklicher Wesen, verhätschelt, über ihre natürliche Größe aufgebläht, in ein krankhaftes Wachstum hineingehitzt«.[4] Eine ehrfürchtigere Beschäftigung mit der Natur würde »den wahren Zweck und das wahre Wirken der Blumen« enthüllen und die Gespürlosigkeit dartun, die darin liege, daß man ihre Schönheit auf eine »schamlose Aufdringlichkeit« reduziere. Ruskin beschwor seine Leser, keine grellbunten Muster aus ihren Gärten zu machen, sondern sich Anregung bei der Pflanzweise der Natur mit ihren farbigen Bändern und unregelmäßigen Tupfen zu holen:

»Ein bläuliches Purpur ist die einzige Blumenfarbe, die die Natur jemals für Massen mit einer Fernwirkung verwendet; das allerdings tut sie im Fall der meisten Ericazeen, im Fall des *Rhododendron ferrugineum* und nicht ganz so extensiv im Fall der kälterfarbigen Waldhyazinthe.«

Er war empfänglich für die Tugenden der wildwachsenden Blumen und schrieb, daß »die wilden Veilchen und Stiefmütterchen gesät werden sollten, wie es kommt, so daß sie in farbigen Wellenbewegungen wachsen; hier und da durch Primeln unterbrochen. Alle Dahlien, Tulpen, Ranunkeln und überhaupt alle sogenannten Floristenblumen sollten gemieden werden wie Knoblauch«.[5]

Ruskins Bücher über Kunst und Architektur beeinflußten eine ganze Generation von Entwerfern. Als junge Kunststudentin bezog Gertrude Jekyll (1843-1932) Anregungen aus Ruskins Betrachtungen über die Verwendung der Farben in der Malerei William Turners. William Morris (1834-1896) las seinen Oxforder Kommilitonen Ruskins »The Stones of Venice« und »The Seven Lamps of Architecture« vor und erinnerte sich später, als die von ihm gegründete Kelmscott Press im Jahre 1892 Ruskins Kapitel »The Natur of Gothic« nachdruckte: »Es schien auf einen neuen Weg zu verweisen, den die Welt einschlagen sollte.«[6]

Ruskin verwies in der Tat auf einen neuen Weg für Auftraggeber wie Entwerfer. Mit seinem Vergleich des verlogenen ostentativen Bauens mit böswilliger Täuschung, Verrat und »der gleißenden und leichthin ausgesprochenen Lüge« stellte er ihr Gewissen auf die Probe. Er sympathisierte mit ihrer Enttäuschung: »Moderne Bauleute vermögen wenig und tun nicht einmal das Wenige, was sie können« und versprach ihnen Ansehen auch noch bei der Nachwelt, wenn sie Wälder pflanzten, die zukünftigen Generationen Schatten spenden würden, und Häuser errichteten, an denen ihre Kinder sich erfreuen könnten:

»Gott hat uns die Erde für unser Leben geliehen... Sie gehört denen, die nach uns kommen und deren Namen schon im Buch der Schöpfung geschrieben stehen, genauso wie sie uns gehört, und wir haben kein Recht, ihnen durch irgend etwas, was wir tun oder lassen, unnötige Strafen aufzubürden oder sie irgendwelcher Vorteile zu berauben, die ihnen zu hinterlassen in unserer Macht gestanden hätte.«[7]

Für Künstler wie William Morris und für viele Auftraggeber von *Arts-and-Crafts*-Gärten, deren Vermögen eine oder zwei Generationen zuvor dadurch zustande gekommen waren, daß die Familien Geld in den Bergbau oder in Fabriken investiert hatten, die die natürliche Landschaft verunstalteten, milderte Ruskins hochmoralischer Ton ein leises, gleich unter der Oberfläche angesiedeltes viktorianisches Schuldgefühl. Man konnte, indem man seinen Aphorismen beipflichtete, in gewisser Weise die Sünden der Väter abbüßen (mit dem gleichen Resultat hätte man auch eine besonders hitzige Predigt über sich ergehen lassen können). Ruskins Forderung, gut aber zugleich bescheiden zu bauen, in einem Geist der »ehrenwerten, stolzen, friedvollen Selbstbescheidung«, fiel mit einem Wandel in der Nachfrage nach ländlichem Besitz zusammen. Das Landhaus hatte in England bis in die siebziger Jahre, in Nordamerika bis zum Ende des Bürgerkriegs 1865 eine Möglichkeit bedeutet, nicht nur Reichtum zur Schau zu stellen, sondern auch Zugang zur feinen Gesellschaft zu gewinnen. Der neue Wohnsitz auf dem Land sollte die bereits etablierten Vorgänger hinsichtlich Maßstab und Großartigkeit ausstechen oder zumindest beeindrucken. Jetzt, gegen Ende des Jahrhunderts, machte sich eine Nachfrage nach dem »country cottage«, dem eher bescheidenen kleinen Anwesen auf dem Land, bemerkbar.

Das hatte nicht zuletzt finanzielle Gründe. Bis in die achziger Jahre hinein war das Landhaus inmitten eines florierenden Gutes von mehr oder weniger 400 Hektar Ackerland eine gesunde finanzielle und soziale Investition gewesen. Der erfolgreiche Unternehmer, der in der City viel Geld verdient hatte, zog sich auf seinen bequemen Besitz auf dem Land zurück und regelte seine geschäftlichen Angelegenheiten von hier aus. Mit etwas Glück konnte er das Leben eines *gentleman* führen, seine Töchter an die Söhne der benachbarten Landbesitzer verheiraten und immer noch einen ansehnlichen Ertrag aus seinen Investitionen ziehen. Bis zur Depression in der Landwirtschaft konnte ein funktionierendes Gut ein beträchtliches Einkommen abwerfen. Mit Beginn der achtziger Jahre aber unterminierte eine Folge von Mißernten und der Import von billigem Rindfleisch, Speck und Getreide die Lebensfähigkeit solcher Betriebe. Die Folge war, daß die Zahl der Aufträge für prestigeträchtige Landhäuser mit extravaganten viktorianischen Gärten, die in den ersten sieben Jahrzehnten des Jahrhunderts angestiegen war, jetzt stark zurückging.

Das *country cottage* war dagegen eine vergleichsweise bescheidene Sache und wurde von der »künstlerischen« Mittelschicht propagiert, von Leuten, die in vielen Fällen ein komfortables (wenn auch nicht

OBEN: *Helen Allinghams Bilder nährten die viktorianische Sehnsucht nach dem idealisierten country cottage.*

exzessives) privates Einkommen hatten – erfolgreichen Künstlern, Schriftstellern oder Unternehmern mit einem Geschäft, das in der Periode wirtschaftlichen Wachstums floriert hatte. Ihre Mittel reichten nicht für große Landgüter, aber das Ideal eines *cottage* auf dem Land, fern von den Zwängen des städtischen Lebens, kam sowohl dem philosophischen Anliegen, in Harmonie mit der Natur zu leben, als auch einem eher bescheidenen Budget entgegen. Die Eisenbahn machte es möglich, zwischen *cottage* und City zu pendeln, und brachte ihre Benutzer an Wochenenden und Feiertagen innerhalb weniger Stunden an landschaftlich besonders reizvolle Orte.

Das Bild des weißgestrichenen Häuschens mit seinem Garten voller Malven, Sonnenblumen und rankender Rosen war mit nostalgischen Assoziationen nicht weniger befrachtet als das des großen Landguts. Für den Stadtbewohner repräsentierte es ein Leben in ehrlicher Einfachheit, einen Ort, an dem das Tempo der Arbeit von den jahreszeitlichen Veränderungen bestimmt wurde und die Beschwerlichkeiten einer schlechten Ernte oder extremer Wetterbedingungen von einer eng miteinander verflochtenen Gemeinschaft von Menschen getragen wurden. Für den Idealisten, der auch einige ökonomische Fakten parat hatte, trugen die Vorteile des ländlichen Lebens – die frische und gesunde Luft, der offene Raum, die Möglichkeit, den Boden zu bearbeiten – deutlich den Sieg über das Tretmühlendasein derer davon, die unter den entsetzlichen Bedingungen von Profitstreben und Konkurrenz in der Industrie arbeiteten und von dieser lebten. Das idealisierte Häuschen auf dem Land war auch ein Symbol historischer Kontinuität. Es repräsentierte ein ausgewogenes soziales System und eine Lebensweise, die sich über Jahrhunderte unverändert erhalten hatte. Es hatte etwas Tröstliches in einer Zeit, da der Gedanke an mögliche Unruhen in den Betrieben, ja an Revolution die Angehörigen der Mittelschicht nicht schlafen ließ. Das ländliche Umfeld mit seiner Gemeinschaft der *cottage*-Bewohner hatte etwas Reines und Lauteres an sich, das, vorausgesetzt, es konnte bewahrt und vor der Industrialisierung geschützt werden, für das Elend und die Schmählichkeit des städtischen Lebens entschädigen konnte.

Das moderne *country cottage* der Jahrhundertwende war nicht länger die Domäne des Landarbeiters alter Prägung. Es wurde jetzt von den wohlhabenden Mittelschichten beansprucht. Die großen Landgüter trennten sich von Teilen ihres Territoriums und von Gutshäusern, die für landwirtschaftliche Zwecke nicht mehr geeignet waren. Neue Käufer legten ihre Gärten auf diesem Territorium an und renovierten die Gutsgebäude, oder sie brachen sie ab und errichteten größere und schönere »country cottages« an der alten Stelle. Die Zeitschrift *Country Life* schrieb 1899:

»Das Leben in der Stadt wird von Jahr zu Jahr unerträglicher, und Leute mit moderaten Einkommen, die sich schon lange nach einem bescheidenen Haus auf dem Land gesehnt haben, fangen an, ihre Wünsche zu verwirklichen. Manchmal sind es Familienväter, die zufrieden sind, das kleine Landhaus zu ihrem Heim zu machen und in London nur ein paar Zimmer zu behalten, die sie benutzen können, wenn die Geschäfte sie dorthin rufen ... Häufiger sind es vielleicht Leute, die, nachdem sie jahrelang mit der Familie in enge und teure Quartiere am Meer gegangen sind, endlich entdeckt haben, daß es billiger, gesünder und unendlich viel erfreulicher ist, sich in den Besitz eines Hauses zu bringen, in das sie sich in den Ferien zurückziehen können.«[8]

Das *country cottage*, so heißt es in dem Artikel weiter, dürfe nicht mit dem »Heim für einen Arbeiter oder einen Handwerker« verwechselt werden. Wenn sich ein altes Gutsgebäude fand, »das einen Umbau gestattet«, dann wurde es gewöhnlich in der Größe verdoppelt. Wenn sich ein solches Haus nicht finden ließ, dann, so hieß es weiter, sollten die Leser sich lieber ein neues *cottage* bauen lassen.

Ein »cottage«, das groß genug war, um eine Familie mit sechs oder sieben Kindern und dem erforderlichen Personal aufzunehmen, würde mit seinen mindestens fünf oder sechs Schlafzimmern nach heutigen Maßstäben als ein stattliches Haus eingestuft werden. Es unterschied sich aber von der vorstädtischen »Villa« (laut *Country Life* ließ allein schon diese Bezeichnung an unerhörte architektonische Scheußlichkeiten an den Rändern von Provinzstädten denken) durch seine Schlichtheit. Pendler und »Leute mit bescheidenen Mitteln« konnten sich hier so etwas wie einen Spielzeug-Bauernhof einrichten (*Country Life* empfahl, ein bis zwei Jersey-Rinder anzuschaffen und den Garten mit Geflügel zu bestücken) und das freie Leben des Landmanns genießen. Das Ideal des von Obstbäumen umgebenen Häuschens mit einem Garten voller altmodischer Blumen und gesundem Gemüse konnte modifiziert und erweitert werden, so daß es auch modernen Anforderungen gerecht wurde. Es konnte als Modell des bescheidenen vorstädtischen Besitzes adaptiert oder in ehrgeizigere Gartenentwürfe integriert werden. Diese ländliche Domestizität war allerdings mit einem Stachel behaftet. Sie war eine bewußte Ohrfeige für die Generationen der Eltern und Großeltern, die so viel darangesetzt hatten, ihre Lage zu verbessern und ihre schönen Häuser und Gärten von denen der arbeitenden Klassen zu differenzieren.

Das *cottage* als Ikone transzendierte alle Unvollkommenheiten realer *cottages* und ihrer Gärten. Diese Kombination aus romantischem Idealismus und der praktischen Entschlossenheit – sowie den Mitteln –, die Realität zu verändern, war ein wesentliches Element der *Arts-and-Crafts*-Bewegung. Das Bedürfnis, die Geschichte, die Mythologie und das ländliche Idyll zu romantisieren, kam ebenso deutlich in der Literatur und der Musik dieser Zeit zum Ausdruck wie in der Architektur und im Gartendesign. Das 19. Jahrhundert brachte musikalische Talente wie Tschaikowsky, Dvorak, Richard Strauß und Elgar hervor. William Morris erklärte die herrschende Vorliebe für mittelalterliche Bilder in Kunst und Literatur damit, daß sie für moderne Menschen beschrieben, »was der Welt, wie sie glauben, vor ihrer Zeit zugestoßen ist, oder was sie meinen, mit ihren leiblichen oder seelischen Augen gesehen zu haben – und diese Bilder sind immer schön ..., nicht selten aber auch melancholisch oder sogar schrecklich«.[9]

Die naturwissenschaftliche Strenge und Rationalität der Zeit konnte in den Künsten ausgesetzt werden. Historische und mythologische Phantasien beanspruchten Glaubwürdigkeit allein auf Grund ihrer Details, und der Zusammenhang von liebevoll ausgearbeitetem Detail und romantischer Phantasie kehrt im *Arts-and-Crafts*-Garten wieder. John Everett Millais malte seine *Ophelia* so realistisch, daß es aussah, als triebe sie in der Tat im Wasser am Ende des Gartens vorbei. Die Illusion, die es dem Betrachter gestattete zu glauben, er könne ins Wasser langen und die Blumen herausfischen, die ihr aus der Hand geglitten waren, machte es ihm auch möglich, die Kluft zwischen Legende und aktuellem Leben zu überbrücken.

Die Illustrationen in den Kinderbüchern sagen ebensoviel über das Bewußtsein des 19. Jahrhunderts aus wie die Bilder von Millais und Rossetti, und sie sind ebenso relevant für das Verständnis des *Arts-and-Crafts*-Gartens. Die moralischen Widersprüche der Zeit brachten ein gewisses Maß an Anarchie hervor, das, obwohl entschlossen und nach Kräften unterdrückt, seinen Weg in die Häuser der Mittelschicht durch die Kinderzimmertür fand. *Alice im Wunderland* von Lewis Carroll kam 1865 mit den Illustrationen von John Tenniel heraus, sieben Jahre später gefolgt von *Alice hinter den Spiegeln*. Hinter die Spiegel gelangt, konnte Alice mit den Blumen sprechen, und die Blumen antworteten ihr. Sie drohte, sie werde die Maßliebchen pflücken, wenn sie schreien würden, und als sie ganz zu Recht bemerkte, sie sei noch niemals in einem Garten gewesen, in dem die Blumen sprechen konnten, wurde sie von der Feuerlilie belehrt: »In den meisten Gärten macht man uns das Beet zu weich – und dann schlafen die Blumen andauernd.«

Lewis Carroll erfand eine Parallelwelt für Alice, in der die Dinge ein erstaunliches Eigenleben erlangten. Wesen aus unbekannten Ländern imitierten menschliche Verhaltensweisen oder zogen sie ins Lächerliche, und Alice brachte es fertig, einerseits mächtig und andererseits anscheinend ganz unfähig zu sein, ihr Geschick in die eigene Hand zu nehmen. In diesem Buch wurde die Anarchie umschrieben, so wie das sexuelle Verlangen in den Bildern der Präraffaeliten sanktioniert wurde, weil es in die surreale, abgetrennte Welt der Träume verlegt wurde. Bis zum Jahr 1900, in dem Sigmund Freud (1856-1939) auf den befremdlichen Zusammenhang zwischen dem Bewußtsein und dem Unbewußten des Menschen aufmerksam machte, boten Traumbilder einen völlig unschuldigen Rahmen

Oben: *»Ophelia« von John Everett Millais, 1851/52.*

für Phantasien und Passionen, die ansonsten in der Gesellschaft tabu waren. Der Garten blieb auch nach Freud ein fruchtbarer Boden der Phantasien und Illusionen.

In den neunziger Jahren machten Brer Rabbitt und sein englisches Gegenstück, Peter Rabbitt, die Stadtkinder mit dem Leben auf dem Land bekannt und brachten zugleich ein Element einer freundlichen Anarchie in ihre moralische Erziehung. Als die Geschichten von Brer Rabbitt 1896 zum ersten Mal veröffentlicht wurden, waren sie als mündliche Erzählung schon von Generation zu Generation weitergegeben worden und damit längst Bestandteil der schwarzamerikanischen Folklore. Die Geschichten von Peter Rabbitt waren neu und erhoben den Anspruch, das Idealbild eines von Lichtungen und *cottage*-Gärten übersäten ländlichen England zu erhalten und zu beleben. Peter war nicht so skrupellos wie Brer Rabbitt, er besaß nicht dessen Humor und war nicht imstande, aus jeder Situation das Beste für sich zu machen. Er war ängstlich, als er in Mr. McGregors

LINKS: *Das cottage-garden-Ideal von Mr. McGregors Gemüsefeld, betrachtet von Peter Rabbitt.*

Gemüsefeld auf den Besitzer traf, aber seine Beziehung zum wirklichen *cottage*-Garten, nicht zu einem imaginären, ist komplex und aufschlußreich. Die Welt des Peter Rabbitt erschien den Kindern des 19. Jahrhunderts ebenso wie ihren Eltern als eine von der Industrie unberührte Welt, in der jedes Wesen seinen Platz hatte und seine Sicherheit in einem natürlichen System von Ordnung und Gleichgewicht fand. Zugleich war Peters Schöpferin, Beatrix Potter, aktiv in der Wahrung des wirklichen natürlichen Systems engagiert, nämlich in der Wiederbelebung ländlicher Traditionen.

Märchen und Kinderreime, in den siebziger und achtziger Jahren von Kate Greenaway, Randolph Caldecott und Walter Crane illustriert, verbreiteten neue Phantasiebilder, in denen erfundene Figuren ästhetische Interieurs und altmodische Gärten bevölkerten. Kate Greenaway-Kleider wurden entworfen und hergestellt (wenn auch nicht von ihr selbst), und ihre stilisierten Gärten und sparsam dekorierten Innenräume bildeten den Geschmack der künstlerisch interessierten Mittelschichten. Seit den sechziger Jahren konnte man das Ideal des einfachen Lebens käuflich erwerben – in der Form der Produkte von Morris & Co. –, und im Verlauf der nächsten beiden Jahrzehnte wurden die Namen Morris und Greenaway zum Synonym progressiver Ideen. Morris' zarte Chintze und die klaren Farben und fließenden Linien seiner Entwürfe, auf denen Vögel und Blumen zu sehen waren, kündigten die Befreiung von den viktorianischen Kontrollmechanismen und Restriktionen an. Diese Befreiung ging buchstäblich mit einer Lockerung der Korsetts einher. Die Anhängerinnen der ästhetischen Bewegung, die ihre Tapeten bei Morris & Co. einkauften, trennten sich von ihren Tournüren und eng geschnürten Korsetts zugunsten lose drapierter, fließender Gewände aus den »Art Fabrics«, die Liberty of London in seinem neuen Warenhaus verkaufte. Libertys »Artistic Silks« ergaben nicht gerade Kleider, in denen man sich gärtnerisch betätigen konnte, aber sie eigneten sich ganz fabelhaft für das matte Herumstreifen zwischen den Rabatten, nachdem man den Tee genommen hatte. Die 1881 gegründete Rational Dress Society und die Hygienic Wearing Apparel Exhibition im darauffolgenden Jahr brachten den Frauen allerdings einen Kleiderstil nahe, »der auf dem Gedanken an Gesundheit, Bequemlichkeit und Schönheit beruht«, und Ada Ballins Buch *The Science of Dress* von 1885 wurde zum Bestseller.

Den Frauen wurde nahegelegt, eine aktivere Rolle bei der Gestaltung ihrer Häuser und Gärten einzunehmen, und in den *Arts-and-Crafts*-Gärten galt es zum ersten Mal als vornehm, wenn eine Frau der Mittelschicht einen Spaten in die Hand nahm und sich praktische gärtnerische Fertigkeiten zu eigen machte. Bereits 1840 hatte Jane Loudon mit ihrem Buch *Gardening for Ladies, and Ladies' Companion to the Flower Garden*, das in England und in Amerika erschien, die Damen in der Kunst des Gärtnerns unterwiesen. Von den siebziger Jahren an kam eine Fülle von Gartenbüchern und -zeitschriften auf den Markt, die den Amateur und vor allem die Amateurin in diese schöne Kunst einführten. Die angesprochenen Damen waren nicht die Adeligen auf den großen Landgütern, die ihre Chefgärtner fragen konnten, wenn es um hortikulturelles Fachwissen ging, und auch nicht die Bauersfrauen und Fabrikarbeiterinnen, deren Armut, mangelnde Bildung und lange Arbeitszeit das Lesen von Büchern ausschlossen. Es waren vielmehr die Frauen und Töchter wohlhabender Industrieller und Unternehmer. Sie hatten die Zeit und die Mittel, und in einer Epoche, in der Krankenpflege und Unterricht die einzigen Betätigungen waren, denen eine anständige Frau nachgehen konnte (und auch dies nur unter bestimmten Bedingungen), stellten das Gartendesign und das Gärtnern ein wichtiges Ventil für die physische und kreative Energie dar.

Die Möglichkeiten, die fortschrittlichen jungen Frauen in der zweiten Hälfte des 19. Jahrhunderts offenstanden, sind in den Persönlichkeiten von Gertrude Jekyll (1843-1932) und Jane Morris (1839-1914) polarisiert. Die beiden Frauen waren nahezu gleichaltrig, und beide brachten es aus eigener Kraft zu einigem Ruhm. Beide spielten eine wichtige Rolle im Zusammenhang mit dem *Arts-and-Crafts*-Garten, und was sie erreichten, erweckte den Neid ihrer Zeitgenossinnen und sorgte in einem gewissen Umfang für Nachahmung auch noch in den nachfolgenden Generationen. Sie waren allerdings sehr verschieden hinsichtlich ihrer Leistung und ihrer Ideale.

Jane Morris kam als Jane Burden und als Tochter eines Stallknechts aus der Grafschaft Oxfordshire zur Welt. Ihre außergewöhnliche Schönheit erregte die Aufmerksamkeit des präraffaelitischen Malers Dante Gabriel Rossetti. Achtzehnjährig wurde sie William Morris als Modell vorgestellt, den sie zwei Jahre später heiratete. Als Muse der Präraffaeliten repräsentierte sie ein Schönheitsideal, das empfindsam und mysteriös war und als mittelalterlich galt. Ihr Aussehen wich mit Sicherheit sehr stark vom eher bescheidenen Ideal der viktorianischen Schönheit ab – der winzigen, enggeschnürten Figur mit dem Vorhang aus Haar, das über die Stirn gezogen und dann weggeknotet wurde. Jane Morris war eine hochgewachsene, auffallende Person mit sehr reichem und dichtem Haar, grauen Augen, die scheinbar nach innen blickten, und einem vollen, sinnlichen Mund. Als Frau von William Morris und Muse ihres Geliebten Rossetti erlangte sie einen bemerkenswerten Status. Ihre Schönheit ermöglichte es ihr, sich den gesellschaftlichen Konventionen zu widersetzen, indem sie außerhalb ihrer sozialen Sphäre heiratete und sich Liebhaber nahm; allerdings erwarb sie sich diesen Status um den Preis der absoluten Abhängigkeit. Porträtiert wurde sie als Personifikation einer latenten Sexualität, der ein Element von wilder Natur anhaftete, das ihre viktorianischen Zeitgenossen zugleich faszinierte und erschreckte. Rossetti malte sie als Proserpina, von Efeuranken umgeben; das Laubwerk auf den Gemälden, frisch und ins Auge fallend, symbolisierte ihre Tugenden und lieferte den mythologischen (und damit ehrenwerten) Kontext für ihre schwelende Sexualität.

Jane Morris' Schönheit wurde in einen engen Zusammenhang mit den Kräften der Natur gebracht. Die präraffaelitischen Gemälde waren sehr anschaulich in ihrer Gegenüberstellung von Natur und weiblicher Schönheit. Der wilde Garten und seine Herrin wurden als provokativ, mysteriös und nicht von Konventionen behindert gefeiert. Und doch mögen Jane Morris und

OBEN: *Jane Morris als Proserpina, gemalt von Dante Gabriel Rossetti, 1874.*

ihre Gärten in Kent und Oxfordshire für die Zeitgenossen eine andere Art von Rollenmodell repräsentiert haben. Jane verfolgte keine aktiven Vorhaben; sie war eine blasse und müde Gestalt, die meiste Zeit von irgendwelchen unbestimmten, vermutlich gynäkologischen Beschwerden an ihre Couch gefesselt, und ihre Gärten dienten wie ihre geschmackvollen Salons als Rahmen ihrer schillernden Schönheit. Es waren altmodische Gärten, durch die sie sich gedankenschwer treiben lassen konnte. Da diese Gärten in Künstlerkreisen weithin bekannt waren und gemalt wurden, übten sie einen Einfluß aus. Die Bilder der Präraffaeliten erfreuten sich bei den reichen Angehörigen der Mittelschicht zunehmender Beliebtheit, denn sie kamen einer romantischen, ja sogar sexuell befrachteten Sehnsucht nach einem vorindustriellen Zeitalter entgegen. Die *Arts-and-Crafts*-Gärten entstanden als Reaktion auf die Mittelschichtphantasien und die Einstellung zur Natur und zur Geschichte. Wie ihre gemalten Gegenstücke bargen sie feingearbeitete Details, wilde Natur und romantische Phantasien. Ihre Kultivierung war eine Form des Eskapismus.

Gertrude Jekyll war die Antithese zu Jane Morris, eine praktische, energische, artikulierte und offene Natur. Als William Nicholson kam, um sie zu porträtieren, sah er sich allein mit ihren alten Gartenstiefeln, während sie selbst, zu beschäftigt, um sich in Farbe verewigen zu lassen, ihrer Gartenarbeit nachging. In einer Zeit, in der eine finanziell gutgestellte verheiratete Frau unmöglich eine bezahlte Tätigkeit ausüben konnte, war Jekyll gewissermaßen ein Vorbild für jede praktische und motivierte Frau. Sie gehörte der künstlerisch interessierten Mittelschicht an, in die Jane Morris erst hineinheiratete, aber sie konnte dabei auf einen »heraldischen« Status pochen und hatte eine schöne, weil reiche Kindheit verlebt. Ihre außergewöhnlich progressiven und gebildeten Eltern ermöglichten ihr eine Ausbildung als Malerin an der Kunstschule, die dem South Kensington Museum angeschlossen war. Sie bewegte sich in den gleichen sozialen Kreisen wie John Ruskin, Florence Nightingale und

George Eliot. Jekyll war nur vier Jahre jünger als Jane Morris, und beide Frauen waren lebhaft an der Kunst des Stickens interessiert. Es ist ein verlockender Gedanke, daß sie einander begegnet sein könnten, als Jekyll 1869 einen Besuch bei William Morris am Red Lion Square machte, aber während Jekyll und Morris sich mit gleicher Begeisterung den traditionellen handwerklichen Tätigkeiten zuwandten, beide mit dem Auge des Malers begabt waren und beide sich die Erhaltung und Wiederherrichtung der alten Scheunen und Gutshäuser des ländlichen Englands vorgenommen hatten, kann man sich kaum vorstellen, daß Jekyll und Jane Morris irgendeine gemeinsame Basis hatten.

Es war Gertrude Jekyll, die den *Arts-and-Crafts*-Garten vervollkommnete. Sie war ein entwerferisches Genie, und darüber hinaus etablierte sie in der Theorie wie in der Praxis eine Rolle für Frauen als Gartengestalterinnen. Sie erhob das Gärtnern zu einer Kunst, und die Beiträge, die sie ab 1875 für das Magazin *The Garden* verfaßte, sowie ihre in den neunziger Jahren begonnene Tätigkeit als Verfasserin von Gartenbüchern regten andere Frauen an, eine aktive Rolle im Garten zu übernehmen, sowohl als professionelle Entwerferinnen als auch als praktizierende Amateurinnen. Jekylls Einfluß war in Nordamerika so groß wie in England. Sie inspirierte die Amerikanerinnen in deren Karriere als Gartenschriftstellerinnen und professionelle Gartenentwerferinnen. Mac Griswold schreibt mit Bezug auf die Gartenliteratur in Amerika: »Jedes Buch, das nach der Jahrhundertwende geschrieben wurde, leistet der englischen Gartendesignerin und -schriftstellerin Gertrude Jekyll Tribut.«[10]

Am Ende des 19. Jahrhunderts, als die Betätigung unter freiem Himmel – der gesunde Spaziergang oder das modische Radfahren – immer populärer wurde, sahen sich Männer wie Frauen angeregt, sich auf die handfeste Tätigkeit des Gärtnerns zu verlegen. Das neue *country cottage* wurde außer mit einem Teerasen und einem Blumengarten nun auch mit einem Tennisrasen oder einem *bowling green* versehen. In seiner vollständigsten Form konnte der *Arts-and-Crafts*-Garten den enthusiastischen Amateur, den ambitionierten professionellen Gärtner sowie schließlich auch den Ästheten mit seinem verfeinerten Sinn für die Bepflanzung zufriedenstellen. Er wurde mit dem Gespür für den Ort angelegt, wozu Ruskin seine Anhänger geradezu aufgefordert hatte. Es wurden wieder altmodische Blumen gepflanzt, allerdings gemischt mit der einen oder anderen winterharten Pflanze, welche die viktorianischen Hortikulturisten eingeführt hatten. Mit seinen geschützten Terrassen und duftenden Lauben lud der Garten zu einer quasireligiösen Betrachtung der Natur ein. Seine Organisation als Folge offener Räume, abgeschiedener und frei zugänglicher Bereiche machte ihn sowohl zu einem Ort der Stille, an dem man Gertrude Jekylls neuestes Buch lesen konnte, als auch zum Treffpunkt für die neu aufgekommenen Gartenclubs, die den Amateurgärtnerinnen in Amerika wie in England ein nationales Forum für ihre gärtnerischen Ambitionen und Erfolge boten.

Anmerkungen

1 Brief von Kate Greenaway an John Ruskin vom 16. September 1898, zitiert in M.H. Spielmann und G.S. Layard, *Kate Greenaway*, Benjamin Blom, New York/London, 1905; Neuauflage 1968, S. 234-235.
2 John Ruskin, *The Seven Lamps of Architecture*, George Allen, London, 1908, S. 327.
3 *ibidem*, S. 329.
4 John Ruskin, »The Poetry of Architecture«, *The Architectural Magazine*, 1837/38; wiederabgedr. in E.T. Cook und A. Wedderbury, *The Works of Ruskin*, 1903, Band 1, S. 156-157.
5 *ibidem*, S. 157.
6 William Morris, Einführung in »The Nature of Gothic«, Kelmscott Press, 1892.
7 John Ruskin, *The Seven Lamps of Architecture*, 1908, S. 337.
8 »Houses for people with hobbies. Walnut-Tree Farm, Castlemorten«, *Country Life*, 28. Oktober 1899, S. 525.
9 William Morris, »Some hints on pattern-designing. A lecture delivered at the Working Men's College, London, on December 10, 1881«, *Lectures on Art and Industry*, S. 176.
10 Mac Griswold and Eleanor Weller, *The Golden Age of American Gardens*, Abrams, New York, 1991, S. 17.

KAPITEL 2

Der erste Arts-and-Crafts-Garten

William Morris ist berühmt wegen seiner außergewöhnlich weitgefächerten Talente und Leistungen. Er war ein Künstler und Kunsthandwerker, dessen Geschäft für Innendekoration, Morris & Co., zu den elegantesten und einflußreichsten einschlägigen Firmen des letzten Viertels des 19. Jahrhunderts in England gehörte. Viele seiner Tapeten- und Stoffmuster sind noch heute in der Produktion. Seine Maxime, daß der Künstler ein Praktiker sein sollte – daß er nämlich zu einem wirklichen Verständnis seiner Kunst erst durch den physischen Prozeß des Färbens oder Webens oder des Setzens von Buchstaben gelangen könne –, hat sich in der Designerausbildung einen festen Platz erobert. Morris war einer der ersten Sozialisten, ein leidenschaftlicher Anhänger des Denkmalschutz-

RECHTS: *Red House und sein Garten, angelegt auf dem Gelände eines alten Obstgartens in Kent, 1859 von Philip Webb für William Morris entworfen.*

gedankens und einer der angesehensten Dichter seiner Generation. Angesichts dieser Brillanz und Vielseitigkeit kann es kaum überraschen, daß seine Bedeutung als Gartenkünstler etwas verblaßt ist. Immerhin aber ging die von ihm beeinflußte und geförderte neue Einfachheit in der Gartengestaltung Hand in Hand mit den reformerischen Morris & Co.-Interieurs, die in den eleganten britischen Haushalten Furore machten.

Der erste *Arts-and-Crafts*-Garten entstand sozusagen als Teil eines privaten Manifests, noch bevor der Begriff »Arts and Crafts« überhaupt geprägt worden war. Er wurde 1859 von Morris und seinem Freund und ehemaligen Kollegen Philip Webb als Teil von Red House entworfen, dem Roten Haus, das Morris und seiner jungen Frau als Landhaus dienen sollte. Webb (1831-1915) wurde später einer der geachtetsten und einflußreichsten Architekten der *Arts-and-Crafts*-Bewegung. Als Morris ihn kennenlernte, war er Angestellter im Architekturbüro von G.E. Street, wo auch der einundzwanzigjährig aus Oxford gekommene Morris eine Ausbildung zum Architekten absolvierte. Der ihm vorgesetzte Webb hatte die Aufgabe, Morris' Arbeit zu beaufsichtigen.

Morris und Webb waren sehr verschiedene Charaktere. Während Morris vor Enthusiasmus und physischer Energie beinahe barst (in Webbs Erinnerung durchquerte er das Büro mit großen Schritten, traktierte seinen Kopf mit beiden Fäusten und murmelte irgendeinen dummen Reim vor sich hin)[2], war Webb introvertiert, näherte sich der Architektur auf extrem intellektuelle Weise und wandte sich vehement gegen jede Form von Eigenwerbung. Morris' Architekturverständnis war ein intuitives, während Webb die Dinge hin- und herbedachte und ihnen bis ins kleinste nachforschte. Morris hatte sich von einer Laufbahn als Geistlicher bereits verabschiedet, als er Webb traf, und sollte auch die Architektur bald wieder aufgeben, um sich statt dessen unter dem Einfluß von Rossetti zum Maler zu bilden. Webb dagegen widmete sein ganzes Leben der Architektur. Als Gegensätze ergänzten die beiden Männer einander auf vollkommene Weise, und beide waren sie voller Bewunderung für die gotische Architektur.

Morris war fünfundzwanzig Jahre alt, als er Webb aufforderte, ihm sein »Red House« in Bexleyheath am Rande der Grafschaft Kent zu entwerfen; der Auftrag ermöglichte es Webb, das Architekturbüro Street zu verlassen und ein eigenes Büro zu eröffnen. Das Haus und sein Garten tauchten zum ersten Mal in den Köpfen der beiden auf, als sie im Sommer 1858 wenige Monate nach Morris' Verlobung einen Bootsurlaub in Frankreich verbrachten. Für beide repräsentierte Red House die Chance, eine Vision zu verfolgen und zu bauen. Für Webb war es die langerwartete Gelegenheit, seine sorgfältig formulierten architektonischen Idealvorstellungen umzusetzen. Bei Morris mischte sich in den Idealismus, der Red House konzipierte, ein nicht geringes Maß an Trotz. Er war der älteste Sohn einer wohlhabenden Mittelschichtfamilie. Sein Vater war gestorben, als er noch die Schule besuchte, und hatte die Familie, wie er selbst sagte, »sehr wohlhabend, ja in der Tat reich« zurückgelassen. Morris dürfte unter einem erheblichen Druck gestanden haben, sich gut zu verheiraten und den sozialen Konventionen der Generation seiner Eltern zu entsprechen. Mit seiner Entscheidung für die Tochter eines Stallknechts versetzte er seiner Mutter und deren guten Absichten einen harten Schlag, und mit der Abkehr von dem extravaganten Lebensstil, den er in seinem Elternhaus gewohnt gewesen war, zugunsten eines *cottage* auf dem Land, wo er und seine Freunde ein Leben in bohèmeartiger Einfachheit führen konnten, versetzte er ihr einen weiteren.

Red House legte das Fundament der *Arts-and-Crafts*-Bewegung. Als Morris es in Auftrag gab, hatte er noch keine Entscheidung über seinen weiteren Weg getroffen. Hermann Muthesius bemerkt 1904:

»Der Hausbau hatte für ihn die ungeheure Bedeutung, ihn seine wahre Lebensaufgabe entdecken zu lassen. Indem er daranging, das Haus im Innern nach seinen Ideen auszustatten, sah er sich bei dem Stande der damaligen sogenannten Dekorationskunst bald in die Notwendigkeit versetzt, alle Bestandteile der Ausstattung neu zu schaffen. Hierbei stieg das Feld seiner zukünftigen Lebensbetätigung, die Reorganisation des Innern des Hauses, immer klarer vor ihm herauf.«[3]

Morris bat die mit ihm befreundeten Maler Edward Burne-Jones und Dante Gabriel Rossetti sowie Philip Webb, ihm bei der Einrichtung und Dekoration des Hauses zu helfen. Georgiana Burne-Jones, die Frau des Malers, erinnerte sich später an die Wochenenden auf dem Land, als man sich die Zeit mit Malen, Sticken oder dem Dekorieren des Hauses vertrieb und dazwischen Ausflüge in die ländliche Umgebung machte oder auf dem Rasen spielte:

»O, das Glück jener Sonnabende bis Montage in Red House, das Aussteigen an der Station Abbey Wood ... und dann die mühsame, schaukelnde Fahrt von drei Meilen oder so bis zum Haus; und dieser weitläufige, wunderschöne Ort, an den wir irgendwie heimzukehren schienen. Es war damals noch ein ländlicher Ort, und eine frische Luft voller süßer Gerüche umfing uns.«[4]

Das Grundstück, auf dem Red House entstehen sollte, war von Obstbäumen bewachsen, mitten in den »rosenüberhangenen Wegen des waldigen Kent«. Es war nicht das einzige Heim der beiden Morris; sie behielten ihre Wohnungen in Bloomsbury bei. Um die Wende zum 20. Jahrhundert war Red House in ganz Europa bekannt als das erste moderne *cottage* auf dem Land, das »künstlerische und individuelle Qualität« für sich in Anspruch nahm.[5] Es etablierte eine Reihe von Grundsätzen, die gewissermaßen eine Schneise durch die viktorianische Protzerei schlugen. Hermann Muthesius schilderte seinen deutschen Landsleuten die englische *Arts-and-Crafts*-Bewegung und äußerte sich hochbegeistert über Red House: »Es ist das erste individuelle Haus der neuen künstlerischen Kultur, das erste Haus, das innen und außen als Ganzes gedacht und ausgeführt war, das erste Beispiel in der Geschichte des modernen Hauses überhaupt.« [6]

Die beiden Faktoren, die es kunstgeschichtlich interessant machten, waren laut Muthesius die »revolutionären« Innenräume, die von Morris und seinen Freunden entworfen waren, und die Tatsache, daß das Haus, der Garten und die Interieurs als eine Einheit entworfen worden waren.

Haus und Garten wurden zusammen geplant, und es ist anzunehmen, daß Morris in der Zeit des Entwurfs Einfluß auf Webbs Entscheidungen nahm. Der Architekt W.R. Lethaby, der beide Männer kannte, schrieb in seiner Webb-Biographie, daß »in den Anfängen die Tätigkeit von Webb und Morris so miteinander verflochten war, daß wir bei manchen Dingen nicht sagen können, wo die Arbeit des einen begann und die des anderen aufhörte«. Auf Webbs Aufrißzeichnungen vom April 1859 finden sich Pflanzennamen hingekritzelt: Weißer Jasmin und Rosen sollten zwischen den Fenstern des Speisezimmers blühen, die übrigens nach Westen gingen, der englischen Konvention zum Trotz, derzufolge »das einzige Sonnenlicht, das im Speisezimmer willkommen ist, dasjenige der Morgensonne zur Frühstückszeit ist«, und ihr Duft sollte hinaufschweben zum darüberliegenden Erkerfenster des Wohnraums. Ein Stück weiter sollten Passionsblumen das Fenster des Anrichteraums umgeben. Red House wickelt sich gewissermaßen um seinen Garten, den es zum Teil innerhalb seines L-förmigen Grundrisses umschließt, und eine Folge von Erkern, Giebelwänden und tiefheruntergezogenen, schutzgewährenden Dächern gibt dem Gebäude eine rauh-organische Qualität, so als wäre es aus der Landschaft heraus entstanden. »Das einzige, was man aus der Entfernung sehen konnte«, schreibt ein zeitgenössischer Beobachter, »war ein immenses Dach, steil und hoch, mit roten Ziegeln gedeckt.« Die handgemachten Lehmziegel des Dachs und die roten Backsteinwände, die dem Haus seinen Namen gaben, standen in einem unmittelbaren Zusammenhang mit dem schweren Lehmboden der Gegend, obwohl Red House nicht aus Ziegeln und Mauersteinen der lokalen Produktion errichtet ist (das Baumaterial stammte vermutlich aus Berkshire).

Sowohl Webb als auch Morris waren erfüllt von der Idee, das Haus eng mit der Landschaft zu verbinden und sich zu diesem Zweck an die in der Gegend gewachsene Bautradition zu halten. Morris' Biographin Fiona McCarthy bestätigt, daß »Morris ein so ausgeprägtes Gefühl für den Ort hatte, daß es schon fast einer Behinderung gleichkam. Orte hafteten an ihm.«[7] Webbs architektonische Praxis gründete auf der Entschlossenheit, handwerkliches Können und die Traditionen der englischen Bauweise zu bewahren oder zu neuem Leben zu erwecken. Für jeden Auftrag suchte er die Dörfer der Gegend nach baufälligen *cottages* und jahrhundertealten Bauernhäusern und Kirchen ab. Er setzte sich mit den alten Maurern zusammen und ließ sich von ihnen erzählen, was sie nur irgend über die alte Art zu bauen wußten: über die baulichen Merkmale der Häuser, über die Quadersteine, über die Ziegelöfen, über das, was der Wald an heimischen Materialien hergab, und über die dekorativen Glanzpunkte, durch die sich die Arbeit des einen Meisters von der des anderen unterschied. Danach schloß er sich in seinem Büro ein und fertigte eine Reihe von Zeichnungen an, auf denen jede Einzelheit des neuen Gebäudes vermerkt war. Dabei wurden lokale Traditionen beachtet und wieder mit Leben erfüllt, sie gaben dem neuen Gebäude eine Art von Zugehörigkeit und von Geschichte, aber sie waren zugleich in eine rationale Komposition eingearbeitet, eine einmalige Verbindung aus Innovation und historischen Überlieferungen.

Red House hat einen kantigen Idealismus. Es strahlt eine fröhliche Entschlossenheit aus, eine neue Harmonie zwischen Mensch und Natur herzustellen und ein künstlerisches Element in die Details des häuslichen Lebens zu tragen. Das Haus und sein Garten waren in einem ideellen Sinne, als Fusion von Kunst und Natur, untrennbar. Neben den künstlerischen und philosophischen Prinzipien, die beim Entwurf von Haus und Garten als Einheit eine Rolle gespielt hatten, stand die Forderung, daß sie auch als Einheit *genutzt* werden sollten. Die klare Trennung zwischen Haus und Garten, wie sie in traditionellen viktorianischen Anwesen bestand, war in Red House wie weggewischt, und an ihrer Stelle begann sich die Idee des Gartens als einer idyllischen Erweiterung des Hauses ins Freie zu entwickeln – als eines Ortes, an dem der künstlerische Geist sich Inspirationen von der ungezähmten Natur holen konnte. Georgiana Burne-Jones erinnerte sich an das Haus als einen Ort, an dem man die Routine und die Konventionen des städtischen Lebens fallenließ. Die Frauen trugen mittelalterliche Gewänder in üppigen »Kunst-Farben« ohne die Zwänge viktorianischen Unterzeugs. Georgianas eher konventionelle Schwester Agnes beklagte sich über die engen Türen im Red House, durch die sie mit ihren Krinolinen nicht hindurchkam.[8]

In den Morgenstunden saßen die Frauen oben im Erker des Wohnraums und blickten hinaus auf den Obstgarten, während sie mit ihren Holzschnitten und Stickarbeiten beschäftigt waren. An schönen Tagen arbeiteten sie auch, vor dem Wind geschützt, am rotgestrichenen Tisch in *The Pilgrim's Rest*, einem nach Süden gelegenen Vorbau, den Morris im Gedanken an den von Chaucer beschriebenen Weg der Canterbury-Pilger durch Bexleyheath so genannt hatte. Nachmittags gingen sie mit einer Karte von Kent auf Erkundungen aus. Das klingt für heutige Verhältnisse durchaus nicht ungewöhnlich, aber die Einwohner von Bexleyheath betrachteten das Künstlervolk von Red House mit den wilden Haaren und seltsamen Kleidern,

RECHTS: *Der L-förmige Grundriß des Hauses legt sich um einen Brunnenhof, der ursprünglich von einem Rosenspalier abgeschlossen wurde.*

wenn es in Morris' mit bunten Behängen herausgeputztem Wagen auf Spritztour ging, mit einer Mischung aus Horror und Belustigung. Wie May Morris sich erinnerte, blickten die Bewohner des Ortes auf sie, als ob sie »die Avantgarde einer reisenden Truppe« seien, und eine ortsansässige Frau hatte gehört, »daß Mrs. Morris in einem Zirkus tätig gewesen sei; nur eine Artistin könne ein Pferd so schön reiten und dirigieren«.[9]

Der Garten von Red House ist eine geheimnisvolle Mischung aus feststehenden Fakten und erschlossenen Wahrscheinlichkeiten. Wir wissen, daß Morris' Erfahrung und Kennerschaft als praktizierender Gärtner zu seiner Zeit als ganz außergewöhnlich galten:

»Morris' Kenntnis der Architektur war so ganz und gar ein Teil seiner selbst, daß sie ihm niemals als etwas Außergewöhnliches erschien. Anders war es mit seinen gärtnerischen Kenntnissen: Er war in der Tat stolz – und mit Recht stolz – darauf, daß er über Blumen und Gemüse und Obstbäume alles wußte, was es nur gab und was möglich war.«[10]

Der Garten wurde angelegt und bepflanzt, während das Haus im Bau war, so daß sie buchstäblich miteinander aufwuchsen. Es gibt keine eigenen Bepflanzungspläne für den Garten (manche Elemente des Gartens erscheinen allerdings auf den Plänen für das Haus). Es spricht aber einiges dafür, daß es Morris und nicht Webb war, der Gestalt und Charakter des Gartens festlegte. Sein Ideal eines mittelalterlichen Gartens hatte er bereits in der 1856 erschienenen *Story of an Unknown Church* beschrieben:

»Am Rande des Rasens, in der Nähe der runden Bögen, wuchs eine große Menge Sonnenblumen, die an jenem Herbsttag in voller Blüte standen, und an den Säulen des Kreuzgangs zogen sich Passionsblumen und Rosen hinauf... Die Laubengänge im Garten waren von Rosen, Winden und der großblättrigen feurigen Kapuzinerkresse überwachsen.«[11]

Wenn der Garten von Red House beschrieben wurde, dann waren es Morris' »gärtnerische Ideale«, seine Begeisterung für »Rosen und Spaliere, Malven, die großen rosa und orange, rot und weiß blühenden Stengel mit ihren weichen, flaumigen Blättern« und seine Passion für »viele Sonnenblumen«, die festgehalten wurden.[12] Von Webbs Lieblingsblumen war nicht die Rede. Immerhin deuten Webbs spätere Praxis und seine Zeichnungen von Gartenzaun und Gartentor darauf hin, daß er an der Planung des Gartens eng beteiligt war.

An der Nordseite des Hauses lag ein formaler Garten, von Lethaby beschrieben als »der erste vom Typ modernes Geviert plus Spalierhecke, wie er inzwischen gut bekannt ist«.[13] Innerhalb des großen Areals lagen, wie Georgiana Burne-Jones mitteilte, vier kleine quadratische Gärten, »jedes der kleineren mit einem aus Ruten geflochtenen Zaun und üppig daran wachsenden Rosen«. Eine Reihe von Öffnungen führte von einem Gartenteil in den anderen. Nach den Worten eines Zeitgenossen, der den Garten 1863 gesehen hatte, war er »in viele von *rosa eglanteria* oder Wildrosen umgebene Quadrate unterteilt, jedes mit seinem eigenen und besonderen Blütenbild«. Das Modell des in eine Folge halbgeschlossener Bereiche unterteilten mittelalterlichen Gartens paßte zur Mittelalterbegeisterung einer Bruderschaft von Künstlern, die in Harmonie mit der Natur zusammenlebten und -arbeiteten. Die ungewöhnliche Wirkung wurde als »pittoresk und einmalig originell« beschrieben.[14]

Rechts: *»Malven, die großen rosa und orange, rot und weiß blühenden Stengel mit ihren weichen, flaumigen Blättern« gehörten zu Morris' Lieblingsblumen.*

Der für die Landschaft von Kent typische Obstgarten, der das Grundstück bedeckt hatte, bevor Morris eintraf, blieb zum größeren Teil erhalten, so daß es eine Frühlingsblüte, Obst im Herbst und »Spaziergänge zwischen knorrigen alten Obstbäumen« gab. Die Bäume standen in langen Parallelen und in weitem Abstand voneinander, was dem Garten eine einfache Struktur mit geradeverlaufenden Kieswegen und langen Graspfaden zwischen Blumenbeeten gab, die von Lavendel und Rosmarin gesäumt waren.[15] An der Westseite des Hauses befand sich ein Rasen, auf dem Morris und seine Freunde Bowling spielten, und aus dem Garteninnern ging der Blick nach draußen über die offenen Felder und Obstgärten Kents. Die Grenze zur Red House Lane markierte allerdings eine hohe Mauer aus rotem Ziegelstein, teils um die Freunde vor den Blicken neugieriger Passanten zu schützen, aber auch um eine Linie zwischen Morris' hausgemachtem Utopia und dem Rest der Welt zu ziehen.

Die Kombination aus der formalen, von mittelalterlichen Vorbildern abgeleiteten Struktur und dem Obstland, das zum Garten gestaltet und mit den altmodischen Obstbäumen und Blumen eines halbimaginierten ländlichen England bestückt war, legte die Grundregeln für den *Arts-and-Crafts*-Garten fest, und dies zehn Jahre vor Erscheinen von William Robinsons *The Wild Garden* und dreißig Jahre vor der Fixierung dieses Stils in Gertrude Jekylls Schriften und Gartenentwürfen. Im Sommer war der Garten angefüllt mit dem Duft der Lilien, und im Herbst standen die Sonnenblumen in Fülle. Sie wurden zum Symbol der ästhetischen Bewegung, und aus Edward Burne-Jones' Beschreibung klingt die Liebe zu ihnen: »Weißt du, was für Gesichter sie haben – daß sie spähen und verstohlen blicken, daß sie kokett und gewinnend oder manchmal auch keck und ein wenig unverschämt aussehen? Hast du jemals ihr Hinterhaar bemerkt, wie wunderschön lockig es ist?«[16] Der Garten wurde zur Inspiration für Bilder, Zeichnungen und dekorative Entwürfe; Georgiana erinnerte sich, daß Edward Burne-Jones eines Morgens mit der Zeichnung einer Mohnblume zum Frühstück erschien, die er in der Morgendämmerung angefertigt hatte. William Morris' Notizbücher aus jenen Jahren sind voller Studien von Blüten und Blättern, die mit Sicherheit aus dem Garten von Red House stammen. Die Pflanzen, die er sich für seinen Garten erwählt hatte, erschienen nun auch auf seinen Entwürfen für Tapeten und Stoffe.

Ein Brunnenhof war ursprünglich von einem hölzernen Spalier abgeschlossen, das nach Süden und Osten orientiert und von Kletterrosen bedeckt war. Ein weiteres langes Spalier verband den Hof mit den Gärten an der Front des Hauses und trug das Seine zum Faszinosum dieser Folge dufterfüllter und halbmysteriöser Außenräume bei. Morris' erstes Tapetenmuster (»Trellis«), das ein Spalier zeigte und 1862 entstand, als der Garten allmählich heranwuchs, war von diesem Brunnenhof inspiriert. Wie Lethaby meinte, »stammte die Idee wahrscheinlich von den Rosenhecken an Red House«, und es soll Webb gewesen sein, der die Vögel zu dem Entwurf beisteuerte. Innerhalb weniger Jahre regten auch Jasmin und Geißblatt, die die Wände des Hauses bedeckten, Morris zu Stoff- und Tapetenmustern an. Er bezog seine Anregungen aber nicht nur von den Blumen in seinem Garten, sondern auch aus alten Manuskripten und von Stickereien. Sein »Margeriten«-Entwurf ging auf ein Froissart-Manuskript im Britischen Museum zurück, und man fragt sich, wieviel von der Bepflanzung des Gartens und den (heute verschwundenen) hölzernen Strukturen ebenfalls von mittelalterlichen Vorbildern beeinflußt war. Für Morris war die ungezähmte Natur eine wichtige Quelle der Inspiration, ob er nun Gedichte schrieb oder einen Teppich webte. Seine Sympathie für massenhaft gepflanzte *cottage*-Garten-Blumen und seine Vorliebe für einen klaren, unkomplizierten Rahmen gingen in die gestickten Behänge für Red House ein, und in einer Vorlesung, die er vor dem *Working Men's College* in London hielt, sagte er: »Ich brauche die eindeutige Anspielung auf Gärten, Felder, Bäume, Zweige und Ranken, oder ich kann mit Ihren Mustern nichts

Oben: *Morris' erstes Tapetenmuster (»Trellis« = »Spalier«) von 1862 war von den Rosenspalieren in Red House inspiriert. Die Vögel wurden von Philip Webb gezeichnet.*

anfangen.« Zum Thema Stickmuster ermahnte er seine Zuhörer, »daß wir mit Gold- und Silberfäden gärtnern«.[17]

Das Prinzip der Zusammenarbeit von Malern, Entwerfern, Kunsthandwerkern und Dekorateuren, in Red House in einem Geist der Spontaneität und der Freundschaft etabliert, sollte zu einem Ideal der *Arts-and-Crafts*-Bewegung werden. Die Erfahrung des Dekorierens und Einrichtens von Red House vermittelte Morris und seinen Freunden das Selbstvertrauen, die Dekorationsfirma Morris, Marshall, Faulkner & Co. (ab 1875 Morris & Co.) zu gründen. Aymer Vallance schreibt: »Was er damals im kleinen Maßstab begann, sollte ihn für den Rest seines Lebens beschäftigen.«[18] Morris trat mit den Margeriten und Lilien aus dem Garten von Red House, verbunden mit der Genauigkeit und naiven Schlichtheit, die er an alten Stickereien und Manuskripten bewunderte, gegen den »Horror« viktorianischer Häuslichkeit an:

»Die gehäkelten Schutzdecken auf den Roßhaarsofas, die Wachsblumen unter Glasstürzen; die Monstrositäten in Messing und vergoldetem Stuck; die abscheulich furnierten und verrenkten Stühle, Tische und anderen Möbel, die möchtegern-naturalistischen Teppiche mit den vegetabilischen Mustern, den falschen Schatten und der mißlungenen Perspektive, der ganze verabscheuenswürdige billige Schwindel, die Vulgaritäten ...«[19]

Morris blieb nahezu sechs Jahre in Red House. Seine beiden Töchter Jenny und May wurden dort geboren, und es gab Pläne, ein separates Gebäude für das Ehepaar Burne-Jones zu errichten und so zu versuchen, das Ideal einer Verbindung von Künstlern, die zusammenlebten und -arbeiteten, greifbar für die Zukunft werden zu lassen. Finanzielle Schwierigkeiten waren schließlich der Grund, diesen Traum aufzugeben. Der geplante Anbau wurde niemals errichtet, Red House wurde verkauft, und Morris ging mit seiner Familie zurück nach London. Der Garten allerdings und sein enger Zusammenhang mit dem Haus übten weiterhin einen tiefreichenden Einfluß auf die *Arts-and-Crafts*-Bewegung aus. Der Garten war wichtig, denn er übersetzte gewissermaßen ein mittelalterliches Ideal in Gartengestaltung. In seiner Bepflanzung war er frei und künstlerisch, eine Wiederentdeckung von Reiz und Schlichtheit alter englischer Blumen. Zugleich erweckte er Elemente des Tudorgartens in einer Zeit wieder zum Leben, die sich zwar durch ein wachsendes Interesse an der gotischen Architektur auszeichnete, aber kaum Verständnis für Struktur und Bepflanzung historischer Gärten aufbrachte.

Zwischen den Haupträumen von Red House und dem Garten bestand kein direkter Zusammenhang. Die französischen Fenster und sonnigen Veranden, die spätere *Arts-and-Crafts*-Wohnräume mit ihren Terrassen verbanden, wären Webbs »gotischer« Sensibilität ganz fremd gewesen. Die beiden Vorbauten, der eine an der Nord-, der andere an der Südseite des Hauses, an der auch der Brunnenhof lag, boten geschützte, intime Räume an der Nahtstelle zwischen Innen und Außen, aber sie waren Kirchenvorhallen ähnlicher als Gartenräumen. Die Idee des Hauses, das sich um seinen Garten herumlegt, und der duftenden Kletterpflanzen, die sich von Anfang an über die Mauern des Gebäudes breiten sollten, setzten Red House von anderen Häusern ab. Morris' Vorstellung eines Gartens, der sich in der Stille und Nostalgie eines alten Kenter Obstgartens materialisierte, und seine Entscheidung für halbwilde Sträucher und Blumen, die eher den Stanzen der englischen Poesie als den Listen gängiger Gartenpflanzen entnommen schienen, war sowohl kreativ als auch provokativ.

Auch wenn Morris' Aufenthalt in Red House relativ kurz war, hielt dessen Bedeutung als Modell innovativen und aufgeklärten Designs weit über seinen Weggang hinaus an. Das Haus gehörte später Charles Holme, dem Herausgeber der einflußreichen Kunstzeitschrift *The Studio*, und es muß von vielen Autoren und Künstlern besucht worden sein, die in dieser Zeitschrift zu Wort kamen. Der Garten erfuhr keine wesentlichen Veränderungen, weil er sich gut pflegen ließ, aber auch weil er Bestandteil einer Philosophie war. Morris, Burne-Jones und Rossetti bauten weiterhin ländliche Gärten in Oxfordshire und Sussex. Die Lilien, Obstbäume und wilden Blumen von Red House lebten in den Buntglasfenstern und Tapisserien der Firma Morris & Co. fort. Sie belebten den Vordergrund von Burne-Jones' gemalten mittelalterlichen Legenden und Rossettis Porträts von Jane Morris. Und was vielleicht das Wichtigste war: Sie drangen auf den von Morris & Co. produzierten Stoffen und Tapeten in die Häuser der modebewußten Mittelschichten ein. Es war nur eine Frage der Zeit, daß die Vorliebe für schlichte einheimische Blumen und mittelalterliche Gestaltungsprinzipien auch die Gärten dieser Kundschaft erreichte.

RECHTS: *Die Westansicht von Red House mit dem in Form eines Erkers vorspringenden Wohnraum, gesehen vom Obstgarten.*

Anmerkungen

1 Brief von Philip Webb an May Morris, 7. Juli 1898, British Museum.
2 W. R. Lethaby, *Philip Webb and his Work*, Oxford University Press, 1935.
3 Hermann Muthesius, *Das englische Haus*, Wasmuth, Berlin, 1904/05.
4 Georgiana Burne-Jones, *Memorials of Edward Burne-Jones*, Macmillan & Co., London, 1904.
5 Hermann Muthesius, *op.cit.*
6 *ibidem.*
7 Fiona MacCarthy, *William Morris, A Life for Our Time*, Faber and Faber, London 1994, S. viii.
8 *ibidem*, S. 164.
9 Laura Hain Friswell, *In the Sixties and Seventies*, Hutchinson & Co., London, 1906, S. 269.
10 J.W. Mackail, *The Life of William Morris*, Longmans, London, 1899, S. 143.
11 William Morris, »Story of an Unknown Church«, *Oxford and Cambridge Magazine*, 1856. Ebenfalls abgedruckt in *Works* (1910-1914), Band 1, S. 151. Interessant ist, daß in Morris' Wahrnehmung der mittelalterliche Garten mit Exoten bestückt war.
12 W.R. Lethaby, *Philip Webb and his Work*, Oxford University Press, 1935, S. 28.
13 *ibidem*, S. 28.
14 Zitiert in Aymer Vallance, *William Morris. His art, his writings and his public life*, George Bell and Sons, London, 1897, S. 49.
15 Eine Fotografie des Gartens mit der Beischrift »Originally laid out by William Morris« erschien in *The Studio*, Band 21, 1901, S. 35.
16 Georgiana Burne-Jones, *op.cit.*
17 William Morris, »Some hints on pattern-designing. A lecture delivered at the Working Men's College, London, on December 10, 1881.« *Lectures on Art and Industry*, S. 195-197.
18 Aymer Vallance, *op.cit.*, S. 55.
19 *ibidem*, S. 55.

KAPITEL 3

Altmodische Gärten

Die architektonische Abstammung des *Arts-and-Crafts*-Gartens läßt sich unschwer zurückverfolgen. Die Grundlagen seines Bepflanzungsstils dagegen und die Entstehung eines für diese Bewegung aufgeschlossenen Markts hatten mehr mit modischen Vorstellungen und dem Einfluß bekannter Persönlichkeiten – von Künstlern, Schauspielerinnen, Schriftstellern – zu tun als mit architektonischen Theorien. Reste von Gärten des 17. Jahrhunderts oder einer noch früheren Zeit wurden von den Malern »entdeckt« und studiert. Sie wurden Teil einer imaginären Wiedererschaffung des alten Gartens, und es entstand ein Bildrepertoire, das seine Wurzeln ebensosehr im Zeitgeschmack und den aktuellen Wünschen hatte wie in der historischen Analyse. Manchmal wurde, wie in Hard-

RECHTS: *Der aus dem 17. Jahrhundert stammende, noch mit Zierbüschen versehene Garten von Brickwall, romantisch bepflanzt mit einjährigen und perennen Blumen. Gemälde von George Samuel Elgood, 1911.*

George S. Elgood

wick Hall, ein altmodischer Garten als Umgebung eines historischen Gebäudes sozusagen wiedererfunden. Die Idee des altmodischen Gartens wurde allerdings niemals definiert oder vorgeschrieben. Die Buchsbäumchen in Kate Greenaways Buchillustrationen waren altmodisch, so wie die Wildrosen, die sie auf den Bildern von Edward Burne-Jones bewunderte. In den sechziger Jahren des 19. Jahrhunderts waren altmodische Gärten die Domäne einer kunstinteressierten Elite, die sich dem Ästhetizismus verbunden fühlte. Diese Leute etablierten und popularisierten eine romantische Auffassung von Bepflanzung, die später in einem architektonischen Rahmen im *Arts-and-Crafts*-Garten adaptiert wurde.

Oscar Wilde verdichtete die Position des englischen Ästhetizismus in einer einzigen Geste, als er in ehrfurchtsvoller Reverenz für die Schauspielerin Ellen Terry im grünen Samtanzug und mit einer Nelke in der Hand die Regent Street hinabschritt. Die Ästhetizisten waren empfindsame und kunstsinnige Seelen. Die Männer waren Dandies, und die Frauen fanden Gefallen an den mittelalterlichen Gewändern und unendlich sehnsuchtsvollen Mienen, die sie auf den Gemälden von Dante Gabriel Rossetti und Edward Burne-Jones bewunderten. Die Ästhetizisten wurden in Gilbert und Sullivans Oper *Patience*, die 1881 uraufgeführt wurde, zugleich zelebriert und parodiert und erschienen in George du Mauriers satirischen Cartoons in der Zeitschrift *Punch*. Als praktizierende Gärtner waren sie für die Geschichte des Gartendesigns uninteressant – sie hätten sich in der Tat für unfähig gehalten, einen Spaten auch nur anzusehen, geschweige denn in die Hand zu nehmen. Ihre Bedeutung lag darin, daß sie als Kunden in der Lage waren, die gemalten und literarischen in reale Gärten zu verwandeln.

Bei Vernissagen fanden die Ästhetizisten sich in der »greenery-yallery, Grosvenor Gallery« in Bond Street ein, in der Hoffnung, einen Blick auf William und Jane Morris zu werfen oder Zeuge einer Konversation zwischen dem amerikanischen Maler James McNeill Whistler (1834-1903) und seinem feinen Architekten Edward Godwin (1833-1886) zu werden. Wenn der Ästhetizismus überhaupt so etwas wie ein Empfinden kannte, dann kam es in der Grosvenor Gallery ans Licht, die 1877 in Reaktion darauf gegründet worden war, daß die Royal Academy es versäumt hatte, den (nach Meinung der Ästhetizisten) bedeutendsten Gemälden der Zeit die ihnen adäquate Öffentlichkeit zu verschaffen – den Bildern der Präraffaeliten. Die Ästhetizisten hungerten nach »Kultur«, verließen sich aber auf die Führung durch tonangebende Künstler und progressive Unternehmer, die ihnen genau zeigen sollten, wie und wo sie Kultur kaufen konnten. Sie waren Kunden von Liberty's in Regent Street, sie orderten ihre Interieurs bei der Firma Morris & Co., sie beteten die populäre Schauspielerin Sarah Bernhardt an (und trugen wie diese eine Ponyfrisur), und sie sammelten mit grimmiger Entschlossenheit blauweißes japanisches Porzellan. Einer von du Mauriers bissigsten Cartoons zeigt ein junges Paar, das von einer blauweißen Teekanne ganz und gar hingerissen ist und sich feierlich vornimmt, »ihr gerecht zu werden«, und die Hauptdarstellerin in einem damals populären Theaterstück äußerte sich zum Entzücken des Publikums ganz genauso: »Von einer Teekanne kann man ja soviel lernen.«[1]

Die wichtigen Geschmackspäpste kannten einander, und viele von ihnen waren eng befreundet oder aber Erzrivalen. Einer der einflußreichsten und in der Gesellschaft sehr gesuchten Maler der siebziger Jahre war der Amerikaner James McNeill Whistler, der aus Paris nach London gekommen war und den Kult des japanischen Holzschnitts in den kunstinteressierten Kreisen Englands eingeführt hatte. Er freundete sich mit Arthur Liberty an, dessen 1875 gegründetes Geschäft in Regent Street die exotischsten japanischen Objekte verkaufte, die man in London finden konnte. Als D'Oyly Carte 1885 mit den Vorbereitungen für die Einstudierung von Gilbert und Sullivans neuer Oper *The Mikado* begann, erhielt Liberty den Auftrag, die Stoffe für die Kostüme und das Bühnenbild zu liefern, und seine Einkäufer wurden nach Japan geschickt, um Muster und Materialien der traditionellen japanischen Gewänder an Ort und Stelle zu studieren. Bald warben Libertys Schaufensterpuppen als Charaktere aus *The Mikado* in Kimonos für seine »künstlerischen Stoffe«, und Ellen Terry kleidete ihre Kinder modisch in seidene Miniaturkimonos.

Wenn die persönliche Garderobe des Ästhetizisten ungeheuer wichtig war, dann war es die geschmackvolle Ausstattung seines Hauses und Gartens als kühne Zurschaustellung kaum weniger. Die sanftfließenden Gewänder der Frauen auf den präraffaelitischen Gemälden und die theatralischen Kostüme des Personals aus *The Mikado* hatten einen tiefreichenden Einfluß auf die Garderobe progressiver junger Frauen. In gleicher Weise wurden die gemalten Gärten Rossettis, Burne-Jones' und anderer viktorianischer Künstler zur Inspiration für altmodische Gärten, die eine künstliche Verkommenheit zeigten und an halbvergessene mittelalterliche Ursprünge denken ließen. Malerei und Dichtung standen Mitte des 19. Jahrhunderts in einem engen Zusammenhang miteinander. Die Bilder hatten oft Szenen aus Tennyson zum Inhalt, und die literarische Mode der Erzählungen um König Arthurs Tafelrunde mit ihren poetischen Beschwörungen romantischer alter Gärten stimulierte entsprechende visuelle Reaktionen. Die viktorianischen Maler ließen ihre mittelalterlichen Szenen oft vor einem Hintergrund aus Wäldern und wildwachsenden Blumen spielen, aber Arthur Hughes hatte seine *Schöne Rosamunde* schon 1854 in einem Garten voll alter Rosen und perenner Staudengewächse gemalt, die, eingefaßt von niedrigen Buchsrabatten, massenhaft blühten.

Die Sehnsucht nach einem poetischen englischen Garten, unberührt von der Vulgarität und lärmenden Zurschaustellung des viktorianischen Designs, fiel mit der Überzeugung der Architekten zusammen, daß die baufälligen *cottages* und Scheunen des ländlichen England in Erinnerung gerufen und bewahrt werden sollten; daß die alten Baumethoden wieder zum Leben erweckt und als schöne Fertigkeit verstanden werden müßten und daß man die schlichten Linien und den gesunden Aspekt des Gewachsenen und Heimischen, den diese Gebäude hatten, zelebrieren müßte – eine Wiedererweckung der hier gewachsenen, der richtigen Architektur, die den ganzen Schwindel und die Exzesse viktorianischer Bautätigkeit aufzeigen und bloßstellen würde. George Devey, ein früher Kenner und großer Liebhaber der gewachsenen ländlichen Bauweise, restaurierte schon um die Mitte des 19. Jahrhunderts das aus der Zeit der Tudors und Jakobs I. stammende Brickwall House in East Sussex. Wenig mehr als ein Jahrzehnt später entdeckte Rossetti auf einer Erkundungsreise durch das ländliche Sussex die Reste des aus dem 17. Jahrhundert stammenden Gartens von Brickwall und ließ ihn fotografieren. Rossetti machte sich die Fotografie grundsätzlich zunutze, um seine Modelle im Gedächtnis zu behalten. Er ließ den Garten von Brickwall fotografieren, um ihn als Quelle für seine Bilder oder für eigene Gartenentwürfe heranziehen zu können.

Er hatte insofern Glück, als Brickwall ein Jahrhundert lang vernachlässigt worden war. Seine Besitzer, die Familie Frewen, lebten lieber auf ihren Gütern in Yorkshire und Leicestershire, und seit Mitte des 18. Jahrhunderts war Brickwall ein ziemlich verstaubtes und veraltetes Anhängsel ihrer übrigen wertvolleren Besitztümer. So war Brickwall der viktorianischen Passion für exotische Pflanzen und ordentliche grellbunte Blumenbeete entgangen, so wie ihm auch die Begeisterung des 18. Jahrhunderts für das Pittoreske erspart geblieben war, die in ganz England die alten Gärten mit den Knotenbeeten und dem beschnittenen Buschwerk zerstört hatte. Als Rossetti den Garten von Brickwall fand, war er von Devey zwar aufgeräumt und in Ordnung gebracht worden, aber seine aus dem 17. Jahrhundert stammende Struktur sowie letzte Spuren der Kunst des Baumschnitts waren noch sichtbar. Rossetti könnte den Garten als schlafende Schönheit gesehen haben: auf romantische Weise vernachlässigt, hier und da ein wenig wild und überwachsen, aber die Möglichkeit der Rettung in sich bergend. Sozusagen knapp unterhalb der Oberfläche waren die Linien einer formalen Struktur deutlich zu erkennen: Da gab es zu Kugeln und Pyramiden geschnittene Sträucher und lange, geradeverlaufende, unter grünen Bogen hindurchführende Wege, und die einzelnen Bereiche waren durch lange Eibenhecken und miteinander verflochtene Buchen voneinander getrennt. Es gab einen ummauerten Garten und ein *bowling green*. Wenn Brickwall auch kein mittelalterlicher Garten war, so kam es einem alten Garten doch so nahe, wie es sich ein viktorianischer Maler nur wünschen konnte.

Zu den eindrucksvollsten Kennzeichen des Gartens gehörte seine offensichtliche Langlebigkeit. Formbüsche erhalten ihre Gestalt nicht in einer einzigen Saison, und der originale Eibenbestand in Brickwall gehörte zu den frühesten in England. John Evelyn behauptete, die Eibenmode eingeführt zu haben; nach seiner Empfehlung (1676) sollten die Zypressen durch Eiben ersetzt werden, »ob als Hecken oder Pyramiden, Kegel, Kugeln oder andere Formen; sie sind mit ihren himmelaufstrebenden Kronen, dreißig Fuß hoch, ein Schmuck der Parks oder breiteren Alleen und trotzen allen Wirkungen des allerstrengsten Winters, dem die Zypresse nicht widerstehen kann«.

Haus und Garten wurden etwas später, im Jahre 1685, wiederhergestellt, nachdem Thomas Frewen für seine Dienste für Jakob II. belohnt worden war. Auch wenn der größte Teil des Buschwerks aus dem 17. Jahrhundert entfernt gewesen sein dürfte, als Rossetti nach Brickwall kam, muß das, was stehengeblieben war, außerordentlich eindrucksvoll gewesen sein. Allein die Größe der Büsche hätte das Alter des Gartens und implizit die Tatsache bezeugt, daß die Geschichte der Familie und ihre Verbundenheit mit der Krone sich über zwei Jahrhunderte zurückverfolgen ließ.

Brickwall wurde als seltenes Beispiel eines aus der Zeit der Tudor und Jakobs I. stammenden Fachwerkbaus gefeiert, der noch in dem ihm gemäßen Rahmen eines formalen Gartens des 17. Jahrhunderts stand. Jetzt, da die Angehörigen einer feinsinnigen Mittelschicht in wachsender Zahl aufs Land, in neuerworbene »altenglische« Häuser mit Fachwerkgiebeln und hohen Tudorkaminen übersiedelten, wurde der Garten von Brickwall zum Vorbild für das »alte« Element in ihren Gärten. Er ließ die Kontroverse um den Formschnitt wieder aufleben (selbst Evelyn, der die Eiben ja eingeführt hatte, war der Ansicht, daß »jeder, der auch nur den geringsten Anspruch auf Geschmack erhebt, einem Baum in seinem natürlichen Wachstum immer den Vorzug gegenüber diesen monströsen Figuren geben muß«). Wie die japanischen Vorbilder für den *Mikado* etablierte der Garten einen gewissen Grad von historischer Authentizität, so daß die ersten Gartenhistoriker – Puristen, denen es bei der Rekonstruktion eines historischen Gartens um Evidenz und Akuratesse ging – seine Formbäume studieren und die schlichte Geometrie seines formalen Grundrisses messen konnten. Für die Anhänger der ästhetischen Bewegung dagegen, denen historische Genauigkeit immer weniger wichtig war als Stil, war Brickwall gerade im etwas verfallenen Zustand ganz einfach ideal.

Das delikate Gleichgewicht zwischen Ordnung und Chaos – eine historische Struktur, halbverborgen unter Schichten verwahrloster Wachstums – sprach die Anhänger der ästhetischen Bewegung weit mehr an als die Aussicht, die geradeverlaufenden Pfade des Gartens von Brickwall wiederherzustellen oder seine buchsgesäumten Beete mit aller Sorgfalt wieder in Form zu bringen. Sie wollten altmodische Gärten, denen ein Element von Mittelalterlichkeit anhaftete; sie wollten rankende Rosen und Bäume, die zu Tierfiguren geschnitten waren; sie wollten einen Garten, der aussah, als sei er schon ein oder zwei Jahrhunderte alt, einen Garten, den man sich selbst überlassen konnte – und vor allem wollten sie ihn sogleich. Nach seinem Besuch in Brickwall fand Rossetti auf einem anderen Grundstück in Sussex einen alten Baum, der in die Form eines Armsessels geschnitten war. Da es nicht

möglich war, den ganzen Garten an sein Haus im Londoner Stadtteil Chelsea zu transportieren, behalf er sich damit, den Sessel allein zu kaufen. Er ließ die alten Wurzeln ausgraben und den ganzen Busch nach London karren, wo er kurze Zeit nach seiner Wiedereinpflanzung abzusterben begann.

Hardwick Hall in Derbyshire ist eines der schönsten elisabethanischen Häuser auf britischem Boden. Um die Mitte des 19. Jahrhunderts allerdings hatte der Garten mit der Mode Schritt gehalten, so daß die schöne Steinfassade des Hauses auf eine grellbunte Sommerbepflanzung blickte. Hardwick war für Bess of Hardwick, die Countess of Shrewsbury, gebaut wor-

OBEN: *Lady Louisa Egertons »altmodischer« Garten, für den elisabethanischen Besitz Hardwick Hall wiedererfunden. Gemälde von George Samuel Elgood, 1897.*

den, und eine Tradition besagte, daß jeweils die Dame des Hauses bestimmen sollte, wie der Garten auszusehen habe. Das Parterre war 1832 nach den Instruktionen von Lady Blanche Howard rund um das Monogramm der Bess of Hardwick angelegt worden. Der Rest des rund drei Hektar großen Gartens wurde gut dreißig Jahre später von Lady Louisa Egerton umgestaltet. Lady Louisa war dem Zeitgeschmack voraus. Sie nutzte die aus elisabethanischer Zeit erhaltengebliebene Einfriedung und die flache Beschaffenheit des Geländes rund um das Haus zur Anlage eines altmodischen Gartens, und dies so überzeugend, daß Sir Reginald Blomfield und Inigo Thomas ihn keine fünfundzwanzig Jahre später in ihrem Buch *The Formal Garden in England* fälschlicherweise für ein Original hielten.

Der Garten wurde 1875 im *Journal of Horticulture* beschrieben, zu einer Zeit, als seine neuen Hecken bereits Fülle gewannen:

»Er wird durch Alleen von Eiben- und Hainbuchenhecken, die nach Norden, Süden, Osten und Westen laufen, in vier Teile geteilt; die grasbewachsenen Wege dazwischen sind 20 Fuß breit und in ausgezeichnetem Zustand. Der erste Teil nimmt den von Immergrünen und Koniferen gesäumten Krocketplatz auf ... Der zweite Teil, der ganz nahe beim Haus liegt, ist ein Obstgarten, und die Apfel-, Birnen- und Pflaumenbäume stehen sehr schön. Der dritte ist in der Hauptsache mit Haselnußsträuchern und Obstbäumen besetzt; der vierte ist ganz den Gemüsen vorbehalten.«

Einen Garten in separate Einfriedungen einzuteilen und jede von ihnen anders zu behandeln, war eine ausgesprochen mittelalterliche Idee. Lady Louisas Gartendesign war außergewöhnlich, weil sie dem Krocketrasen auf der einen Seite das gleiche Gewicht beimaß wie dem Gemüsefeld auf der anderen. Innerhalb der formalen Struktur war mehr als die Hälfte des Gartens dem Anbau von Obst, Nüssen und Gemüse vorbehalten, und Blumen und Gemüse waren wie in einem *cottage*-Garten miteinander vermischt.

Der formale Aspekt von Lady Louisas Garten nahm noch zu, je höher die Hecken wurden. In diese wurden Nischen geschnitten, die lebensgroße Bleifiguren rahmten, was dem Garten ein klassisches Aussehen verlieh. Die separaten Gevierte wurden durch bogenförmig ausgebildete Öffnungen miteinander verbunden. Von den Graswegen oder vom *rond point* am Punkt ihres Zusammentreffens aus betrachtet, hatte der Garten eine emphatisch vorgetragene klassische Aussage. Entlang den elisabethanischen Umfassungsmauern zogen sich allerdings breite Rabatten, dicht mit perennen Staudengewächsen bepflanzt, während rankende Rosen und Klematis sich mit einer Üppigkeit über die alten Steinmauern breiteten, die der geordneten Struktur widersprach. Die Kombination war so gelungen, daß sie Klassiker und Romantiker gleichermaßen befriedigte und das Fortbestehen des Gartens in dieser Form sicherstellte (er ist heute im Besitz des *National Trust*). Blomfield äußerte sich begeistert über die schönen Bleistatuen, die allesamt Musen darstellten. Der Maler George Samuel Elgood fing die formalen und die romantischen Elemente von Hardwick in zwei Bildern ein, die den großen Maßstab ebenso wie die Natur des Gartens vermitteln. Mit seiner Großzügigkeit ist Hardwick von besonderer Bedeutung für die Entwicklung des *Arts-and-Crafts*-Gartens. Es verband das ästhetische Vergnügen an formalen Strukturen und üppiger Bepflanzung mit einem aristokratischen Talent zur Planung im großen Maßstab. Der altmodische Garten wurde in Hardwick Hall mündig, er nahm sozusagen zu an Respektabilität und Großartigkeit, ohne dabei ganz auf seine ungezwungenen Ursprünge zu verzichten.

Wenn Lady Louisa dem altmodischen Garten zu seiner Verfeinerung verhalf, gab Kate Greenaway ihm etwas, was ihn zum modischen Accessoire machte. Greenaway (1846-1901) war eine der populärsten und einflußreichsten Künstlerfiguren ihrer Generation. Ihre frühesten Erinnerungen galten dem idyllischen ländlichen Leben in Rolleston, einem Ort in der Grafschaft Nottinghamshire, wohin man das kleine Kind für ein oder zwei Jahre brachte, als die Mutter

OBEN: *Aus Kate Greenaways »Under the Window«, 1878.*

plötzlich erkrankte. Die 1905 in einem zuckersüßen Stil verfaßte Biographie geht über mögliche unschöne Aspekte dieser Erfahrung hinweg. Kate Greenaway selbst erinnert sich nur an »das Glücksgefühl, das die Blumen ihr einflößten, mit denen sie Freundschaften einging, die bis an ihr Lebensende hielten«.[2] Kate hatte die Gabe, ihr Augenmerk auf Details zu richten und alles, was sie nicht sehen wollte, außer acht zu lassen. Es waren die wildwachsenden und die schlichten *cottage*-Blumen ihrer Kindheit, an die sie sich erinnerte:

»Da gab es das Löwenmäulchen, das seinen Mund öffnete und schloß, je nachdem, wie sie darauf drückte. Das Löwenmäulchen ›liebte‹ sie; aber die rosafarbene Moosrose, die am Fenster des Küchenstübchens blühte, die ›verehrte‹ sie. Sie wuchs zusammen mit den Stachelbeerbüschen, dem Pflaumenbaum und dem Goldregen in dem kleinen dreieckigen Garten nahe der Straße.«

Sie taufte das Leinkraut »gelbes Drachenmaul« und den Storchschnabel »meine kleine Blaublume«. Diese große Freude an den schlichten heimischen Blumen bewahrte sie sich unvermindert auch in ihrem späteren Leben als Schriftstellerin und Illustratorin.

Ihre ersten Bücher – Kinderbücher, altmodische Märchen, Reime – erschienen 1871. Die Stoffe waren in der Tradition des Geschichtenerzählens von Generation zu Generation weitergegeben worden, und danach mußten die Bilder sich richten – sie durften also nicht etwa auf eine bestimmte Zeit verweisen. Greenaway erfand eine kindliche Welt, in der ernsthafte kleine Mädchen in Regency-Kleidern mit breiten Schärpen und großen bebänderten Hauben figurierten, die wunderliche kleine Spiele spielten. Selbst wenn sie unartig waren, konnte man ihnen nicht widerstehen, und es ist so gut wie unmöglich sich vorzustellen, daß sie wirklich einmal Lärm hätten machen können. Es war eine Welt, an die vom Ästhetizismus angekränkelte junge Eltern so dringend glauben wollten, und sie versuchten, sie im wirklichen Leben zu erschaffen. Die konventionellen engsitzenden Samtanzüge, in die man die viktorianischen Kinder gesteckt hatte, wurden nicht mehr gewollt, und statt ihrer erschienen »die Kleider und Schürzen, Hüte und Kniehosen«, die Greenaway für ihre Illustrationen erdacht hatte, »gefällig und adrett, im Stil der Zeit um 1800, so daß Schönheit und Wohlbehagen zur natürlichen Anmut hinzutreten«. Während ihre Weihnachtskarten und Bücher sich über Europa und bis nach Amerika ausbreiteten, wuchs auch ihr Einfluß auf Bekleidung und Verhalten der Kinder:

»Eine Zeitlang zog sie die Kinder zweier Kontinente an... Ein Engländer, der den Maler Jules Breton in dessen Landhaus in der Normandie besuchte, traf alle Kinder in Greenaway-Kleidern an; denn nur diese Kleider, erklärte Breton, paßten zu Kindern und zum Sonnenschein.«

Greenaways Einfluß auf den Gartenstil war kaum weniger gegenwärtig. Die *cottage*-Gärten ihrer Kindheit, an die sie sich erinnerte, wurden in ihren Bilderbüchern popularisiert. Die vor einen strahlend blauen Lattenzaun im Garten ihrer Tante Thorne gepflanzten »prunkendsten der prunkenden« Kapuzinerkressen, die sie »geliebt und bewundert hatte, mehr als Worte aussagen können« (wobei sie den schlampigen Zustand des Hauses der Tante mißbilligte), wurden »zum Entzücken Tausender« zu einem Bild verarbeitet, auf dem Aschenputtel zu sehen ist. Auf dem Umschlag ihres Buches mit dem Titel *Marigold Garden*, das 1885 erschien, lehnten sich drei kleine Mädchen mit Ringelblumensträußen über ein schlichtes hölzernes Gartentor, über ihnen der Zweig eines Baums, hinter ihnen eine Andeutung der Ordnung des Gartens in Gestalt zweier beschnittener Buchs- oder Eibenkugeln. Greenaways Gärten waren keine lebensechten *cottage*-Gärten. Wie ihre Kinderfiguren waren sie mit Überlegung komponiert und durch eine gewisse Formalität gebändigt. Oft hatten sie nur geringe Ausmaße – was einen Teil ihrer Faszination ausmachte –, aufgehoben zwischen sauber beschnittenen hohen Hecken, mit einem Obstbaum und ein paar perfekt angeordneten Blumen. Greenaway kannte die führenden Vertreter des Ästhetizismus und ihr Werk. Ihre gemalten Gärten zeugten in einem gewissen Umfang von der scharfsinnigen Beobachtung dessen, was die Ästhetizisten im Augenblick beschäftigte, und vielleicht auch von der Kenntnis der Gärten einiger ihrer Künstlerfreunde. Ihre Bilder waren niemals so vollgestopft wie wirkliche *cottage*-Gärten. Vielmehr präsentierte sie dort nur sehr wenige schöne Dinge, die sich in einer täuschend einfachen Komposition zusammenfanden. Wie die Kleider riefen auch ihre Gärten die Vorstellung einer bestimmten Zeit wach. Die Klarheit und der Charme dieser Gärten allerdings waren sozusagen »typisch Kate«.

Greenaways Einfluß in künstlerischen Kreisen und ihr Anteil an der Popularisierung eines progressiven Designs sind heruntergespielt worden, teils weil ihr Medium, die Kinderbuchillustration, leicht übersehen oder nicht genügend beachtet wurde, teils weil sie eine Frau war, die in einer männlichen und viktorianischen Welt arbeitete. Ihre Freundschaft mit John Ruskin ist Beweis ihrer Bedeutung unter den viktorianischen Malern. Der Erfolg dieser Beziehung hing allerdings davon ab, daß sie gegenüber Ruskins patriarchalischer Autorität das Kind spielte. Die Freundschaft entwickelte sich durch ihre Korrespondenz, die im Januar 1880 einsetzte; es dauerte fast drei Jahre, bis sie einander persönlich begegneten. Im März 1884 schrieb Ruskin ihr aus Brantwood, seinem Zufluchtsort im Lake District, einen Brief, in dem er versuchte, Einfluß auf ihre Liebe zu den Blumen zu nehmen, und seine eigenen Vorlieben schilderte:

»Ich glaube, die Blumen, die *ich* am liebsten habe, wären der Reihe nach etwa die Wildrose, die Alpenrose, der Enzian, die weiße Lilie, die Purpurwinde, Nelken – die ganze Tribus, Stiefmütterchen – die ganze Tribus, Distel – die ganze Tribus, Gänseblümchen und Hyazinthe, Schneeglöckchen und Krokus.«

Den Waldanemonen, den Apfel-, Mandel-, Weißdorn- und Kirschblüten wurde so etwas wie ein Königinnenstatus zugesprochen.

Einige Monate später schlug Ruskin ihr vor, gemeinsam ein Buch über Botanik zu schreiben: »Sie besorgen die Abbildungen und ich den Text – ein Handbuch der Feldbotanik«, aber im darauffolgenden Jahr teilte er mit, es sei ihnen »ein wahrer Schatz von einem Geistlichen« zuvorgekommen. Er drängte sie, ihre Kunst ernster zu nehmen, und schrieb:

»Es ist mir eine *solche* Freude zu hören, daß Sie so gerne Bäume darstellen... Es ist gar nicht zu sagen, was für wunderbare Dinge Sie in einem kurzen Augenblick tun können, wenn Sie sich erst einmal Ihren Weg durch die enge Pforte gebahnt haben. Und Sie werden die Freude haben, außer mir noch viel mehr Menschen zu beglücken und mehr Gutes zu tun als irgendein englischer Künstler jemals getan hat.«

Immer wieder heißt es in Ruskins Briefen, die kleinen Mädchen, die sie für ihn zeichnete, sollten nackt sein, denn das würde zu ihrem anatomischen Verständnis beitragen, aber in diesem Punkt war Greenaway anderer Meinung. Sie war seine Vertraute in Zeiten der Depression und sandte ihm schön illustrierte Briefe, in denen sie vom Fortgang ihrer Arbeit und von den Bildern berichtete, die Rossetti und Burne-Jones soeben in London ausstellten.

Wann immer Greenaway sich über die zeitgenössische Malerei äußerte, achtete sie auf die Details von Blumen und Laubwerk: »Ich sehe mir immer mit Neid den Maibaum an, den Burne-Jones in *Merlin und Vivien* gemalt hat.« Sie beschrieb die Seerosen auf J.W. Waterhouses *Hylas und die Wassernymphen* und die Glockenblumen und die Kapuzinerkresse auf Millais' *Hugenotten*. Über Millais' *Ophelia* meinte sie, es sei »das großartigste Bild unserer Zeit«, und auf der Suche nach dem, »was Kunst wirklich ist«, kam sie zu dem Schluß: »Es ist das, was Burne-Jones tut, wenn er diese Rosen so ganz um seine Figuren windet... Sie wachsen nicht oft in dieser Weise, aber sie könnten es, und es ist eine große Wohltat, solche Dinge zu lieben, ich zumindest empfinde es so.«

Kate Greenaway sah sich nicht als Feministin. Gegenüber ihrer Freundin Violet Dickinson äußerte sie sich 1897 mit Schrecken über die »wildent-

OBEN: *»The Briar Wood«, Edward Burne-Jones, 1869.*

schlossenen Frauen«, die ihre Werke in einer »Exhibition of Lady Artists« zeigen wollten:

»O was für ein Wurm wäre ich in ihren Augen, wenn ich es wagte, meine wahren Ansichten auszusprechen und niederzuschreiben, daß ich, nachdem ich von diesen gräßlichen Männern immer fair und gerecht behandelt worden bin, meine Sachen viel lieber mit ihnen zusammen ausstellen und meinen wahren Platz einnehmen würde, der niedriger sein muß als der von vielen von ihnen. Denn ich fürchte, wir *hoffen* nur, das zu tun, was Männer tun *können*. Es ist traurig, aber ich fürchte, es ist so. Sie *haben* die größere Befähigung.«

Greenaway hatte einen beachtlichen Ruf in Europa, und ihre Arbeiten wurden vielfach nachgeahmt und häufig für das Werk eines Mannes gehalten:

»Kate Greenaway ist auf dem europäischen Kontinent so bekannt wie ... Millais, Leighton, Burne-Jones, Watts und Walter Crane –; sie ist als bedeutende Künstlerpersönlichkeit anerkannt.«

Ein holländischer Bewunderer schickte ihr einmal die Fotografie eines gutaussehenden jungen Mannes mit schwarzem Schnurrbart und bat sie – in dem Glauben, es handele sich um ein Portrait von ihr – um ein Autogramm. Greenaway reagierte amüsiert und klärte den Irrtum auf. »Er fürchtete, daß ich mich über ihn lustig machte, denn in Holland ist Kate ein Männername.«

Greenaway war auch finanziell erfolgreich. Die Tantiemen aus ihren Büchern ermöglichten es ihr, einen der gefragtesten und angesehensten Architekten der ästhetischen Bewegung, Richard Norman Shaw (1831-1912), mit dem Entwurf eines Hauses im Londoner Stadtteil Hampstead zu beauftragen. Bei Fertigstellung des Hauses 1885 war Hampstead noch ein beinahe ländlicher Ort, umgeben von offenen Feldern, wenn es auch sehr bald von Schriftstellern und Künstlern aller Art bevölkert wurde. Eine frühe perspektivische Zeichnung des Hauses hebt die ländlichen Aspekte hervor: Eine Herde Schafe trottet die Straße entlang und auf das Eingangstor zu; Kinder lungern herum, und Greenaway selbst, auf dem Balkon ihres Hauses stehend, scheint auf die Vorzüge der Landschaft aufmerksam zu machen. Das Haus als solches war ein schönes Beispiel des von Shaw favorisierten Queen-Anne-Stils: Ziegelmauerwerk, großzügiger Erker und hohe Schornsteine. Es lag etwas abseits der Straße in einem ummauerten Garten, und Greenaways Bruder erinnerte sich, daß Kate in der Regel morgens arbeitete und die Sommernachmittage im Garten verbrachte, um sich »um ihre Blumen zu kümmern«. Der Garten wurde so gehalten, daß ihm eine Spur romantischer Unordnung blieb. Etwa ein Jahr nach ihrem Einzug schrieb Kate an eine Freundin:

»Heute habe ich eine große Enttäuschung erlebt. Jemand hatte mir von einem netten alten Gärtner erzählt, der sich noch etwas beschäftigen wollte. Ich dachte mir, so jemand wäre genau richtig für uns, und schrieb ihm, und jetzt, als er kam, stand da statt des alten Mannes ein prachtvoller junger Mann mit einer prachtvollen weißen Halsbinde. Mein Herz sank. – Er fing an:

›Wege wollen mit Kies bestreut werden.
Gras will gesät werden,
Rosen wollen beschnitten werden,
Bäume wollen gekappt werden,
Alles will in Ordnung gebracht,
alles will beachtet werden.‹

Eine schöne Idee! Mein geliebter Garten als das exakte Faksimile jedes Gartens in Frognal! Ich überlegte mir, mit welchen Worten ich ihn wieder wegschicken könnte. Nichts soll mich dazu bringen, einer solchen Entweihung zuzustimmen.«

Später sprach sie stolz von der Größe und Vielfalt ihrer Pflanzen, und einmal heißt es: »Unser Garten hat vergessen, daß er ein Garten ist, und versucht wieder ein Feld zu werden.« Sie hatte eine große Vorliebe für »schöne große frische grüne Disteln und Sauerampfer, der seine Blätter so anmutig ausbreitet« und sie daran erinnerte, daß sie als Kind den Samen als »Tee« abgewogen hatte. Sie schrieb an Ruskin, wenn eine Pflanze erst einmal im Boden sei, dann habe sie dort zu bleiben und sich um sich selbst zu kümmern: Es durfte kein Ausgraben geben, »um nach den Wurzeln zu sehen oder sie an einen anderen Standort zu bringen – die Beharrlichkeit macht es!« In einem anderen Brief an Ruskin beschrieb sie ihren Garten in Hampstead, der im Juni in seiner besten Form sei:

»Er ist in diesem Augenblick sehr frisch und blumig. Der Regen hat alle Blüten herausgebracht – Rosen, weiße Päonien, rote Iris, große Mohnblumen, Lupinen, Flieder, Ringelblumen, Fingerhut, Rittersporn, Glockenblumen, Taglilien und viele andere. Es ist der beste Augenblick des Gartens.«

Greenaways gemalte Gärten und Shaws Queen-Anne-Häuser sprachen die gleiche Kundschaft an – die wohlhabenden Angehörigen der Mittelschicht, die für das ästhetizistische Gedankengut empfänglich waren. Beide, die Künstlerin und der Architekt, nutzten eine nostalgische Sehnsucht nach einem längst vergangenen Zeitalter der Anmut und der Aufgeklärtheit und eine Bereitschaft, ein solches Zeitalter sozusagen wieder zu erfinden. Shaws rote Ziegelhäuser und Greenaways schlicht gekleidete Figuren hatten etwas Ländliches, dies allerdings auf Kosten der historischen Genauigkeit. Von Klassengesellschaft oder Armut wollten sie nichts wissen. Tatsächlich hatte es auf dem Land einerseits die Landlords, die reichen Feudalherren, und andererseits die armen Bauern gegeben. Shaw und Greenaway pickten sich sozusagen mit Geschick die jeweils besonders pittoresken Attribute beider Protagonisten heraus und erfanden auf diese Weise ein ländliches England der blitzsauberen *cottages* und anheimelnd-altmodischen Lebensgewohnheiten.

Im Jahre 1876 hatte Shaw mit dem Entwurf einer Siedlung von Stadthäusern in Bedford Park begonnen, die sich bald einen Ruf als das Künstlerviertel von London erwarb. Diese Häuser hatten altmodische Erkerfenster, schattige Vorbauten und Geländer aus weißgestrichenem Holz um die Balkons des ersten Obergeschosses. 1876 waren die »vielen Sonnenblumen«, von denen William Morris in seiner *Story of an Unknown Church* gesprochen hatte, zum Symbol der ästhetischen Bewegung geworden. Sie erschienen plastisch an den Ziegelmauern der Häuser von Bedford Park und standen in großer Fülle in ihren Gärten. Die Häuser lagen nicht direkt an der Straße, sondern hinter hübschen kleinen Vorgärten, und sie unterschieden sich von ihren eher konventionellen Zeitgenossen dadurch, daß sie anstelle des üblichen Hofes einen großzügigen Hintergarten besaßen. Die enge Verbindung von Haus und Garten, die dann den ausgereiften *Arts-and-Crafts*-Garten auszeichnen sollte, hatte sich in Bedford Park noch nicht entwickelt. Der Garten war aber der Ort, an dem man seinen Tee nahm und exklusive Gartenparties feierte. Als Schauplatz von Geselligkeit wetteiferte er mit dem Tennis-Club, mit der Laienspielgruppe, der musikalischen Gesellschaft usw.

Nur wenige Amateurgärtner brachten es zu der gestutzten Einfachheit, die Greenaways gemalte Gärten auszeichnete. Immerhin wurden sie durch diese Bilder in der Ansicht bestärkt, daß die wahre Kunst nicht darin bestand, für ein kleines Stückchen Land einen gelernten Gärtner zu beschäftigen, sondern eher darin, daß man die Sache des Gärtnerns etwas bohèmehaft anging. Auf diese Weise wurden sie Bezieher und Leser neuer Gartenzeitschriften und Gartenbücher, die auch einer willigen Leserschaft von Robinsons *The Wild Garden* zwangsläufig die Kenntnis der gemalten Gärten und einen gewissen Blick für das Zeitgemäße vermittelten.

1 Aus *The Colonel* von F.C. Burnard, dem Herausgeber des *Punch*.
2 M.H. Spielmann und G. S. Layard, *Kate Greenaway*, Benjamin Blom, New York, 1905, Neuauflage 1968. Diese Biographie ist die Quelle aller in diesem Kapitel noch folgenden Zitate bezüglich Greenaways und ihrer Korrespondenz mit Ruskin.

KAPITEL 4

Das »wilde« Gärtnern

Einen der heftigsten Angriffe auf den viktorianischen Garten führte ein ehrgeiziger und wild entschlossener junger Gärtner aus Irland, William Robinson, der 1870 als Zweiunddreißigjähriger sein Buch *The Wild Garden* veröffentlichte. Anders als viele seiner Verunglimpfer hatte er sich schon als Gärtnergehilfe respektable praktische Kenntnisse über Pflanzen und gärtnerische Methoden erworben und sich im Gärtnerberuf nach oben gearbeitet. Robinson war ein jähzorniger Typ und unkonventionell in seinem Vorgehen. Wenn er eine Pflanze oder eine verbreitete gärtnerische Praxis nicht mochte, dann verurteilte er sie mit den Worten: »Nicht selten trifft man auf den häßlichen, formlosen Teich, den kein noch so großes Geschick erträglich machen kann. Gemacht ohne jeden Anspruch auf

RECHTS: *Die dicht bepflanzten Rabatten in Gravetye Manor zeigen William Robinsons kühnen Gebrauch der Farbe.*

LINKS: *Struktur und Ausstattung von Gravetye zeugen von einem Sinn für das Einfache und für die Wahrung der architektonischen Traditionen.*

Anmut der Konturen, ist er eine Verunstaltung, manchmal eine Gefahr.« Seine starken Verwünschungen, die er wie Gewehrsalven abfeuerte, und zwar oft ganz spontan in sonst unauffälligen Texten, hatten zweifellos Anteil an seiner Popularität. Auch wenn sie ihm eine begierige Leserschaft eintrugen, machte er sich unter den Gärtnern damit auch erbitterte Feinde. Seine rücksichtslosen verbalen Attacken haben die Gartenhistoriker veranlaßt, ihm die Rolle des Bösewichts oder des Hypokriten zuzuschreiben, auf Kosten einer objektiveren Würdigung seines Werks.

Robinson wurde 1838 in County Down geboren.

Als er etwa zehn Jahre alt war, verschwand sein Vater, ein Gutsverwalter, mit der Frau eines seiner Kunden nach Amerika und ließ die Familie »in der Gnade der Verwandtschaft« zurück. Robinson mußte seinen Lebensunterhalt also sehr früh verdienen, und das Gärtnern war eines der wenigen Gewerbe, in denen ein junger Mann zugleich ein Handwerk erlernen und ein kleines Salär nach Hause tragen konnte. Hätte er sich für einen anspruchsvolleren Beruf wie die Architektur oder für eine Kunstfertigkeit wie das Möbelschreinern entschieden, hätte ihn das einen Betrag bis zu 500 Pfund für eine fünfjährige Lehrzeit gekostet. Auch wenn in dieser Summe seine Verköstigung und Unterbringung enthalten gewesen wäre, so hätte er doch vor Ende der Lehrzeit kein Geld verdient; für mittellose Familien verboten sich die Kosten einer solchen Ausbildung von selbst.

Robinson fing als Gärtnergehilfe in Curraghmore an und wurde dann Gartenlehrling in Glasnevin, dem Nationalen Botanischen Garten in Dublin, wo er eine umfassende hortikulturelle Ausbildung erhielt. Mit einundzwanzig Jahren hatte er es zum Vorarbeiter in einem großen Garten in Ballykilcavan gebracht. Dies war auch der erste Schauplatz seines schlechten Verhaltens. Nach einer nur zum Teil wahren Geschichte hatte Robinson die Verantwortung für eine Reihe von Gewächshäusern inne: »Wir können uns vorstellen, daß sie ähnlich wie Chatsworth von einer ganzen Reihe empfindlicher und seltener Pflanzen bevölkert waren und überdies zahlreiche Sämlinge und Stecklinge beherbergten«, wie ein Historiker die Szene schilderte. Der Geschichte zufolge verließ Robinson nach einer heftigen Auseinandersetzung mit dem Chefgärtner wütend seinen Arbeitsplatz:

»In jener Nacht, als das Thermometer, das Robinson immer so aufmerksam beobachtete, erst auf den Gefrierpunkt und dann darunter fiel, ging er in den Heizraum und drehte das Feuer ab. Nachdem er dann durch alle Häuser gegangen war und alle Fenster geöffnet hatte, machte er sich auf den Weg nach Dublin, wo er zeitig am nächsten Morgen ankam.«[1]

Laut Robinsons Biographin Mea Allan besaßen die Gärten in Ballykilcavan zu keiner Zeit solche exquisiten Gewächshauspflanzen, und obwohl »es einigen Disput gab und ein gewisser Schaden angerichtet wurde«, ist die Geschichte dieses Vandalismus eine böswillige Übertreibung.[2] Allerdings machten Robinsons Freude an Konfrontationen und seine kompromißlosen Doktrinen ihn zu einer Herausforderung für seine Kritiker, und es besteht noch immer eine gewisse Tendenz, diese bemerkenswerte Karriere unter Hinweis auf belanglose Ungeschicklichkeiten herabzusetzen. Alle Berichte sind sich jedenfalls darin einig, daß Robinson Ballykilcavan zu Fuß verließ, sich auf den Weg nach Dublin machte und dann, versehen mit einem Empfehlungsschreiben seines früheren Arbeitgebers Dr. David Moore aus Glasnevin, nach England ging und sich bei der Royal Botanic Society in London vorstellte. In späteren Jahren erinnerte er sich an seine Ankunft in London und an die damals herrschende Vorliebe für die »falschen und häßlichen« Blumengärten, »bestehend aus ein paar Arten von Blumen, die sie stolz zu Tausenden und Zehntausenden ausbrachten ... Ich sah den Blumengärtner bei seinem armseligen Versuch, die Fliesenleger oder Tapetenkleber auszustechen, wie er voller Verachtung all die anmutigen Dinge beiseite warf, die in Größe oder Form seinen Vorstellungen nicht entsprachen«.[3]

Robinson erhielt eine Anstellung am Botanischen Garten in Regent's Park, nicht in den Gewächshäusern (die er bis an sein Lebensende verabscheute), sondern als Aufseher über die Staudenrabatten:

»Es gab damals einen kleinen Garten mit britischen Pflanzen, der in Schuß gehalten werden mußte, und das führte mich in die abwechslungsreiche Gegend rund um London, auf die orchideengesprenkelten Wiesen von Buckinghamshire wie zu den Kliffs an der Küste von Essex, die nicht vom Pflug aufgestört werden; und so bekam ich ganz allmählich eine Vorstellung (die jedem Schuljungen beigebracht werden sollte) davon, daß (selbst für Gärten) viel Schönheit in unseren heimischen Blumen und Bäumen steckt.«[4]

Robinson war ein passionierter und überzeugender Schreiber. Er verbesserte seine nur in Ansätzen vorhandene Bildung, indem er Botanik im Selbststudium betrieb. Seine große Sachkenntnis auf dem Gebiet der einheimischen britischen Pflanzen trug ihm 1866 die Mitgliedschaft in der angesehenen Linné-Gesellschaft ein. Wenig später gab er seine Tätigkeit am Botanischen Garten auf, um sich ganz dem Schreiben zu widmen, zunächst als für Gartenbelange zuständiger Korrespondent der *Times* und kleinerer Gartenzeitschriften und dann, ab 1871, als Begründer des einflußreichen Wochenmagazins *The Garden*.

In jüngerer Zeit ist Robinsons Bedeutung als Innovator von den Historikern in Frage gestellt worden, und in der Tat hatten weniger charismatische Gartenautoren sich schon vor Robinson der einheimischen britischen Pflanzen angenommen. Seine Fähigkeit, eine kontroverse Haltung einzunehmen und zu popularisieren, war allerdings unerreicht. *The Garden* war die meistgelesene Gartenzeitschrift jener Tage, und die Amateurgärtner der Mittelschicht ebenso wie die Berufsgärtner erwarteten die neue Ausgabe jede Woche mit Ungeduld. Die Zeitschrift verband die neuesten hortikulturellen Erkenntnisse mit praktischen Ratschlägen, und Robinson würzte sie zusätzlich mit kritischen Rezensionen der Bücher, die seine Rivalen schrieben; Reginald Blomfield und J.D. Sedding dienten ihm regelmäßig als Zielscheiben und schossen ihrerseits zurück.

Robinsons Interesse an den wildwachsenden Blumen und ihrem natürlichen Habitat ist vergleichbar dem seiner intellektuellen und künstlerischen Vorfahren. Er setzte die Gartenphilosophie in die Tat um, die John Ruskin in den dreißiger Jahren begründet hatte und die Ruskin wie Morris auch in ihren eigenen Gärten anwandten. Er interessierte sich für die Malerei seiner Zeit und teilte sowohl Greenaways Bewunderung für Millais' *Ophelia* als auch Ruskins Anerkennung der Farbe bei Turner. Wenn er intellektuell in der Schuld Ruskins stand, so wurde dieser Umstand durch einen lebhaften Dialog über das Gärtnern und die schönen Künste ausgeglichen. Sie korrespondierten über den Unterschied zwischen den weißen Lilien Italiens und den orangefarbenen Exemplaren, die Ruskin in seinem Gewächshaus zog, und wir wissen, daß Robinson im Jahre 1885 mehrere Iris an Ruskin sandte. Es gibt eine Geschichte, derzufolge Robinson bei einem ihrer Zusammentreffen darüber klagte, daß in den wärmeren Ländern die Früchte eines Obstgartens immer schöner seien als die Blüten, bis Ruskin schließlich ausrief: »Geben Sie mir die Blüte, und ersparen Sie mir das Bauchweh!«[5] Wie Morris und Ruskin hatte auch Robinson eine Passion für Sonnenblumen, Malven, Geißblatt und Fingerhut. Robinson unterschied sich von Morris und Ruskin durch seine Liebe zu den wildwachsenden Blumen, die eher aus seiner Tätigkeit als praktischer Gärtner erwachsen war als aus einer romantischen Sehnsucht nach einem utopischen Zeitalter. Und er hoffte die praktizierenden Gärtner anzusprechen.

In *The Wild Garden* startete Robinson eine Kampagne zur Wiedereinführung einheimischer Sträucher, Zwiebelgewächse und perennierender Pflanzen in den Garten: »Die Passion für das Exotische ist so universal, daß unsere eigenen schönsten Pflanzen niemals gepflanzt werden.« Die einzelnen Kapitel befaßten sich mit dem »Garten der wildwachsenden britischen Pflanzen«, mit wildwachsenden Pflanzen auf Mauern, Felsen oder Ruinen sowie mit wilden Rosen. Robinson forderte die Gärtner auf, die Hecken- und Wiesen-

Rechts: *Die in viktorianischen Gärten selten gepflanzte Aster novi-belgii liefert am Ende des Sommers farbige Bänder.*

blumen zu studieren und die Pflanzmethode der Natur zu befolgen, und zwar in unregelmäßigen Bändern oder »Driften« zu pflanzen. Der Titel *The Wild Garden* darf nicht zu der Annahme verleiten, sein Buch befasse sich nur mit wildwachsenden Blumen und der Anlage von Wiesengärten oder Waldlichtungen. Nur die ganz progressiven Ästhetizisten waren in den siebziger Jahren bereit, die »wilde Gärtnerei« so auf die Spitze zu treiben. Im Vorwort zu seinem Buch erklärt Robinson, er sei nicht dafür, den Garten verwildern zu lassen oder Einjährige als unordentliche Ansammlung auszusäen, und er bestehe auch nicht darauf, daß nur heimische Blumen und Sträucher verwendet würden. Die eigentliche Botschaft des Buches war die vehemente Opposition gegenüber allem »Mechanischen und Enggeschnürten« und vor allem gegenüber der Praxis, den Garten zweimal im Jahr auseinanderzureißen, »um das zu bewirken, was wir die Frühjahrs- und die Sommerbepflanzung nennen«. Er legte ausführlich dar, daß Pflanzen, die im englischen Klima ausdauern, und zwar sowohl heimische als auch solche »aus den nördlichen und gemäßigten Regionen«, ein reicheres und weniger arbeitsintensives Bild ergeben könnten, und versuchte seine Leserschaft davon zu überzeugen, daß ein Garten, der sich mit den Jahreszeiten verändert und im Verstreichen der Monate einen immer wieder anderen Schwerpunkt hat, interessanter und erfreulicher sei als ein Garten, der nur eben zwei relativ statische und künstliche Wirkungen bietet.

Für die ganz modernen jungen Ästheten in England und Nordamerika, die ihre Wohnzimmer mit Morris-Tapeten dekorierten, vertrat Robinson mit seinen Theorien die schlichte »ländliche« Pflanzweise, die ihre schicken Häuser im *cottage*-Stil perfekt ergänzte. *The Wild Garden* war für die Besitzer größerer, von Wiesen und Waldland gesäumter Landgüter gedacht. Das Buch muß aber auch viele Leser von weitaus bescheideneren Grundstücken gefunden haben, die von einem Garten träumten, denn es erlebte zahlreiche Auflagen und wird noch heute gedruckt. Für den, der das Gärtnern eher theoretisch betrieb, war die Ausgabe von 1881 von Alfred Parsons illustriert, einem der bekanntesten Gartenmaler der Zeit. Damals wie heute konnten Gartenbesitzer das Buch auf der Suche nach Anregungen heranziehen und sich jene Teile zu eigen machen, die ihrem persönlichen Geschmack und den Gegebenheiten ihres Grundstücks sowie der Beschaffenheit des Bodens am ehesten entsprachen.

Robinsons Popularität machte ihn reich. In der Zeitschrift *The Garden* lieferte er seinen Lesern eine wohlausgewogene Mischung dessen, was seiner Meinung nach gut für sie war, und dessen, was sie wirklich wollten. Es gab Artikel über das Jäten, über die Möglichkeiten, Katzen aus einem Stadtgarten fernzuhalten, über die Lebensgewohnheiten von Blattläusen und deren Verhältnis zu Ameisen sowie über die Geheimnisse von Miniaturpilzbeeten: »Wir hörten von einem belgischen Koch, der Pilze in seinen alten Schuhen zog, und mit Sicherheit kann man sie sehr gut in Töpfen von 10 bis 15 cm Durchmesser, in Pfannen, Kästen, ja sogar in einer zerbrochenen Teekanne ziehen.« Artikel über die Kunst der Teppichgärtnerei erschienen neben eher belehrenden Texten. Schon 1878 hatte Gertrude Jekyll mit dem ersten von vielen Artikeln, die in *The Garden* noch folgen sollten, ihr Debüt als Gartenschriftstellerin gegeben, und im Jahre 1900 übertrug Robinson ihr die verlegerische Verantwortung für die Zeitschrift. Eine Sammlung der besten Artikel, vermehrt um eine Pflanzen»zyklopädie« erschien 1883 unter dem Titel *The English Flower Garden* in Buchform. Sie bestätigte Robinsons Erfolg und brachte es zu seinen Lebzeiten auf fünfzehn Auflagen. Wie sein Buch *The Wild Garden* wird sie noch immer viel gelesen und noch heute nachgedruckt.

Auch wenn Robinsons Erfolg auf seinem Geschick als Gartenautor und Herausgeber beruhte, verließ ihn doch nie die praktische, sozusagen bodennahe Gesinnung seiner frühen Jahre als Gärtner, und er verlor auch mit zunehmendem Alter und beginnendem Wohlstand nicht seinen progressiv-scharfen Ton. 1883 hatte er seine Freude daran, den Garten von Shrubland

Park in Suffolk umzugestalten, eines prächtigen Herrenhauses mit einer formalen Anlage, die von Sir Charles Barry geschaffen worden war, dessen Werk Robinson verabscheute. Die in den Rasen geschnittenen, mit grellbunten Sommerblumen bepflanzten Beete in Schnörkelform wurden sorgfältig eingeebnet, und die farbigen Steine, die das Parterre dekoriert hatten, wurden entfernt. An ihrer Stelle legte Robinson eine schlichte Rasenfläche an, deren breite Rabatten er mit Rosen und perennierenden Pflanzen besetzte. Barrys Architektur verschwand zumindest zu einem Teil hinter Klematis und Glyzinen. In *The English Flower Garden* hatte Robinson geschrieben:

»Zu den unglücklichen Versuchen mancher gartenentwerfender Architekten, sich des Gärtners und seiner störenden Pflanzen zu entledigen, gehört auch die Anweisung, daß man Kletterpflanzen an Mauern und Wänden nicht gestatten dürfe.«

In Shrubland übte er Rache.

1885, im Alter von 47 Jahren, kaufte Robinson ein großartiges Herrenhaus im Tudorstil, Gravetye Manor in West Hoathly, Sussex, das inmitten eines eigenen Landguts lag. Hier verbrachte er den Rest seines langen Lebens, indem er den Garten veränderte und weiterentwickelte und geradezu zwanghaft weiteres Land für sein Gut hinzukaufte, bis der Besitz auf nahezu vierzig Hektar angewachsen war. Hier, in den Gärten von Gravetye, legte Robinson das praktische Zeugnis der »wilden« Gärtnerei ab. *Gravetye Manor, or Twenty Years' Work Around An Old Manor House*, 1911 erschienen, ist ein detaillierter persönlicher Bericht über die Verwandlung eines ungeschickten viktorianischen Kompromisses in eine ländliche Gegend, wie Ruskin und seine Anhänger sie in ihren Schriften beschworen hatten. Robinson war weiterhin als Herausgeber in Southampton Street in London tätig, und es zeugt von seiner dynamischen Art, daß er jeden Morgen den Sieben-Uhr-Zug nach Victoria Station nahm und am Ende seines Arbeitstags noch die Energie aufbrachte, seine Zeitungen in einen an Three

OBEN: *Der Gartenvorbau in Gravetye, wo die Architektur von der Natur nahezu unkenntlich gemacht wird.*

Bridges Station wartenden Wagen zu werfen und die letzten paar Meilen der Heimreise zu Fuß über die Felder zurückzulegen. Die Arbeit an seinem eigenen Garten und die praktischen Versuche und Experimente, die er hier durchführte, dienten ihm nicht nur zur Erholung vom Tagesgeschäft und von dem Druck, der auf ihm als dem Herausgeber des *Garden* lastete, sondern sie kamen auch seinem Schreiben zugute.

Robinsons wichtigstes Anliegen in Gravetye lautete, die aufdringliche viktorianische Landschaftsgestaltung rückgängig zu machen und das natürliche Niveau soweit wie möglich wiederherzustellen. Die das Haus geradezu bedrängenden Wellingtonias wurden, weil »zugleich häßlich und für das Klima nicht geeignet«, in den ersten Monaten des Jahres 1885 gefällt. Dreißig Männer waren mit der Entfernung einer riesigen Grasterrasse an der Südseite beschäftigt, und innerhalb weniger Monate hatte Robinson zudem »beschlossen, den alten Küchengarten abzuschaffen, der ganz nahe am Haus lag und keine schöne Wirkung machte«. Die älteren Apfelbäume wurden beibehalten, nicht aber die »vielen eisernen Spaliere«. Ein Felsengarten »von der gräßlichen Art« vor dem Ostflügel wurde durch eine Böschung ersetzt, von der steinerne Stufen nach unten führten; die obere Ebene sollte den Kindern des Dorfes als Spielplatz dienen. Jeder Teil des Gartens mußte, so wie er erdacht worden war, im Boden abgesteckt werden: Robinson war der Ansicht, man könne einen Plan auf dem Papier anfertigen, nachdem der Garten angelegt war; den Plan zuvor anzufertigen, sei dagegen »sinnlose Theorie«. Der entstehende Garten wurde in Form von Fotografien dokumentiert, aber der einzige erhaltene Plan, der für die Publikation in *Country Life* bestimmt war, beschränkt sich auf die Bereiche nahe am Haus.

Gärtnernde Freunde aus aller Welt sandten Blumen und Bäume für den neuen Garten. Edouard André,

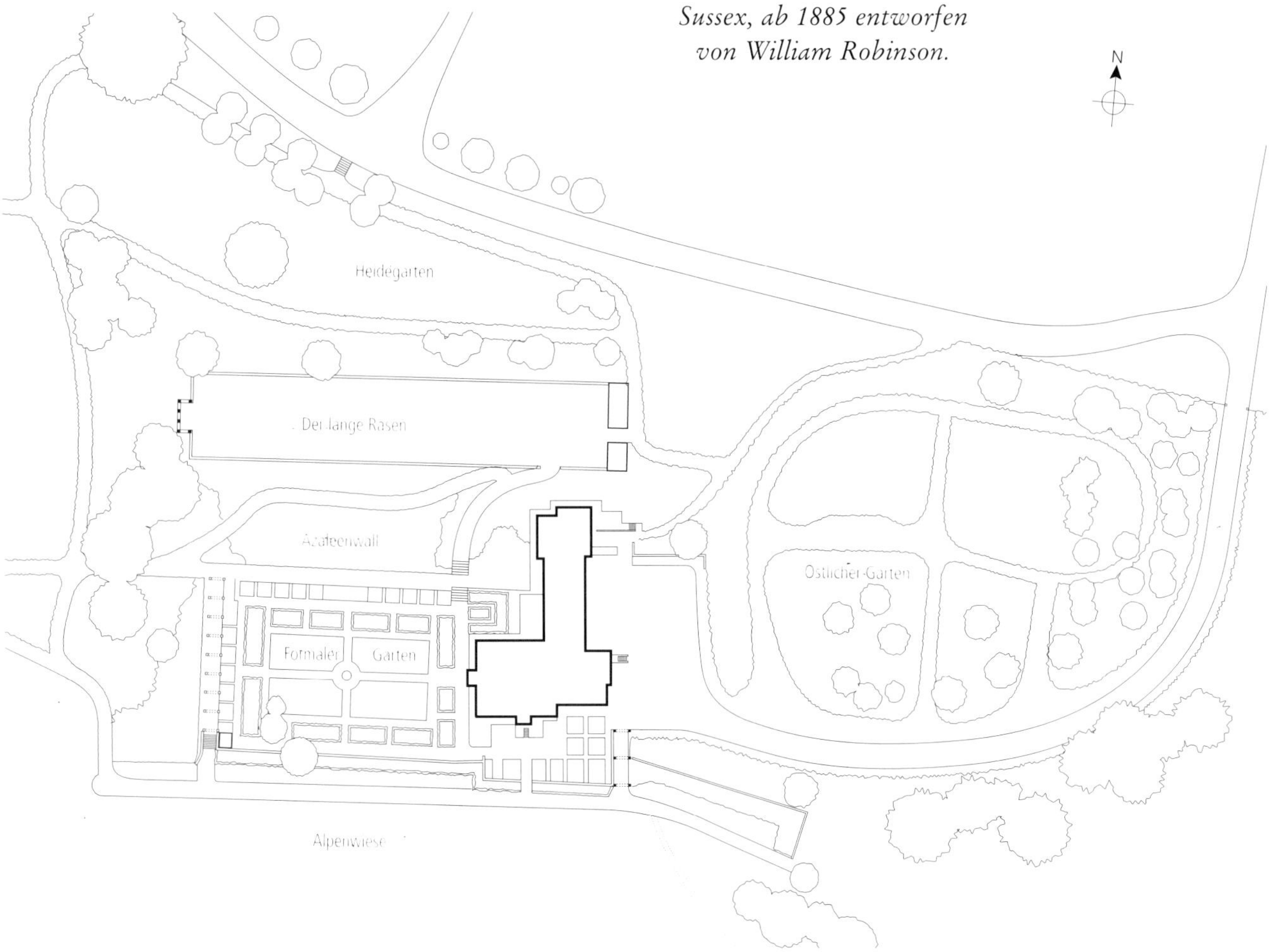

UNTEN: *Gartenplan von Gravetye Manor, East Sussex, ab 1885 entworfen von William Robinson.*

verantwortlich für die vorstädtischen Parks und Plätze von Paris, der sich bei seinem Besuch der Internationalen Ausstellung von 1867 mit Robinson angefreundet hatte, schickte 400 Herbstzyklamen; von Freunden aus Philadelphia kam weißer Frauenschuh (*Cypripedium acaule*); aus Pittsburgh trafen weiße Waldlilien (*trillium*) ein. Robinson war sehr daran interessiert, in seinem Garten neue Blumen zu pflanzen und zugleich den alten Favoriten ein natürliches Habitat zu schaffen. Im Jahre 1887 schrieb er an George Nicholson, den Kurator in Kew:

»Ich würde gerne alle neuen blühenden Sträucher von der ausdauernden Sorte, die etwas versprechen, auf meinem ziemlich lehmigen, kalten Boden züchten. Sie kennen ja alles, was insoweit gut ist, und ich bin sicher, daß Sie mir gerne mit den Namen von einigen Arten helfen werden, die dafür in Frage kommen. Vielleicht interessiert es Sie, diese Pflanzen auf einem Boden wachsen zu sehen, der sehr anders ist als der Ihre. Ich suche keineswegs etwa Raritäten oder Kuriositäten, sondern schöne Dinge, die den Reiz unserer Gärten noch erhöhen können und um die es sich aus der Perspektive des Gärtners verlohnt.«[6]

Als Antwort trafen zweiunddreißig kleine Pflanzen ein, wenige Monate später gefolgt von »einer Ansammlung junger Bäume«.

Wenn auch nur Spuren eines Tudorgartens in Gravetye vorhanden gewesen wären, als Robinson den Besitz übernahm, hätte er sie bedenkenlos beseitigt; er konnte die »vegetabilischen Skulpturen« nicht ausstehen. Im Vorwort zu *Gravetye Manor* schrieb er mit dem für ihn charakteristischen Dogmatismus: »Nichts ist elender für den Gärtner oder häßlicher in der Landschaft als ein Garten mit gestutzten Eiben.« Er räumte ein, in Gravetye eine Eibenhecke als »emphatische Trennlinie« zwischen zwei Blumenbeeten auf verschiedenen Ebenen genützt zu haben:

»Eines Tages skizzierte Mr. Mark Fisher, der Landschaftsmaler, den Blumengarten, und diese Eibenhecke bildete das äußerste Ende des Bildes. Er sagte zu mir:

OBEN: *Robinson gefiel sich darin, Regeln zu übertreten und wie hier formale mit zufälligen Effekten zu einem Bepflanzungsschema zu verbinden, das sich mit den Jahreszeiten entwickelte.*

›Warum geben Sie mir dort nicht eine freie Linie anstelle der harten schwarzen?‹ Die Bemerkung traf mich. Im nächsten Herbst nahm ich die Eibenhecke weg und pflanzte die Edelrose Bouquet d'Or, untermischt mit der bordeauxroten Klematis, und beide haben jahrelang eine sehr hübsche Trennlinie ergeben. Diese Lektion habe ich nie vergessen; wir schafften den Zierschnitt ab und stutzten nichts mehr.«[7]

Dennoch wahrte der Garten eine klare Struktur. Er war terrassiert, mit eher formalen Bereichen an der einen Seite des Hauses und einem großzügigen ovalen Obst- und Gemüsegarten in bequemer Nähe zur

Küche. Es ergab einen formalen Garten, aber Robinson hätte das nicht als Widerspruch zu seiner Passion für die wilde Gärtnerei gesehen. Er glaubte (wie Monet), daß eine klare geometrische Struktur aus rechteckigen Beeten, von Ziegel- oder steinernen Pfaden getrennt, in der Nähe des Hauses auf einem Landgut das Gegebene war. Anfangs plante er an der Westseite des Hauses eine einfache Rasenfläche, eingefaßt von seinen geliebten »büscheligen Stiefmütterchen«, einer Kreuzung der einheimischen wilden mit den alpinen Stiefmütterchen, die blaue, lila, weiße und gelbe Blüten ergab. Sie waren kleiner und einfacher als die schön bemusterten »Floristen-Stiefmütterchen«. Aber im Jahre 1902 wurde der Rasen wieder aufgegeben, und an seiner Stelle pflanzte Robinson einen Rosengarten. Es ist verlockend, sich vorzustellen, wie die alten Strauch- und Kletterrosen die strenge Geometrie zu Fall brachten, und es paßt zu Robinson als Champion der wildwachsenden und altmodischen Blumen mit ihren ungebührlichen Gewohnheiten. Aber Robinson steht eben längst nicht nur für die wilde Gärtnerei, und das Rosarium war ein schönes Zeugnis seiner Begeisterung für die Teerosen: »Ich wollte zum einen meiner eigenen Vorliebe für diese Blumen Genüge tun und zum anderen etwas unternehmen, um sie besser bekannt zu machen.« Teerosen wurden um die Wende zum 20. Jahrhundert im allgemeinen übersehen. In Gravetye hatte jede Spezies ihr eigenes Beet, und alle wurden mit Veilchen, Steinbrech, Nelken und Thymian unterpflanzt. Zwischen den Rosenbeeten gab es solche mit Alstroemerias und Vergißmeinnicht als Gefährten von Klematis.

Robinson ist als Heuchler beschimpft worden, weil er angeblich die Kletterrosen des englischen *cottage*-Gartens zugunsten einer aus einer Hybridzüchtung hervorgegangenen Teerose vernachlässigte.[8] Das war aber nicht der Fall. Selbst in *The Wild Garden* hatte er geschrieben, daß es in seinem Garten einen Platz für wilde wie für Zuchtrosen gebe:

»Es ist nicht das Wahre, wilde Rosen in den Blumengarten zu setzen, wo wir doch ausgewählte Zuchtblumen wollen; aber es gibt Möglichkeiten, jede wilde Rose ... in beglückender Weise einzusetzen, zum Beispiel im Gebüsch und an Zäunen ... Es soll nur ja niemand auf die Idee kommen, daß ich sie gerne den Platz unserer lieblichen Teerosen im Blumengarten einnehmen sähe. Es gibt, zumindest in meinem eigenen Garten, Platz für beide.«[9]

Die Ansicht, daß der wilde und der formale Garten einander ausschlössen, ist ein Mißverständnis des späten 20. Jahrhunderts; Robinsons Garten war so konzipiert, daß beide nebeneinander existieren konnten. Eine von weißen Glyzinen überwucherte massive Eichenpergola verband den Rosengarten mit einem Aussichtspavillon, von dem aus man die Alpenwiese überblickte, und auch hier hielt Robinson sich an das, was er geschrieben hatte:

»Als schönster der winterharten Kletterer wird die Glyzine viel häufiger in Frankreich gepflanzt als in unseren Gärten ... Sie sollte nicht nur auf Mauern und an Hauswänden, sondern auch für überdeckte Wege und für Gartenlauben verwendet werden und sich an Bäumen hinaufziehen.«

Unterhalb des Hauses blieb eine »schön bekleidete alte Mauer« erhalten, und die nach Süden orientierte Rabatte zu ihren Füßen wurde mit winterharten Sträuchern und perennierenden Pflanzen bestückt. In anderen Teilen des Gartens wurden Heidekrautastern wegen der schönen Herbstfarbe in Bändern gepflanzt.

RECHTS: *Girlanden weißer Glyzinen bedecken die Pergola am westlichen Ende des formalen Gartens.*

Sie waren in viktorianischen Gärten eine Seltenheit, und die Wirkung dieser massenhaft gesetzten Pflanzen am Ende des Sommers, wenn der traditionelle Flor reif für den Komposthaufen war, muß die Überzeugung der eher konservativen Besucher des Robinsonschen Gartens erschüttert haben. Es kam selten vor, daß Robinson an einem Farbschema festhielt; in der Regel zog er es vor, in kühnen Gruppen zu pflanzen, wobei er oft Kolonien kleinerer Pflanzen wie Veilchen nutzte, die zwischen den einzelnen Stauden saßen und das Beet zusammenbanden. Große gemischte Rabatten wurden mit einer eklektischen Auswahl von Pflanzen bestückt, zu denen Fingerhut, *verbascum* und zarte, immergrüne Sträucher wie *Carpenteria* und Melianthus zählten. Wo Pflanzen sich selbst ausbreiteten oder aussäten, wurden sie (innerhalb vernünftiger Grenzen) toleriert, so daß die schönen steinernen Stufen halb unter rotem Baldrian verborgen waren und die Risse im Steinpflaster Frauenminze (Chrysanthemum pathenium) hervortrieben. Unterschiede im Niveau wurden geschickt manipuliert, so daß der Garten sich allmählich entfaltete und die Spuren des Formalen sich mit zunehmender Entfernung vom Haus verloren, wo Robinson eine Alpenwiese mit Bändern von Frühlingszwiebelgewächsen, gefolgt von Wiesenblumen, anlegte.

Mit der Zeit wurde aus dem Territorium von Gravetye eine idealisierte ländliche Gegend. Robinson ging dabei ähnlich vor wie ein Maler, der sich die Komposition eines Gemäldes überlegt. Er öffnete einen Ausblick auf eine pittoreske Gruppe alter Bauten, gegen die sich die Vorbesitzer von Gravetye Manor mit großen Bäumen abgeschirmt hatten. In der Tradition des englischen Adels lud er Künstler ein, sich über längere Zeit auf dem Gut aufzuhalten, und gewährte ihnen Unterkunft als eine Form der Patronage. Zum Dank fertigten sie große Mengen von Bildern des Gartens und des dahinterliegenden Geländes an, die in London ausgestellt wurden. Auch Robinsons eigene Fotografien sind in der Art von Landschaftsbildern gehalten und gelegentlich von den Blaubeeren pflückenden oder irgendwo ruhenden Dorfkindern belebt. Zu seinem Geburtstag erschienen die Kinder jedes Jahr zum Tanz um den Maibaum. Sein Geburtstag war im Juli, so daß die traditionellen Maitagsfestlichkeiten immer etwas spät stattfanden, aber die Kinder bekamen Tee auf dem Rasen, und einer der Gärtner war beauftragt, »die kleinen Racker von den Blumenbeeten fernzuhalten«. Robinson schuf auf seine Weise ein Vorbild für die wohlhabenden Mittelschichten, indem er die Verpflichtungen des Besitzers eines Herrenhauses mit der Energie und klarsichtigen Entschlossenheit des erfolgreichen Geschäftsmanns verknüpfte. In einiger Entfernung vom Haus pflanzte er Waldbäume, sicherlich in Reaktion auf Ruskins Mahnung, für die zukünftigen Generationen zu sorgen, und obwohl er seine Freude an exotischen Bäumen hatte, mischte er sie mit einheimischen Arten.

Gravetye war fünfzig Jahre lang Robinsons Zuhause. Er war stets gastfreundlich, und die Gärten wurden von den einflußreichsten Gartengestaltern und auch von den potentiellen Besitzern »wilder« Gärten besucht. Die Damen pflegte Robinson zu necken, indem er, nachdem man den Garten zur Hälfte durchschritten hatte, stehenblieb, sich niederbeugte und zwischen seinen Beinen hindurchblickte. Dies, so sagte er, sei die beste Position, um die Landschaft im allgemeinen und die Pflanzen im besonderen zu betrachten. Er versuchte seine Gäste zu überreden, es selbst auszuprobieren – nicht zuletzt, so muß man vermuten, um zu sehen, ob sie die Herausforderung annehmen und ihre langen Röcke heben würden.

LINKS: *Das Belvedere, das die Alpenwiese überblickt, von der Azaleenböschung aus gesehen. Das steil von Norden nach Süden abfallende Gelände bestimmte die Anlage des Gartens.*

Robinson blieb sein Leben lang unverheiratet. Als Zweiundsiebzigjähriger konnte er nicht mehr laufen, aber er setzte seine gärtnerische Tätigkeit unerschrocken von einem kleinen Motorfahrzeug aus fort. Mit fünfundneunzig Jahren plante er die Umgestaltung eines der alten Obstgärten und legte einen neuen an. 1935, zwei Jahre später, starb Robinson.

Während der folgenden Jahrzehnte verwilderten die Gärten. Als Peter Herbert, der heutige Besitzer, Gravetye 1958 erwarb, waren die steinernen Wege des formalen Gartens unter dem wuchernden Gras und Unkraut vollständig verschwunden. Mit der Zeit wurde die Struktur des Gartens wiederhergestellt, die Wege und Stufen gesäubert und restauriert, das Sommerhaus repariert und die Pergola wieder aufgerichtet. Robinsons Fotografien und der detaillierte Bericht, den er in *Gravetye Manor...* über seine Pflanzaktionen gegeben hatte, dienten bei allen Entscheidungen im Zusammenhang mit der Restaurierung des Gartens als Dokumentationsunterlage; darüber hinaus befragte man seinen alten Gärtner über die Methoden, die er in den dreißiger Jahren befolgt hatte. Schon frühzeitig wurde beschlossen, daß neu erhältliche Pflanzen zusätzlich zu den Robinsonschen verwendet werden sollten: » Robinson war schließlich ein Pionier, und denken Sie doch nur an all die Pflanzen, die wir sonst missen müßten!«[10] Das elisabethanische Herrenhaus wurde zum Landhaus-Hotel umgestaltet, und die Gärten ziehen weiterhin faszinierte Besucher aus aller Welt an. Mehr als hundert Jahre nach ihrer Anlage sind sie noch immer ein Musterbeispiel natürlicher Bepflanzung und legen ein sehr beredtes Zeugnis von Robinsons reformerischen Ideen ab.

Der Erfolg des Buches *The Wild Garden* und der Zeitschrift *The Garden* führte zu einem Boom der Gartenpublikationen. Als die Menschen aus den engen Innenstädten allmählich in die baumbestandenen Vorstädte strömten und Häuser mit eigenen Vor- und Hintergärten anstelle der winzigen Höfe der Stadthäuser gebaut wurden, erweckten Robinsons Schriften die Aufmerksamkeit einer Generation von Amateuren, die zum ersten Mal in ihrem Leben einen Garten zu besorgen hatten. Sein Stil war bewußt eingängig; er war nicht daran interessiert, sich mit lateinischen Namen zu brüsten (er bestand darauf, daß jede Pflanze ihren englischen Namen haben müsse) oder akademische Theorien vorzutragen. Er hatte nicht viel übrig für die anmaßende Haltung der Gartenarchitekten, die, wie er meinte, sich auf das Bauen beschränken und die Gartenangelegenheiten – von denen sie im allgemeinen nicht viel Ahnung hätten – den Berufsgärtnern überlassen sollten. Seine praktische und unkomplizierte Art ließ den Eindruck aufkommen, das Gärtnern sei eine einfache Sache, und das Ideal des »wilden« Gärtnerns mit ausdauernden einjährigen und perennen Pflanzen der heimischen Flora muß auch den vorsichtigsten Möchtegern-Gärtner in dem Glauben bestärkt haben, daß man, wenn die Natur auf den Feldern und an den Hecken alles von selbst richtete, mit ein klein wenig kunstvoller Intervention hier und da und mit Robinson zum Nachschlagen schon etwas Gefälliges aus dem neuen Hintergärtchen machen könne.

Robinson wurde in Amerika mindestens so eifrig gelesen wie auf britischem Boden. Seine Arbeit war auf beiden Seiten des Atlantik offen für Interpretationen. So konnte selbst Charles Fletcher Lummis sie noch als Richtschnur für seinen Wiesengarten El Alisal in Highland Park im südlichen Kalifornien ansehen. Lummis war so angetan von dem Gedanken, man könne die Atmosphäre in einem Garten – den *genius loci* – noch weiter verbessern, daß er seinen eigenen Garten als eine Wiese voller wildwachsender Blumen gestaltete:

»Nach meiner Schätzung stehen hier mindestens vierzig Millionen wilder Blüten. Da die Fußwege kaum noch vorhanden sind – sie sind fast erstickt unter dem drängenden Pflanzenleben auf allen Seiten –, kann man nirgendwo hintreten, ohne Blumen zu zertrampeln – wohl mindestens zehn mit einem einzigen Schritt.«[11]

Lummis brachte als Gärtner theologische und nationale Ideen zusammen, wenn er die kalifornischen Mohnblumen, den wilden kalifornischen Hafer, die spanische Lilie und den Eulenklee seines Gartens als den »Teppich von Gottes Land« bezeichnete.

Eine Generation, in deren Augen das moderne Leben nicht mit der Lehre des Christentums zu vereinbaren war, fand jetzt Trost und Ermutigung im Verzicht auf die Kontrolle über die Natur und in einer harmonischen Partnerschaft mit der Landschaft und ihrer gewachsenen Geschichte. Damit verbunden war die Vorstellung, auf diese Weise näher zu Gott zu gelangen und ein Gefühl der Zugehörigkeit innerhalb des ständigen Wandels der Dinge zu erwerben. Zwei Leitgedanken der *Arts-and-Crafts*-Bewegung – die Orientierung an der Landschaft und die Bevorzugung heimischer Pflanzen – regten die amerikanischen Gartenkünstler an, einen spezifisch amerikanischen Gartenstil zu entwickeln und von der bisher geübten Praxis – dem Import englischen Gartendesigns ungeachtet der Inkompatibilitäten von Klima und Ort – abzurücken. Der Wandel brauchte einige Zeit. Noch in den dreißiger Jahren des 20. Jahrhunderts galt die Beschäftigung eines englischen oder schottischen Gärtners im Garten eines amerikanischen Landguts als ein Ausweis von Status: »Es gibt eine neue Form der Angeberei! Auf einer Dinnerparty eine neue Perlenkette zu tragen ist längst nicht so toll und für die anderen so niederschmetternd wie zu sagen: ›Gerade ist mein Gärtner aus Kew hier angekommen.‹ «[12]

Viele große Gärten, die mit dem riesigen Vermögen von Familien wie den Ford, Kellogg, Rockefeller und Vanderbilt angelegt wurden, sollten die großen historischen Gärten Europas nachahmen (wenn nicht übertrumpfen). So wie die amerikanischen Architekten an der Ecole des Beaux-Arts in Paris studierten – die im späten 19. Jahrhundert nicht gerade ein Ort der Innovation war –, so bediente man sich, was die Regeln der Gartengestaltung anging, der Schriften John Claudius Loudons und selbst der noch im 18. Jahrhundert verfaßten Veröffentlichungen von Humphry Repton. Andrew Jackson Downing übersetzte um die Mitte des 19. Jahrhunderts als erster Amerikaner die europäischen Landschaftstheorien in Begriffe, die der amerikanischen Topographie, dem amerikanischen Klima und Lebensstil gemäß waren. Erst in den neunziger Jahren entledigten sich die amerikanischen Entwerfer des Einflusses ihrer europäischen Vorfahren. Zunächst in ihren nationalen Parks und dann in den großen Gärten nahmen sie die Herausforderung an, die weiten amerikanischen *Plains* zu interpretieren. Indem sie die Vielfalt der teils halbtropischen heimischen Pflanzen einbezogen und auf das Land und seine Menschen eingingen, erschufen sie einen Stil, der nur der ihre war.

Anmerkungen

1 Miles Hadfield, *Pioneers in Gardening*, Routledge & Kegan Paul, London, 1955, S. 216.
2 Mea Allan, *William Robinson 1838-1935*, Faber and Faber, London, 1982, S. 23.
3 William Robinson, *The English Flower Garden*, John Murray, London, 1898, 6. Aufl.
4 *ibidem*.
5 Geoffrey Taylor, *Some Nineteenth Century Gardeners*, Skeffington, 1951, S. 86.
6 Zitiert in Mea Allan, *op.cit.*, S. 152.
7 William Robinson, *Gravetye Manor, or Twenty Years' Work Around an Old Manor House*, 1911, Faksimile veröffentlicht von Sagapress, New York, 1995.
8 Siehe Patricia Morison, »Voice of the revolution«, *Gardens Illustrated*, April/Mai 1995, S. 70-76.
9 William Robinson, *The Wild Garden*, John Murray, London, 1884, 4. Aufl., S. 120-124.
10 Peter Herbert im Gespräch mit der Autorin, 26. Juni 1995.
11 Charles Fletcher Lummis, »The Carpet of God's Country«, *Out West 22*, 1905.
12 Zitiert in Mac Grisold und Eleanor Weller, *The Golden Age of American Gardens*, Abrams, New York, 1991, S. 18, aus den Niederschriften von Marion Cran.

KAPITEL 5

Die architektonische Behandlung des Gartens

Die Integration von Haus und Garten sowie von architektonischer Struktur und natürlicher Bepflanzung war ein Grundelement des *Arts-and-Crafts*-Gartens. Dabei wurde allerdings die Frage nach der Gleichheit von Architekt und Gärtner und die Frage danach, wieweit der eine und der andere qualifiziert sind, »die Kunst der Gartengestaltung« zu praktizieren, in den achtziger und neunziger Jahren ebenso häufig strittig wie einvernehmlich beantwortet. Architekten haben im Verlauf der Geschichte immer einen Beitrag zur Gartengestaltung geleistet. Sie genossen von jeher das doppelte Privileg, mit dem Budget für ein Gebäude betraut und mit dem Vertrauen des Kunden in künstlerischen Fragen bedacht zu werden. Auf der sozialen Leiter standen sie fraglos einige Stufen höher als die meisten Gärtner jemals zu stehen auch nur hoffen

RECHTS: *Great Tangley Manor: Der See im Herbst.*

konnten. Einige wenige Landschaftsgärtner wie Humphry Repton und Joseph Paxton drehten den Spieß um – sie betrieben das Gärtnern und befaßten sich mit Botanik, um dann, nachdem die richtigen Verbindungen geknüpft waren, ihrem Repertoire auch noch die Architektur als »untrennbare und unerläßliche Hilfsdisziplin« der Kunst des Gärtnerns hinzuzufügen. In der Regel war es aber der Architekt, der die – formalen oder pittoresken – Konturen des Landguts bestimmte, während der Gärtner sich mit der Frage zu befassen hatte, wie dieses Erscheinungsbild im einzelnen zustande zu bringen sei.

Die Verantwortlichkeiten waren klar geteilt. In *The Gentleman's House*, einem Handbuch von Robert Kerr, das 1864 erschien und jedes Element auflistete, das bei der Anlage eines Landguts zu beachten war, wurden die Architekten noch darüber belehrt, daß der Ziergarten »natürlich allein die Domäne des Gärtners« sei: »Er kann ihn gestalten, wie und in welcher Hinsicht immer er es für ratsam hält.« Nach Kerr sollte der Architekt sich über die Elemente im klaren sein, die der Gärtner möglicherweise einsetzen wollte: Brunnen, Bassin, Fischteich; Grotte, Laube, Sommerhaus, Gartensitz, Statuen, Sonnenuhr, Vasen; Terrassenmauern und Gitter; See, Fließgewässer und Tümpel; Brücke und Bootshaus; Allee und Weg durch das Gebüsch; Schießplatz und Spielwiese. Allerdings sollte er diese Ausstattungselemente »als letzte Klasse der vielen und vielfältigen Überlegungen ansehen, die in die Planung eines herrschaftlichen Hauses eingehen«.

Im letzten Jahrzehnt des 19. Jahrhunderts sahen progressive junge Architekten die Dinge dann aber allmählich anders. Es bahnte sich gewissermaßen eine stille Revolution an: Konnte der erfolgreiche viktorianische Architekt noch zu einem Auftrag kommen, indem er, während er sich zum Dinner ankleidete, ein paar Skizzen aufs Papier warf, diese dann beim Dessert seinem Gastgeber zeigte und anschließend seine Gehilfen anstellte, die Details auszuarbeiten, so hatten die neuen Progressiven eine ernsthaftere Vorstellung von der Rolle und der Verantwortung des Architekten. So wie William Robinson das künstliche viktorianische Teppichbeet als eine Zumutung abgelehnt hatte, gingen die *Arts-and-Crafts*-Architekten auf Distanz zu der bisher geübten Praxis, ein Gebäude unabhängig von seinem Zweck in einem Stil zu errichten, mit dem eine Laune des Kunden befriedigt wurde. So wie sie es sahen, gehörte das Design zur Aufgabe des Architekten, und zwar bis hin zu Position und Stil der Gartenmöbel und zur Struktur der Pergola.

Wie Robinson waren diese progressiven Architekten von den Schriften Ruskins inspiriert. Sie wollten eine Architektur, die auf die gewachsenen Gegebenheiten einging, die sich an der Tradition des *cottage* ausrichtete und zugleich den Forderungen und Bedingungen des modernen Lebens entsprach. Sie erfanden sozusagen die Heimstatt von neuem, sie wollten Ehrlichkeit und Bescheidenheit fördern anstelle des ostentativen Gepränges. Sie wollten, sozusagen als Gegengift zum »wertlosen Ornament« und zum falschen Glanz rasch und billig hochgezogener Gebäude, der Handwerkskunst und den guten traditionellen Materialien wieder zum Durchbruch verhelfen. In den Schriften, in denen sie ihre Vorstellungen niederlegten, steckt ebenso wie in ihren Bauten ein Element von Naivität und Nostalgie, der Wunsch, in einen Zustand der Unschuld zurückzukehren, sich auf die »Maßliebchen« zu konzentrieren, während die Fabrikschlote qualmten und das Leben arbeitender Kinder zerbrach. Das ländliche Utopia, wie es die *Arts-and-Crafts*-Bewegung erfunden hatte, war so künstlich wie Kate Greenaways Essenz der Kindheit. Aber es wurde eingelöst durch die Idealvorstellung, daß die Architektur und das häusliche Umfeld eine zugleich psychologische und handfeste äußere Wirkung haben konnten

RECHTS: *Über dem See hängender Prunus. Im Hintergrund ist Webbs hölzerne Brücke zu erkennen, die über den Graben auf den Bibliotheksbau zuführt.*

– sie sollten das Denken der Menschen und ihre Arbeits- und Lebensweise verändern.

Die *Arts-and-Crafts*-Bewegung kam nicht als plötzliche Erkenntnis, sondern entwickelte sich allmählich; sie existierte sozusagen neben der formalen Sicht der Architektur, wie sie in Kerrs Handbuch empfohlen und später von Sir Reginald Blomfield vertreten wurde. Die Praxis, derzufolge Künstler und Handwerker gemeinsam an Haus, Garten und Innenausstattung arbeiteten, war 1859 mit dem Red House ins Leben gerufen worden. Für William Morris bedeutete künstlerische Zusammenarbeit die bewußte Wiederbelebung mittelalterlicher Traditionen, das Zerbrechen der Hierarchie, die die Gewerbe voneinander trennte, und die Rückführung der Kunst in die Dinge des täglichen Gebrauchs. Seine Philosophie inspirierte junge Leute, die ihre Ausbildung in etablierten Architekturbüros absolvierten, nicht nur Gebäude, sondern auch Stoffe und Tapeten, Möbel und Metallobjekte zu entwerfen. Von 1877 an konnte man sich an zwei verschiedenen Schauplätzen mit den jüngsten Überlegungen von Morris und Webb vertraut machen. Die Produkte der Firma Morris & Co. wurden in dem Geschäft in der Oxford Street präsentiert, das von Leuten, die zu vornehm waren, um zuzugestehen, daß Morris mit gleicher Überzeugung sowohl Dichter als auch Ladenbesitzer sein konnte, taktvoll als »the establishment« bezeichnet wurde. Morris und Webb selbst konnte man dagegen jede Woche bei der Zusammenkunft von »Anti-Scrape« finden, wie die von ihnen im März 1877 gegründete Society for the Protection of Ancient Buildings (SPAB) auch genannt wurde.

Das »Anti-Scrape«-Komitee traf sich jeden Donnerstag nachmittag, anfangs über dem Geschäft von Morris, später im Haus Nr. 26 Queen's Square. Man sprach über »aktuelle Fälle« und über gefährdete Gebäude, und Morris und Webb trugen mit Leidenschaft und Autorität ihre Vorstellungen darüber vor, wie man im einzelnen Fall zu verfahren habe. Die Gesellschaft förderte das Verständnis für historische Bauwerke, und so entwickelte sich ganz allmählich eine Wertschätzung auch der sie umgebenden historischen Landschaften und Gärten. Im ersten Jahresbericht der Gesellschaft wurde die »Zerstörung und Verfälschung« von Baudenkmalen verdammt, die nach Ansicht der SPAB nicht nur durch die städtebauliche Entwicklung bedroht waren, sondern auch durch die Aussicht, durch unsensible oder falsche Restaurierung sozusagen bei lebendigem Leib enthäutet zu werden. Der Bericht sah das erste und wichtigste Ziel der Vereinigung darin, »das Leben und die Seele dieser Monumente zu bewahren und nicht nur ihren Körper«. Darüber hinaus setzte die Gesellschaft sich das Ziel, der Öffentlichkeit mit allem Nachdruck klarzumachen, daß sie die Pflicht habe, »eifersüchtig die Gaben selbst zu bewahren, die unsere Vorväter uns hinterlassen haben, und nicht nur deren Standorte und Namen«. Für Morris, Webb und die Gruppe der jüngeren Architekten, die den Kern der Gesellschaft bildeten, repräsentierten alte Häuser sehr viel mehr als nur das architektonische Erbe. Die Entweihung historischer Bauten war gewissermaßen ein Paradigma der Zerstörung des ländlichen England, seiner traditionellen Werte und Gebräuche:

»Das England, das wir lieben, ist das England der alten Städte, der gepflügten Felder, der kleinen Flüsse, der Bauernhöfe, Kirchen und *cottages*. Wenn uns, weil wir das schöne Land mit Gewalt beschädigen und die armen alten Bauwerke vulgarisieren, so viel weniger zu lieben bleibt, was haben wir davon? Ohne ein England, das wir lieben können, können wir nicht furchtlosen Herzens und standhaft bleiben. Zivilisation ist mehr als nur ein Wort – sie ruht auf Fundamenten.«[1]

William Morris vertrat seine Meinung laut und energisch, während Philip Webb auf eher stille Art einen nachhaltigen Einfluß ausübte.[2] Webb setzte sehr stark auf die Kunst des Bauens:

»Bauen ist die Kunstfertigkeit des Tuns. Der Architekt kann nicht alle Kunstfertigkeiten erlernen, vielleicht beherrscht er nicht einmal eine einzige, aber das Tun als solches ist notwendig, um dem Geist eine Richtung zu geben.«

Ein schwacher Architekt war laut Webb fast so absurd wie ein schwacher Athlet. Seinem Instinkt für geschickt eingesetzte gute Materialien entsprach eine »tiefreligiöse Liebe zu England«, die weder sentimental noch patriotisch war. Wie sein Biograph W. R. Lethaby schreibt, war das Land für Webb »nicht einfach ›Natur‹; es war das Land, das von Generationen von Menschen bearbeitet worden war; Gebäude waren nicht ›Architektur‹, sie waren gebaute Geschichte und Poesie. Kunst war nicht ›Geschmack‹, sondern sichtbar gemachter menschlicher Geist«.[3]

Webb war der Ansicht, daß die Wurzeln der Architektur im Land, das heißt im Boden lagen. Bevor er ein neues Gebäude plante, schritt er das Areal ab, bis es alle seine Möglichkeiten preisgab und »bestimmte Vorschläge« machte. Selbst das englische Wetter war eine Quelle ständiger Begeisterung: »Es gibt kein schlechtes Wetter«, so wird Webb zitiert, »es gibt nur verschiedene Arten von gutem Wetter.«

Wie W.R. Lethaby sich erinnerte, pflegten Webb und die jüngeren Architekten nach den wöchentlichen SPAB-Zusammenkünften zu Gatti zu gehen und dort zu essen: »Hier floß das Gespräch.« Webbs Integrität, seine intime Kenntnis der praktischen Aspekte des Bauens und sein Interesse an allen Einzelheiten des Hauses »vom Grundriß bis zu den Küchenschränken und zum Spülbecken« flößte den jungen Architekten Ehrfurcht ein, und seine Fähigkeit, Natur und Architektur miteinander zu verweben, weckte den Wunsch nach einer organischen Architektur. Es kann kein Zweifel daran bestehen, daß Webb dem Gartendesign als einem integrierenden und wesentlichen Bestandteil der Verantwortung des Architekten verpflichtet war. In einem seiner Häuser, Rounton, entwarf der Auftraggeber den Garten selbst, nachdem das Haus fertig war, und schrieb dann an Webb, er möge doch kommen und sich das Resultat ansehen. Webb schrieb zurück: »Ich werde mein Bestes tun, um zu vergessen, daß ich je für Sie gearbeitet habe.« Der Garten wurde umgepflügt und unter Webbs Aufsicht von neuem angelegt.

Die Gärten von Great Tangley Manor bei Wonersh in Surrey gehören zu den wenigen Beispielen von Webbs Tätigkeit, die in der Zeitschrift *Country Life* besprochen wurden. Die insgesamt drei Artikel, die zwischen 1898 (als das Magazin gerade ein Jahr alt war) und 1905 erschienen, vermitteln eine Vorstellung davon, wie sorgfältig Webb das Problem der Integration neuer Teile in eine alte Struktur anging. Darüber hinaus gaben sie »anderen Besitzern schöner alter Häuser« Ratschläge zur Restaurierung und versetzten so den neuen Besitzer eines alten Herrenhauses in die Rolle des aufgeklärten Retters – anstelle des Aufkäufers.[4] *Country Life* schmeichelte seinen Lesern. Es kam ihren Ambitionen entgegen, indem es sie ermutigte, als Patrone großzügig und weitsichtig zu sein, und es belohnte gute Praktiken, indem es entsprechend freundliche Artikel veröffentlichte. Great Tangley Manor, so hieß es, würde den Lesern von *Country Life* wegen seines englisch-pittoresken Aussehens, seiner Lage im ländlichen Surrey und als Beispiel eines mit Geschmack und Können restaurierten alten Hauses gefallen.

Von den ersten Ausgaben an waren Ton und Inhalt von *Country Life* mit Sorgfalt gewählt. Den Fokus bildeten die Aktivitäten der Aristokratie, aber gleichzeitig waren die Artikel mit Bedacht so abgefaßt, daß sie die gesellschaftlichen und kulturellen Ambitionen eines breiteren zeitschriftenkaufenden Publikums auffingen (und verfeinerten). Aristokratische Traditionen wurden geschickt mit den Anliegen der neureichen Bauherren versöhnt. Der erste Artikel über Great Tangley Manor diskutiert in allgemeinen Worten gewisse »Zeichen des Niedergangs in den Grafschaften – verlassene Häuser, verfallene Einfahrten, unkrautüberwachsene Gräben und andere Zeichen der veränderten Bedingungen der modernen Zeit«. Es wird ein Bild der Bäuerin beschworen, die sich im Haus des vergessenen Lords mehr oder weniger eingenistet hat: »Sie hat die eichene Wandvertäfelung mit Tünche beschmiert, Wäschestücke hängen über der Balustrade der Musikantengalerie, und großflächige Glasplatten nehmen den Platz des schönen Gitterwerks ein.« Wenn Great

LINKS: *Glyzine vor einer Öffnung der alten Mauer des Vorhofs von Great Tangley.*

Tangley Manor auch nicht ausdrücklich als ein solcher Fall genannt wurde, so wurde doch auf seine nahezu hundert Jahre lange Tradition als Bauerngehöft hingewiesen. Die Tatsache, daß der neue Besitzer wieder einen ländlichen Rückzugsort daraus gemacht hatte, fand Zustimmung:

»Es war keine geringe Leistung, Great Tangley Manor, so wie es bis vor kurzem genutzt wurde, zu regenerieren und die Küchengärten und Scheunen, die Pferde-, Rinder- und Schweineställe durch die schönen und rundum angemessenen Anlagen zu ersetzen, die es jetzt schmücken ... Möge das Beispiel, das Mr. Flower gegeben hat, weithin als Inspiration dienen.«

Wickham Flower war ein Londoner Rechtsanwalt und ein erfahrener *Arts-and-Crafts*-Kunde. Schon 1875, zehn Jahre vor dem Kauf von Great Tangley, hatte er Richard Norman Shaw mit dem Entwurf für Swan House im Londoner Stadtteil Chelsea beauftragt. Einrichtung und Dekoration des Hauses wurden 1881 von der Firma Morris & Co. geliefert. Great Tangley Manor, ein kleines Herrenhaus aus dem 15. Jahrhundert mit elisabethanischer Fachwerkfassade, wurde 1885 als Landsitz erworben.[5] Flower beschrieb es als »ein kleines weißes Haus, krumm vor Alter, so als wollte es nach vorne umfallen, zusammengehalten durch ein Fachwerk aus Ringen und Feldern aus dunklem Eichenholz«. Daß es einen Garten besaß, war genauso wichtig:

»Was ich mir ganz besonders gewünscht hatte zu finden und wonach ich seit Jahren gesucht hatte, war ein Garten in der offenen Landschaft, weit weg vom Haus oder von der Stadt, und eben hier war nun das, was ich wollte, ein Garten ganz ohne Blumen.«[6]

Wickham Flower war Gründungsmitglied der SPAB. Er dürfte schon vor dem Kauf von Great Tangley von Webbs Sinn für alte Häuser profitiert haben, und Morris & Co. statteten später auch dessen Erweiterungsbau an Great Tangley aus. *Country Life* widmete der Restaurierung des Hauses keine große Aufmerksamkeit, aber aus anderen Quellen wird deutlich, daß der Hauptbau in gutem Zustand überlebt hatte und die wichtigste Aufgabe 1885 darin bestand, die Reste des Bauernhofs zu entsorgen und wieder einen Garten rund um das Haus anzulegen. Der ehemalige Graben, von Erde und Abfall verschmutzt, von Gestrüpp überwachsen und zum Teil aufgefüllt, damit der Bauer mit seinem Wagen bis ans Haus fahren konnte, wurde systematisch freigelegt. Dabei fand man Glas- und Tongefäße aus dem 16. Jahrhundert, eine römische Münze sowie eine hölzerne Kugel (von der es in *Country Life* hieß, sie habe wohl zu einem Kugelspiel gehört). Innerhalb des von dem Graben umzogenen Areals wurden im Boden die Reste einer älteren Bebauung entdeckt und sorgfältig konserviert.[7]

Während der Graben freigelegt wurde, begann die Arbeit an dem rund zweieinhalb Hektar großen Garten. *Country Life* nannte zwar die genaue Zahl der dabei beschäftigten Hilfskräfte (18) und die Dauer der Arbeiten (sechs Monate), blieb aber merkwürdig vage bezüglich der Identität des Planers. Der Gartenplan entwickelte sich aus den Gegebenheiten des Terrains; die Arbeiter erhielten ihre Instruktionen von einer Woche zur anderen:

»Es wurde kein formeller Plan angefertigt und keine schriftliche Anweisung gegeben. Der Garten von Great Tangley hat folglich einen erfreulich spontanen Charakter, ist aber in seinen einzelnen Teilen von einem guten Urteil und einem erfahrenen Geschmack diktiert.«

Wessen Geschmack das war, blieb offen. Die architektonischen Elemente in nächster Nähe des Hauses stammten mit Sicherheit von Webb, und im letzten der drei erwähnten Artikel hieß es von dem Gärtner, Mr. Whiteman, er sei zugleich ein guter Freund des Auftraggebers. Vermutlich war Whiteman für die Bepflanzung verantwortlich, und es bestand wohl eine gewisse Zusammenarbeit zwischen Auftraggeber, Architekt und Gärtner.

Innerhalb des Geländes war das Haus von einer Mauer umgeben: »Die Umfassungsmauern sind sehr alt, an der Süd- und der Ostseite stammen sie aus elisabethanischer Zeit.« Sie waren aus dem lokal verfügbaren Bargate-Stein aufgemauert und hatten runde, von Ziegelsteinen eingefaßte Öffnungen, die laut *Country Life* in gesetzlosen Zeiten eine Verteidigungsfunktion erfüllt haben könnten. Wo die Wagenspur in Richtung des Hauses verlief, war die Mauer zum Teil niedergerissen (in einem der *Country Life*-Artikel hieß es, daß sich an dieser Stelle die Zugbrücke befunden habe), und von der Bepflanzung hatten sich nur eine Obstwiese und ein Kohlfeld erhalten. Webb hatte den Auftrag, einen Zugang zum Haus über den Graben hinweg anzulegen, der die bestehende Struktur reparieren und eine Gartensituation schaffen würde, die dem Alter des Hauses angemessen wäre. Die Lücke in der Mauer zu nutzen und den neuen Weg direkt auf die Eingangstür zuzuführen kam dabei ebensowenig in Frage wie der Ersatz des fehlenden Mauerstücks durch eine moderne Imitation. Statt dessen entwarf Webb eine (heute nicht mehr vorhandene) hölzerne Gitterwand, die den Eindruck des geschlossenen Hofs wiederherstellte, zugleich aber den Blick von jenseits des Grabens auf die Fassade des Hauses freigab. Die neue Zutat bedeutete keine Belastung für die alten Mauern, und die unverhüllte Disparität zwischen dem hölzernen Gitter und der originalen Struktur gestattete es dem scharfsinnigen Betrachter, sich die Vervollständigung der Mauer in Bargate-Steinen vorzustellen und zugleich die historischen und strukturellen Folgen ihrer teilweisen Zerstörung zu erkennen.

Webb entwarf einen gedeckten Gang, der den Graben überquerte und einen Zugang entlang der Außenseite des Hofs schuf, der emphatisch genug war, um den Eingang zum Haus anzukündigen, ohne dabei den Maßstab und die Feinheit des Hauses zu gefährden. Die hölzerne Struktur dieses Zugangs und sein rotes Ziegeldach korrespondierten mit dem Gitter in der Hofmauer und kommentierten zugleich die Materialien des Hauptbaus. Es gab keine Möglichkeit, in die Abgeschlossenheit dieses Hofs einzudringen, der zum Hofgarten wurde und damit eine Atmosphäre des Verschwiegenen wahrte. An die alten Mauern wurden

RECHTS: *Die Lindenallee »spielt« mit dem Fachwerkmuster von Great Tangley Manor. Philip Webbs heute nicht mehr vorhandene hölzerne Gitterwand mit Ziegeldach ersetzte das zerstörte Stück der Gartenmauer und nahm das Fachwerk des elisabethanischen Hauses in moderner Interpretation wieder auf.*

weißer und gelber Jasmin, Glyzinen und Schneeball gepflanzt. Der alte Weinstock, der an der Fassade des Hauses überlebt hatte, wurde dort belassen.[8] In den Rabatten, welche die Mauern begleiteten, standen Päonien und Rosen zwischen großen Büschen von Rosmarin und Myrte, dem Symbol ewiger Liebe.

Ein alter Maulbeerbaum, vielleicht ein Überrest der Obstwiese, warf einen Schattenbaldachin über den schlichten Rasen in der Mitte des Gartenhofs. *Country Life* zählte eine Fülle von Frühlingsblumen auf, die teils im Gras, teils in den Rabatten standen, darunter *Iris pumila*, Kaiserkrone, Leberblümchen sowie gelbe und graue Tulpen:

»Narzissen sind vorhanden, aber nur die erlesensten und schönsten Arten. In den Vorfrühlingstagen von Februar und März blüht die tiefrote und orangefarbene *Iris reticulata* verschwenderisch, und manchmal hat man das große Glück, sie über einem Teppich von reinem Schnee stehen zu sehen.«

Zur Bepflanzung dieses Gartenhofs wurde Webb zumindest anfangs nicht hinzugezogen. Das endgültige Arrangement ersetzte ein früheres Schema, das er in einem Brief vom September 1885 an den mit ihm befreundeten Maler George Boyce beschrieb:

»Ich war in Tangley Manor und habe festgestellt, daß der Entwerfer des Ziergartens dort ganz überflüssigerweise einen ›pas d'orticulture‹ getanzt hat … Es muß etwas getan werden, um einen Teil seines miserablen Werks wieder zu entfernen.«[9]

Der »Entwerfer des Ziergartens«, ob es nun Flower oder Whiteman war, hatte den vorderen Rasen mit Bäumen und Sträuchern bepflanzt und ein einzelnes Buchsbäumchen auf einer Ziegelsteinplinthe zum Mittelpunkt gemacht. Die Reaktion auf die Mißbilligung dieses Arrangements muß rasch erfolgt sein, denn schon im November konnte Webb in einem weiteren Brief an Boyce mitteilen, daß »die Gartenarrangements jetzt etwas dezenter aussehen«.[10]

Jenseits des Gartenhofs beschwor ein »kleiner Garten, auf allen Seiten von Eibenhecken umgeben«, das Ideal eines Tudorgartens. Er war mit Lilien und Iris, blauem Rittersporn und japanischen Anemonen bepflanzt. Webb entwarf eine zweite Holzbrücke über den Graben, die in die ausgedehnteren (und am Ende des Jahrhunderts moderneren) Bereiche des Gartens führte. Zwischen Bepflanzung und Struktur der umschlossenen Gärten und der offenen Bereiche, die in größerer Entfernung vom Haus lagen, bestand ein eindeutiger Dialog.

Country Life bemühte sich, seinen Lesern den Gedanken nahezubringen, daß sie bei ihren Gartenplanungen an die Zukunft denken sollten. Als der neue Obstgarten in Great Tangley zehn Jahre alt war, lobte die Zeitschrift die dort befolgte Praxis, die unteren Äste abzusägen, so daß der Boden darunter mit einem Teppich aus alpinen Erdbeerbüschen und Hahnenfuß bedeckt werden konnte, in den höchsten Tönen. Besondere Beachtung fand auch das rasche Wachstum der Eibenhecken:

»Bedenken Sie, daß die Eibenhecke, die den Rasen vom Wiesengelände trennt und jetzt eine Höhe von zehn Fuß hat, aus Bäumchen entstanden ist, die gerade 18 *inches* (45 cm) maßen, als sie vor nur vierzehn Jahren, im Winter 1884, gepflanzt wurden.«

Der Sumpfgarten war *Country Life* zufolge einer der gelungensten seiner Art im ganzen Land und wurde als Anleitung für vergleichbare Anlagen in allen Einzelheiten geschildert. Man hatte dort Torf mit der Erde vermischt, um die Feuchtigkeit zu halten, und das Areal, obwohl der sandige Boden eine gute Dränage

RECHTS: *Webbs hölzerne Brücke verbindet den Bibliotheksflügel mit dem Garten jenseits des Grabens.*

LINKS: *Die Pergola neben dem See in Great Tangley.*

gewährleistete, unter das Niveau des Sees gelegt, so daß es notfalls überflutet werden konnte.[11] Die Bepflanzung des Sumpfgartens bestand aus »dem schönen *Cypripedium spectabile* und verwandten Arten, Orchideen vieler Varietäten, *Spiracea* (heute *Filipendula*) *venusta* und *palmata*, rosenfarbenen und karmesinroten Taglilien, Maiglöckchen und kanadischen Lilien, gelbem Moschus und weißen Ranunkeln, Sumpfdotterblumen vom tiefsten und strahlendsten Gelb, goldenen Iris, Christrosen und einer Menge anderer Dinge«.

William Robinson, so hieß es, habe die Bepflanzung des angrenzenden Heidegartens beeinflußt. Mit Sicherheit bestand ein enger Zusammenhang zwischen dem Heidegarten von Gravetye und demjenigen von Great Tangley, aber wenn *Country Life* recht hatte mit seiner Behauptung, der ganze Garten von Great Tangley sei im Winter 1884/85 angelegt worden, dann wäre er um einige Monate älter als Gravetye.[12] Wahrscheinlicher ist (auch wenn wir insoweit keinen Beweis haben), daß, nachdem das Gelände in seinen Konturen angelegt war, die Bepflanzung in Great Tangley Manor schrittweise voranging und daß Whiteman und William Robinson jeweils über die Arbeit des anderen informiert waren. Gertrude Jekyll, deren Haus in Munstead nicht weit entfernt lag, kannte Great Tangley ebenfalls, und zwar schon seit Kindertagen. Möglicherweise war sie die Autorin eines der *Country Life*-Artikel. In ihrem Buch *Some English Gardens*, das 1904 erschien, beschrieb sie das Umfeld des kleinen Sees als ein Paradies für Blumenliebhaber: Dort wuchsen große Mengen von Wasseriris, Seerosen und Gruppen von *Zantedeschia*. Der See hatte einen natürlichen Zufluß, und sein Wasser speiste wiederum den Graben. Sowohl Jekyll als auch Robinson dürften die lange Pergola neben dem See gutgeheißen haben, die mit Weinreben bedeckt und von Rabatten mit altmodischen, duftenden Blumen – Nelken, Bartnelken, Glockenblumen – gesäumt war. Es gab Lavendelhecken, in Bändern gepflanzte Heidekrautastern sowie, im Gemüsegarten, eine breite Rabatte perenner Pflanzen, die für eine ständige Blüte vom Frühling bis in den Dezember hinein sorgten.

Great Tangley Manor war einer der fortschrittlichsten Gärten der achziger Jahre. Hier verbanden sich die kundige und feinfühlige Annäherung an ein historisches Gebäude mit einer kühnen, emphatisch-natürlichen Einstellung zur Landschaftsgestaltung und zur Bepflanzung. Die Verwendung von großen Mengen ausdauernder Pflanzen und Einjähriger, die sich selbst aussäen durften, erfolgte in Reaktion auf die Schriften von William Robinson und ging der Fertigstellung von Jekylls Garten in Munstead Wood voraus. Leider äußerte *Country Life* sich nicht eindeutig über den Einfluß der Personen, die an der Gestaltung von Great Tangley Manor beteiligt waren. Es ist allerdings bekannt, daß Wickham Flowers Ambitionen, das alte Haus zu erweitern, Philip Webb am Ende zwangen, das Feld zu räumen. 1893 erklärte er sich zögernd bereit, das Tudorhaus durch einen Bau zu erweitern, der die Bibliothek, einen Aufenthaltsraum sowie – im Obergeschoß – einige Schlafzimmer aufnehmen sollte. Vielleicht war hier so etwas wie Ergebung in das Unvermeidliche im Spiel – Webb mag sich gesagt haben, daß, wenn er den neuen Flügel nicht plante, ein anderer es tun würde. *Country Life* bemerkte dazu, daß der Neubau keine Konkurrenz für die Fachwerkfassade des Hauses darstelle, daß vielmehr zwischen beiden eine »vollkommene Harmonie« herrsche. Der Neubau »vermittelt den Eindruck, daß er sich freiwillig zurücknimmt, um den Wert des alten Hauses zu erhöhen«.

Webb selbst war kritischer, er sprach von der Erweiterung als von »meiner architektonischen Untat« und schrieb im September 1894, daß »wir jetzt all das Unheil angerichtet haben ..., und ich hoffe, daß man mich nicht auffordern wird, noch mehr anzurichten«.[13] Er blieb dabei, daß weitere Hinzufügungen nicht möglich seien, ohne daß der Charakter des alten Hauses ernsthaften Schaden nehmen würde. Keine fünf Jahre später bestand Wickham Flower auf einem neuen Musikraum und weiteren Schlafzimmern; mit der Planung wurde ein jüngerer Architekt beauftragt.[14] *Country Life* erteilte einen freundlichen Verweis: »Es kann kaum ein Zweifel daran bestehen, daß dies eine zu große Belastung für das alte Haus ist und ihm viel von seinem Charme nehmen wird.«

Wenn Webb die Architekten der *Arts-and-Crafts*-Bewegung vor allem mit seiner Seriosität und Skrupelhaftigkeit beeindruckte, dann beeinflußte sein Zeitgenosse Richard Norman Shaw die Bewegung durch seine andere Interpretation der englischen architektonischen Traditionen. Shaw war an Webbs Platz gerückt, als dieser das Büro von G.E. Street verließ, um das Red House für Morris zu planen. Im Jahre 1863 hatte Shaw sein eigenes Architekturbüro eröffnet, das auf dem Gebiet des Landhausbaus zu einem der erfolgreichsten Büros in England werden sollte. Shaw bewunderte Webb zwar und sagte von ihm, er sei »wirklich ein sehr fähiger Mann, allerdings mit einer entschiedenen Vorliebe für das Häßliche«, aber seine eigenen Bauten standen im Widerspruch zu Webbs rationaler und zurückhaltender Art. Sie waren extravagant und in ihrer freien Behandlung historischer Motive respektlos. Zugleich riefen sie all das ins Gedächtnis, was die Öffentlichkeit an ihrem architektonischen Erbe besonders schätzte.

In Shaws Londoner Büro erhielten einige der besonders innovativen Künstler der neunziger Jahre ihre Ausbildung. Shaw gestattete seinen Gehilfen – was ungewöhnlich war –, das eine oder andere Detail selbst zu entwerfen, anstatt sie in ihrer Tätigkeit auf das notwendige Kopieren von Zeichnungen und die Korrespondenz zu beschränken. G. E. Street, so erinnerte er sich, »ließ uns nicht einmal ein Schlüsselloch zeichnen«. Wenn seine Leute ihre Lehre bei ihm beendet hatten, sorgte er manchmal dafür, daß sie einen »Start«-Auftrag bekamen und so ihr eigenes Büro eröffnen konnten. Fünf junge Architekten aus seiner Schule gründeten eine der einflußreichsten Vereinigungen innerhalb der *Arts-and-Crafts*-Bewegung: Die *Art Workers' Guild* wurde 1884 von W.R. Lethaby, E.S. Prior, Ernest Newton, Gerald Horsely und Mervyn

Macartney ins Leben gerufen. Shaw belehrte sie: »Die Architekten dieser Generation müssen sich ihre Zukunft selbst schaffen und an die Tür der Kunst klopfen, bis sie Einlaß erhalten.« Das Ziel der *Art Workers' Guild* war »die Einheit aller ästhetischen Künste«; die traditionellen Barrieren zwischen Malerei, Bildhauerei, Kunsthandwerk und Architektur sollten niedergerissen werden; man wollte zurück zum Ehrlichen und Einfachen.

Die *Guild*, so hieß es, war keine Schule, kein Club und keine Debattiergesellschaft. J.D. Sedding (1838-1891), ihr zweiter Meister, drückte es so aus: »Ein bloßer Club repräsentiert meiner Ansicht nach nicht jene Kraft, die einen elektrischen Schlag gegen das dicke Fell des Kunstphilisters unserer Tage führt.«[15] Es war eine Kombination aus Schule, Club und Gesellschaft, ein Treffpunkt, an dem Künstler verschiedener Richtungen über ihre Arbeit diskutieren konnten, und ein Ort der Solidarität. Bei den Zusammenkünften hielt jeweils ein Künstler einen Vortrag, häufig illustriert mit Beispielen aus seiner eigenen Tätigkeit, und daran schloß sich eine lebhafte Diskussion. Diese Gespräche deckten einen breiten thematischen Fächer ab. In den achtziger Jahren gab es Vorträge über Buchillustration, über Nadelarbeiten, über Musterentwürfe, über Holbein und über den Einsatz farbigen Marmors in der Architektur. Die *Guild* förderte die Zusammenarbeit, was eine Reihe von Aufträgen nach sich zog, nicht nur für Architekten, sondern über deren Entwurf auch für andere Gildenmitglieder – zum Beispiel für Skulpturen oder bestickte Behänge zur Dekoration. Es kam allerdings auch vor, daß Architekten die speziellen Fertigkeiten und das technische Können ihrer *Arts-and-Crafts*-Kollegen absorbierten und alles, was für das Haus vorgesehen war, selbst entwarfen: Möbel, Reliefbilder, elektrische Anschlüsse, Uhren, ja selbst Kleidungsstücke für die Auftraggeber. Diesen vielfach begabten Entwerfern erschien kein Fachwissen, keine lebenslang geübte praktische Tätigkeit sankrosankt. Die Architektur war die Mutter aller Künste, und wenn die Architektur sich nun auf eine neue und bedeutungsvolle Weise mit der Natur verband, dann wurde der Gärtner entweder in diese Partnerschaft einbezogen oder aber wegen seiner künstlerischen Unzulänglichkeit öffentlich getadelt.

Obwohl die *Guild* für die Einheit der Künste plädierte, entwickelte sich in den neunziger Jahren ein heftiger Disput über die Kunst des Architekten und das Handwerk des Gärtners. Die Gärtner formierten sich hinter dem beredten und geradlinigen William Robinson, während die Architekten sich auf die Seite des doktrinären Sir Reginald Blomfield (1856-1942) schlugen. Über die Gartenbücher fügte man sich wechselseitig Beleidigungen zu. Es hat etwas von Ironie, daß der Keim des Konflikts in einem Vortrag steckte, den J.D. Sedding im Mai 1889 in der *Art Workers' Guild* über »Die architektonische Behandlung des Gartens« hielt. Zum gleichen Thema äußerten sich auch Mervyn Macartney, Halsey Ricardo, John Belcher, Somers Clarke und Sir Reginald Blomfield, und schließlich diente Seddings Vortrag als Ausgangspunkt eines Buchs (1891) mit dem Titel *Garden-Craft Old and New*.

Sedding war praktizierender Gärtner. Nach den Worten des Reverend Russell, der das Vorwort zu *Garden-Craft* schrieb, kam er abends mit dem Zug aus London zurück ins heimische West Wickham, küßte Frau und Kinder, »und dann, vorausgesetzt, es war noch hell und das Wetter war gut, flog der Mantel zur Seite, und er stürzte sich, mit Spaten oder Pflanzenheber bewaffnet, in die Arbeit in seinem Garten, ganz absorbiert von seinen Pflanzen und Blumen«.

Nach dem Abendessen und Gebet, wenn die Familie zu Bett gegangen war, pflegte Sedding sich »in seinem kleinen Studierzimmer niederzulassen, wo er bis nach Mitternacht schrieb und schrieb und schrieb«. Bei aller praktischer Begeisterung sah Sedding die Gartengestaltung doch als eine Kunst an, die in den Aufgabenbereich des Architekten und nicht des Gartenentwerfers gehöre: »Was den Architekten an den Kreationen des Gartenentwerfers stört, ist nicht so sehr das, was er darin findet, als vielmehr das, was er daran vermißt.« Er räumte zwar ein, daß eine gewisse Pflanzenkenntnis bei der Gartengestaltung notwendig sei, aber was ihn wirklich interessierte, war die Struktur des Gartens, seine mysteriöse oder pittoreske Qualität. Das Handwerk des Gärtners wurde weitgehend ignoriert, und die Gärtner, die eben keine »Kunstarbeiter« und damit nicht zur *Guild* zugelassen waren, mußten sich zu ihrer Verteidigung auf William Robinson und die hortikulturelle Presse verlassen.

Sedding war ein vehementer Verteidiger der englischen Traditionen in der Gartengestaltung. Er war voller Lob für das Genie Humphry Reptons und fügte dessen pittoreskem Gartenvokabular die Disziplin und den nostalgischen Charme des Tudorgartens hinzu. Zugleich verteidigte er die Kunst des Zierschnitts: »Ich habe nicht mehr Skrupel, die Schere an Baum oder Strauch zu benutzen, wo ein Schnitt wünschenswert ist, als den Rasen zu mähen.« Unter den Illustrationen in *Garden-Craft Old and New* war eine Zeichnung von W.R. Lethaby, die einen von hohen Eibenhecken umschlossenen formalen Garten zeigte. Die Hecken endeten in der Form von Obelisken, auf denen Pfauen thronten. Wie William Morris, Philip Webb und Richard Norman Shaw hatte auch Sedding seine Lehrjahre in G. E. Streets Büro absolviert und hegte die gleiche Passion für die englische Landschaft und ihre architektonischen Traditionen. Seine Sicht der Gartenkunst glich in gewisser Weise derjenigen Robinsons; zudem waren die beiden Männer genau gleich alt. Wie Robinson bestand auch Sedding auf Symmetrie im Umkreis des Hauses, war aber der Ansicht, daß der Garten in Richtung seiner Grenzen zunehmend natürlicher werden solle:

»Die Symmetrie sollte etappenweise wegbrechen, von den formalen zu den nichtformalen Teilen des Gartens und weiter ins offene Land, mit wilderen Effekten dort, wo der Garten in die Landschaft übergeht.«

Seddings Interesse an der Gartengestaltung war insofern wichtig, als er eine einflußreiche Figur für die jüngeren Mitglieder der *Art Workers' Guild* und für seine ehemaligen Schüler war, zu denen Ernest Barnsley und Ernest Gimson zählten. Wie Morris und Webb wollte auch Sedding den altmodischen Garten wieder zum Leben erwecken, als eine Rückkehr zur Einfachheit und Harmonie mit der Natur, wie sie die vorindustrielle Gesellschaft geprägt hatten: »Der altmodische Garten... ist eine der Freuden Englands, einer der Reize jenes stillen und schönen Lebens vergangener Zeiten.« Aber sein altmodischer Garten war vom Architekten angelegt, und er kritisierte William Robinson und einen von dessen Entwürfen für einen städtischen Garten, der in *The English Flower Garden* abgedruckt war: »Kein Wunder, daß er sich nicht vor der Rache der Natur fürchtet, wo es so wenig Kunst zu zerstören gibt!«[16] Sedding starb wenige Monate vor Erscheinen seines Buches *Garden-Craft Old and New.* Sollte Robinson eine bissige Rezension verfaßt haben, so hielt der gute Geschmack ihn davon ab, sie zu drucken, und er begnügte sich mit der Zurückweisung von Seddings »Kunstgefasel«. Im folgenden Jahr wurde Seddings Position von einem anderen Mitglied der *Art Workers' Guild* aufgenommen, von dem »Bullenbeißer« Sir Reginald Blomfield. In seinem Buch *The Formal Garden in England* stellte er den Architekten als den ersten und wichtigsten Gartengestalter heraus und beschuldigte den »natürlichen« oder »wilden« Gärtner des Betrugs und der Heuchelei.

Wie Robinson verabscheute auch Blomfield den viktorianischen Garten mit seinen grellbunten Teppichbeeten. Aber wo Robinson nach einem neuen Gartenstil rief, in dem die besten neuen winterharten Pflanzen mit altmodischen und wildwachsenden Blumen kombiniert werden sollten, so daß jede Pflanze unter optimalen und relativ natürlichen Bedingungen wachsen konnte, da bestand Blomfield auf der Rückkehr zu gewissen Grundsätzen, ein Schritt zurück in die Vergangenheit. Im 17. Jahrhundert, so schrieb er, »hatte das Gartenentwerfen seinen Platz in der großen Kunst der Architektur, mit der Folge jener wohlgeordneten Harmonie, die bis zur Mitte des 18. Jahrhunderts für das Haus und den Garten in England charakteristisch war«.

Das 19. Jahrhundert hatte, wie Blomfield schrieb, nur noch Spezialisierung – mit manchmal technisch herausragenden Ergebnissen – gebracht, aber die architektonische Atmosphäre war darüber verlorengegangen:

»Es ist die Abwesenheit dieser Atmosphäre, die den eklatantesten Makel des modernen Designs darstellt, und sie wird am allerdeutlichsten in der Arbeit des modernen *landscape gardener*.«

Der *landscape gardener* war, so wie Blomfield es sah, nicht allein schuld am sinkenden Standard des Gartenentwurfs. Er warnte die Gartenautoren »mit einem Hang eher zum schönen Sentiment als zum exakten Denken« vor der »gefährlichen Faszination«. Der Amateur »sollte sich vor abstrakten Regeln und Rezepten hüten. Was an dem einen Ort gut aussieht, kann an einem anderen sehr übel aussehen, und wenn die Kopie sich auf eine schlecht verstandene Zeichnung stützt, ist das Resultat wahrscheinlich katastrophal«.[17]

Beim Garten ging es, wie Blomfield schrieb, nicht um Hortikultur, sondern um den Entwurf:

»Die Frage, die zur Debatte steht, ist eine sehr einfache. Soll man den Garten in seinem Bezug zum Haus sehen, als integrierenden Bestandteil eines Entwurfs, dessen Gelingen von der kombinierten Wirkung von Haus und Garten abhängt; oder soll man das Haus ignorieren, wenn man mit dem Garten umgeht?«

Er konzentrierte seine Argumentation auf ein Thema, das die Menschen soeben beschäftigte – die Verbindung von Architektur und Natur: »Das Ziel formalen Gärtnerns besteht darin, die beiden zur Harmonie zu bringen, das Haus sich aus seiner Umgebung heraus entwickeln zu lassen und zu verhindern, daß es sozusagen eine Wucherung auf dem Gesicht der Natur wird.« Architektur konnte nach Blomfields Ansicht keinem Ding in der Natur ähnlich sein, »es sei denn, Sie geben sich mit einer Lehmhütte zufrieden und bedecken sie mit Gras«. Es war also Sache des Architekten, die Natur zu kontrollieren und zu modifizieren, um sie in Harmonie mit dem Haus zu bringen: »Die erreichte Harmonie ist kein imitativer Trick, sondern wir haben es mit einer dominanten Vorstellung zu tun, die ihren Stempel gleichermaßen dem Haus wie dem Grundstück aufdrückt.«

Blomfields diktatorische Sicht der Architektur und ihres Supremats über die Hortikultur war eines der wichtigsten Dogmen der klassischen Revivalbewegung, die am Beginn des 20. Jahrhunderts die *Arts-and-Crafts*-Bewegung ersetzte. Seine Prämisse, daß der Architekt, um einen Garten zu entwerfen, nichts von Hortikultur wissen müsse, stand in fundamentalem Gegensatz zu den *Arts-and-Crafts*-Prinzipien. Sie leugnete die Ideale, die in William Morris verkörpert waren, daß nämlich die praktische handwerkliche und Materialkenntnis die Vorbedingung für gutes Entwerfen seien. Laut Blomfield konnte man auf den Gartenfachmann und den Gärtner zwar nicht verzichten, aber ihre Beiträge hatten sich der Entwurfstätigkeit des Architekten unterzuordnen: »Sie stehen im gleichen Verhältnis zum Entwerfer wie der Farbenhändler zum Maler, oder vielleicht ist es fairer zu sagen, wie der Baumeister und seine Werkleute zum Architekten.«

So wie der Architekt sich nicht mit der Herstellung von Ziegelsteinen zu befassen brauche, »so muß der Entwerfer des Gartens nicht die beste Pflanzmethode für alle Blumen oder Büsche kennen, die in seinem Entwurf enthalten sind; darum sollte sich der Gärtner kümmern«. Blomfield verkörperte das Zeitalter des British Empire, die viktorianische Arroganz und Expansivität. Im Vorwort zur dritten Auflage von *The Formal Garden in England* bemerkte er, daß die beiden ersten Auflagen eine »einigermaßen heftige Kontroverse« zwischen Architekten und Gärtnern heraufbeschworen haben, und faßte den Disput kurz und bündig zusammen: »Die Gärtner sagten, die Architekten verstünden nichts vom Gärtnern, und die Architekten sagten, die Gärtner verstünden nichts vom Entwerfen, und an beiden Aussagen war ein Gutteil Wahrheit.«

Blomfields *Formal Garden* spielte zweifellos eine

wichtige Rolle im Zusammenhang mit der Entstehung des *Arts-and-Crafts*-Gartens. Das Buch definierte mit Worten und durch die superben Illustrationen von Inigo Thomas die formalen Aspekte des alten englischen Gartens. Die ummauerten Gärten von Haddon Hall in Derbyshire und Edzell Castle in Forfarhire sowie von Brickwall wurden in Blomfields Buch der Betrachtung unterzogen, und die Unterschiede zwischen alten englischen und italienischen Gärten wurden beschrieben. Das Buch enthielt Abbildungen ehrgeiziger formaler Anlagen wie Rycott in Oxford sowie Zeichnungen von Knotenbeeten. Das Kapitel über Gartenarchitektur war wunderschön mit alten steinernen Gartentoren, Taubenschlägen und Pavillons illustriert, die die Architektur der *Arts-and-Crafts*-Gärten über die nächsten zwanzig Jahre hinweg inspirieren sollten.

Unter den Mitgliedern der *Art Workers' Guild* herrschte weithin Einigkeit darüber, daß man sich Philip Webbs Beispiel anschließen und eine Architektur entwickeln wolle, die mit tief heruntergezogenen schützenden Dächern, rauhen Formen und heimischen Materialien eine Harmonie mit der Natur eingehen würde, die radikaler sein mußte als alles, was Blomfield sich vorstellen konnte. Mit ihrer Kontroverse über die Rolle hier des Architekten, dort des Gärtners bei der Konzeption des Gartens bereiteten Blomfield und William Robinson den Boden für den *Arts-and-Crafts*-Architekten. Blomfields These von der künstlerischen Vorrangstellung des Architekten widersprach zwar in der Theorie dem *Arts-and-Crafts*-Gedanken der Kooperation. Für die Eitelkeit des Architekten – besonders des progressiven Architekten – hatte sie etwas Unwiderstehliches.

Die Wiederbelebung des formalen Gartens wurde sozusagen zum Rückgrat des *Arts-and-Crafts*-Gartens. Da der Architekt den Garten als nahtlose Fortsetzung des Hausgrundrisses entwarf, bekam der Garten eine Identität als Erweiterung der Wohn-Räume in den Außenraum, mit der ein Wandel im Stil des Wohnens im Landhaus verbunden war. Das Vorbild Robinsons, der mit naturalisierten Pflanzen und mit einem breiten Fächer mehrjähriger Stauden arbeitete, machte das Gärtnern zu einer weniger arbeitsintensiven Sache und erleichterte dem begeisterten Amateur den Zugang zu dieser Tätigkeit. Es gibt eindeutige Gemeinsamkeiten zwischen Robinsons Schriften über das Gärtnern und Philip Webbs Bauphilosophie, und die beiden Männer kannten und schätzten die Arbeit des jeweils anderen. Auf dem Papier waren William Robinson und Sir Reginald Blomfield einander diametral entgegengesetzt. Persönlich waren sie einander allerdings nicht so feindlich gesinnt. Robinson lud Blomfield ein, sein Gast in Gravetye Manor zu sein. Auch wenn sie sich in der Öffentlichkeit nicht zu irgendwelchen Kompromissen hinreißen ließen, müssen sie im privaten Umgang doch erkannt haben, daß ihre Hingabe an das Gartenentwerfen sie in gewisser Weise verband: Es war die Methode des »wilden« oder natürlichen Pflanzens innerhalb der Struktur des formalen Gartens, was den *Arts-and-Crafts*-Garten ausmachte.

Anmerkungen

1 W. R. Lethaby, Philip Webb and his Work, Oxford University Press, 1935, S. 156.
2 *ibidem*, S. 125.
3 *ibidem*, S. 128.
4 Diese drei Artikel, denen die nachstehenden Zitate entnommen sind, erschienen in *Country Life* am 30. Juli 1898, S. 144-147; S. 109-112; am 6. August 1898 und am 21. Januar 1905, S. 90-99.
5 Das über der Tür erscheinende Datum 1582 bezieht sich nur auf die Front des Gebäudes.
6 Wickham Flowers Beschreibung von Great Tangley befindet sich in der archäologischen Sammlung der Surrey Local Studies Collection. Sie wird zitiert in einem unveröffentlichten Manuskript, *Journal of an Ancient Manor*, im Besitz von J.P. Marix Evans.
7 J. P. Marix Evans hat mir freundlicherweise mitgeteilt, daß Wickham Flowers Vater ein begeisterter Amateur-Archäologe war. Die methodische Gründlichkeit, mit der der Graben gesäubert wurde, erklärt sich also vielleicht mit der Beteiligung des Auftraggebers oder seines Architekten.
8 Anonymus, »Great Tangley Manor Surrey, the country house of Mr. Wickham Flower«, *Country Life*, 6. August 1898, S. 146.
9 Webbs Briefe an George Boyce befinden sich in der British Library. Sie werden zitiert in *Journal of an Ancient Manor*, einem unveröffentlichten Manuskript im Besitz von J.P. Marix Evans.
10 *ibidem*.
11 Laut *Country Life* konnte das Areal vom Graben her geflutet werden, aber das war nicht der Fall. Ein Schleusentor vom See her befindet sich noch *in situ*; der Wasserspiegel des Grabens lag niedriger.
12 In der Ausgabe vom 30. Juli 1898 gab *Country Life* ein falsches Datum für Webbs Bibliotheksbau an. Man weiß, daß Great Tangley am 27. Januar 1885 einem Kollegen von Flower überschrieben wurde, und es ist anzunehmen, daß es danach mehr oder weniger sogleich an Flower überging. Das Datum 1884/85 dürfte also zu früh sein, es sei denn, Flower hätte mit den Arbeiten an dem Garten schon begonnen, bevor der Kauf getätigt war.
13 Brief von Philip Webb an George Boyce, September 1894, British Library.
14 Der Architekt war Webbs Assistent, George Jack.
15 Zitiert in H.J.L.J. Masse, *The Art Workers' Guild 1884-1934*, Art Workers' Guild, London, 1935.
16 J.D. Sedding, *Garden-Craft Old and New*, Kegan Paul, 1891, S. 129.
17 Reginald Blomfield und F. Inigo Thomas, *The Formal Garden in England*, Vorwort zur 3. Auflage, Macmillan, London, 1901, S. vii-viii.

KAPITEL 6

Gertrude Jekyll

»Den Namen Gertrude Jekylls wird man in Verbindung mit den Anfängen der *Arts-and-Crafts*-Bewegung nicht finden. Ist der Name Morris in diesem Zusammenhang ganz unausweichlich, so ist der Name Jekyll unsichtbar, obwohl sie offensichtlich genauso talentiert war.«[1]

Nach Jane Brown hat Gertrude Jekylls Amateurstatus und die Tatsache, daß sie eine finanziell unabhängige Frau war, ihren Ruhm als Gartengestalterin reduziert. Bezüglich der Qualität und Vielfalt ihres Werks und ihrer Zusammenarbeit mit Architekten war Jekyll aber geradezu die Verkörperung der *Arts-and-Crafts*-Bewegung. Sie konnte zwar der *Art Workers' Guild* nicht beitreten (Frauen waren nicht zugelassen), aber sie widerlegte einerseits die ablehnende Haltung der *Guild* gegenüber den Gärtnern wegen deren man-

RECHTS: *Munstead Wood, 1893-1897 von Lutyens unter Mitarbeit von Jekyll entworfen; hier mit Jekylls Rabatten von Nordwesten gesehen.*

gelnder künstlerischer Bildung und andererseits die Vorurteile der Gärtner, die der Meinung waren, den Künstlern und Architekten fehle es an der praktischen Erfahrung. Sie selbst besaß beides – künstlerische Bildung wie praktische Erfahrung. Und obwohl sie eine der kenntnisreichsten und erfahrensten Gestalten unter den Gartenkünstlern aller Zeiten war, wehrte sie die Vorurteile beider Lager mit dem Hinweis auf ihren Status als Amateurin ab. Zu ihren Freunden zählten einige der einflußreichsten Künstler und Auftraggeber ihrer Zeit, und das Netz ihrer Verbindungen und Bekanntschaften war weitgespannt. Mit ihrem schriftlichen Werk inspirierte und instruierte sie Gärtner in England und Nordamerika vom blutigen Anfänger mit dem taschentuchgroßen Gärtchen bis zum erfahrenen Fachmann, der sich großer Aufträge erfreute. In ihren Äußerungen war sie weder herablassend noch dogmatisch. Ihre klaren und wohlbegründeten Ansichten waren in einer sowohl poetischen als auch logischen Sprache abgefaßt, praktisch und spezifisch genug, um zum Handeln anzuregen, und gleichzeitig so heiter und überzeugend, daß man sie durchaus auch zum Vergnügen lesen konnte. Anders als Blomfield und Robinson suchte Jekyll kaum jemals die Konfrontation. Sie gewann sich den Respekt ihrer Leser, ohne Konformität anzumahnen, und das war ein Grund für ihren Erfolg.

Gertrude Jekyll wurde 1843 als viertes Kind einer fortschrittlich eingestellten Familie der oberen Mittelschicht geboren. Als sie viereinhalb Jahre alt war, bezog die Familie ein Landhaus in der Nähe des Ortes Bramley in der Grafschaft Surrey. Sie wuchs also in der Freiheit eines großen alten Gartens auf und dehnte ihre Erkundungen später auf die Straßen der kleinen Ortschaft aus. Gertrude war ein lebhaftes und tatkräftiges Kind. In *Children and Gardens* berichtete sie von den Expeditionen, die sie mit ihren Brüdern in den Park unternahm, wo sie »auf die Bäume kletterten, Kricket spielten, in der Dunkelheit Wespennester auseinandernahmen und schreckliche Dinge mit Schießpulver anstellten«.[2] Ihr Vater, ein pensionierter Hauptmann der *Grenadier Guards*, interessierte sich sehr für naturwissenschaftliche und künstlerische Fragen. Gertrude und ihre Brüder durften ihm bei seinen elektrischen Experimenten und in der Werkstatt helfen, was ihr nach dem geregelten Zwang der Schulstunden als ein »Himmel der unterschiedlichsten Vergnügungen« erschien. Sie erwarb ein elementares Verständnis für mechanische Zusammenhänge und lernte geschickt mit Werkzeugen umzugehen:

»Die frühe Bekanntschaft mit Werkzeugen und Werkstoffen und Mechanismen ist eine sehr wertvolle Sache im Leben... Ich habe immer große Freude am Arbeiten und daran gehabt, Dinge unter meinen Händen entstehen zu sehen.«[3]

Schon als Kind muß Gertrude Jekyll ihre Ziele ernsthaft verfolgt haben. Vieles von dem, was sie als erwachsene Frau dachte und schrieb, entstammte einem intuitiven Wissen über das ländliche Leben, das sie in der Kindheit erworben hatte. Es war nichts Gönnerhaftes und nichts Nostalgisches an ihren Bemerkungen über die »ehrlichen alten Landleute, die Frauen, von denen manche in ihrem ganzen Leben kaum mehr als zehn Meilen von zu Hause fort gewesen sind; Leute, die sich die Sprache und die Denkweise und die einfache Kleidung aus dem Anfang des Jahrhunderts bewahrt haben«. Ihr tiefes Verständnis für das, was diese Menschen taten und konnten, für das jahreszeitliche Muster ihrer Betätigungen hatte seine Wurzeln in dem lebhaften Interesse des Kindes, in der Vertrautheit mit diesen Dingen, die sie sich frühzeitig in den Hütten und Küchen des Dorfes hatte erwerben können – an Orten, an denen sich Erwachsene mit dem gleichen privilegierten Hintergrund wie sie höchst unbehaglich gefühlt hätten. Die Barrieren von Geschlecht, Schicht, beruflichen und sozialen Konventionen, von denen ihre Zeitgenossen sich umstellt sahen, lösten sich angesichts von Jekylls Intelligenz und Entschlossenheit in Nichts auf. So konnte sie von dem Fuhrmann James Furlonger, den sie für *Home and Garden* fotografierte, schreiben: »Solange ich denken kann, erinnere ich mich im Zusammenhang mit den

Straßen in der Nähe meines Hauses auch an meinen alten Freund mit dem Eselskarren.« Er hatte, wie sie schrieb, die wuchernden Hecken beschnitten und die Straßen sauber gehalten, und seine Trauer war groß, als sein alter weißer Esel erschossen werden mußte, der ihm siebenundzwanzig Jahre lang gedient hatte. Jekylls Interesse galt den Fakten und war von Sympathie getragen, aber niemals sentimental. Der Bericht endete mit der Mitteilung, daß sie das Fell des Esels gekauft hatte, »und jetzt halten meine Freunde es für den Pelz eines Eisbären, denn es ist fast weiß, und das dicke weiche Haar ist fast drei *inches* lang«.

Bald nachdem die Familie nach Bramley gezogen war, bekam Gertrude ihr eigenes Stück Gartenland zwischen der *shrubbery* und dem Feld, in einiger Entfernung vom Haus mit seinen formalen Teppichbeeten. Es gab dort einen Graben, an dem Farnkraut zusammen mit einer dornenlosen Kletterrose von der Sorte »Blush Boursault« wuchs. Sie hatte rosafarbene Blüten, an die Jekyll sich später mit großer Zuneigung erinnerte. Anfangs, als sie die Namen der Blumen noch nicht kannte, erfand sie wie Kate Greenaway eigene Namen für sie »und begrüßte sie auf ihren täglichen Wanderungen als Freunde«. Dabei ist die Frage, wieweit dieser Topos von dem kleinen Mädchen, das Freundschaften mit Blumen schließt, eine viktorianische Konvention war. Jekylls Beziehung zu den Pflanzen war allerdings ganz außergewöhnlich intim, wie sie später beschrieb:

»Wenn du eine Blume nimmst, irgendeine, die dir gefällt, und sie ansiehst und hin- und herwendest und daran riechst und sie befühlst und alle kleinen Geheimnisse nicht nur ihrer Blüten, sondern auch der Blätter, der Knospen und des Stengels herauszufinden suchst, wirst du viele wunderbare Dinge entdecken. So schließt man Freundschaft mit Pflanzen, und sie werden dir am Ende deines Lebens sehr gute Freunde geworden sein. Ich habe sie schon als Freunde kennengelernt, als ich längst noch nicht herausgefunden hatte, wie sie hießen.«[4]

Gertrude Jekyll freute sich an den Blumen in ihrem Garten, aber sie war auch am Bauen interessiert. Sie schuf sich eine Hütte zwischen den Lorbeerbüschen: »Ich hatte damals keine Ahnung vom Bauen, und so machte ich sie einfach aus biegsamen Weidenzweigen, die ich umbog und zusammenband und mit weiteren Weiden- und Nußbaumruten verflocht.« Sie hatte gelesen, daß man Mauern aus Flechtwerk und Lehm errichten konnte, und so grub sie in einem morastigen Teil des Gartens nach lehmiger Erde. Das mußte sie allerdings wieder aufgeben, nachdem sie »mit meinem kleinen Schubkarren ein oder zwei Ladungen geholt und mich entsetzlich schmutzig gemacht hatte, so daß ich im Klassenzimmer nicht sehr gut empfangen wurde«. Sie bereitete sich einen Sitz aus alten Brettern und lernte, sehr vorsichtig darauf zu sitzen, »damit er nicht zusammenbrach«. Es war typisch für sie, daß sie in der Erinnerung an diese Konstruktion noch immer darüber nachdachte, wie sie sie stabiler hätte zusammennageln können.[5]

Sie hatte das Glück, liberale Eltern zu haben, die ihre Individualität förderten und ihr die gebotene gute Erziehung zuteil werden ließen, ohne sie zur »guten Partie« umkrempeln zu wollen. Ihr Vater hielt ihr freundlich zugute, daß sie vielleicht etwas seltsam war, aber da sie erkennbar intelligent, kreativ und unternehmend war und den dringenden Wunsch hatte, ein Kunststudium aufzunehmen, wurde sie für einen Zweijahreskurs an der School of Art in South Kensington eingeschrieben. Im Herbst 1863, als Gertrude Jekyll dieses Studium abgeschlossen hatte, begleitete sie Charles Newton und dessen Frau Mary, Freunde ihres Vaters, auf eine Studienreise nach Griechenland. Newton war Direktor der Griechischen und Römischen Abteilung am Britischen Museum. Jekyll fertigte auf dieser ganzen Reise fleißig Skizzen an. Nach Rückkehr studierte sie weiterhin die Gemälde in den großen nationalen Sammlungen und setzte sich bei ihrer eigenen Arbeit professionelle Maßstäbe.

Im Jahre 1865 besuchte sie Ruskin zum ersten Mal, und in ihren Tagebüchern ist von vielen weiteren Besuchen die Rede. Wie alle progressiven Künstler ihrer

Generation besaß sie Ruskins *Seven Lamps of Architecture* und seine *Stones of Venice* in ihrer Bibliothek, schön abgegriffen und mit Notizen versehen. Sie war sich im klaren über das in *The Stones of Venice* enthaltene Gebot, Schönheit in den natürlichen Formen zu suchen, die »wilden« und seelenvollen Äußerungen des einfachen Werkmanns zu ehren und die Sklaverei des Menschen im Dienst der Maschine durch die Rückkehr zur Würde der handwerklichen Tätigkeit abzuschütteln. Jekyll nahm Einfluß auf das Zentrum der erwachenden *Arts-and-Crafts*-Bewegung. Sie besuchte William Morris am Red Lion Square und lernte Rossetti und Burne-Jones kennen. Wir wissen nicht, ob sie auch Philip Webb traf, den man sehr viel seltener als seine Partner von der Firma Morris, Marshall, Faulkner und Co. bei gesellschaftlichen Zusammenkünften sah, aber sie und Webb hatten viele gemeinsame Freunde und Bekannte – nicht zuletzt William Robinson und Edwin Lutyens – und waren daher mit Sicherheit über die Arbeit des jeweils anderen informiert.

Im Jahrzehnt zwischen 1860 und 1870 ging Jekyll bei vielen einflußreichen Vertretern des viktorianischen Kunstbetriebs ein und aus. In ihrem Tagebuch ist während ihrer eigenen »formativen Periode« als Künstlerin von Treffen mit William de Morgan, William Holman Hunt, Frederick Leighton und G. F. Watts die Rede. 1865 wurde eines ihrer Bilder zur Sommerausstellung der Royal Academy zugelassen. Sie war in den Dreißigern, als sie den Auftrag erhielt, die Innenräume von Eaton Hall für den Herzog von Westminster auszustatten. Ein weiterer Auftrag bezog sich auf Kensington Palace; daneben entwarf und fertigte sie Silbergeräte für Burne-Jones, Queen Victorias Tochter Louise und Lord Leighton. Der Lord beschrieb ihre in den International Galleries ausgestellten Stickereien auf Leinen als in Arrangement und Farbwahl bemerkenswert: »Eine davon, ein Muster mit Fischornamenten, ist als dekorative Erfindung so gut, daß ich zögere, sie einer Amateurin zuzuschreiben.«[6] Wie die Briefe Lord Leightons bezeugen, erwies sich Jekylls Amateurstatus als ein heikles Problem für Leute, die ihr gerne etwas gegen Bezahlung in Auftrag gegeben hätten. Dabei machten ihre vielfältigen Fähigkeiten und die Kombination aus originaler künstlerischer Entwurfstätigkeit und guter Handwerklichkeit sie geradezu zum Inbegriff der *Arts-and-Crafts*-Bewegung: Ihr Freund George Leslie schrieb in seinem Buch *Our River*, sie sei eine Meisterin »im Schnitzen, Modellieren, Haus-Streichen, Tischlern, in der Schmiedearbeit, der Repoussée-Arbeit, im Vergolden, Einlegen, Sticken, Gärtnern sowie in aller Art von Pflanzen- und Blumenkenntnis und -zucht, wobei sie alles in vollständiger und vollkommener Weise ausführt«.[7]

Jekylls zunehmende Kurzsichtigkeit – eine Schwäche, die sie zwang, ihre künstlerische Laufbahn zu einem Zeitpunkt aufzugeben, zu dem sie gerade Anerkennung fand – wirkte sich sowohl auf ihre Persönlichkeit als auch auf den Stil ihrer Gartenentwürfe aus, wie Jane Brown ganz richtig erkannt und dokumentiert hat. Die Tätigkeiten, die sie zeitlich am meisten beanspruchten – das Sticken, das Malen und das Arbeiten in Silber –, mußte sie aufgeben, weil sie die bereits gravierende Kurzsichtigkeit noch verschlimmerten. Nachdem der Vater 1876 gestorben war, beschlossen Gertrude und ihre Mutter, nach achtjähriger Abwesenheit wieder nach Surrey zurückzukehren, und damit ging eine Phase der Frustration und Enttäuschung zu Ende. Jekyll hatte sich in Berkshire nicht wohlgefühlt und beschrieb ihr Leben dort als »eine Art Exil – ein ständiges Heimweh und ein Unvermögen, sich zu akklimatisieren«. Dennoch hatte sie am Wohnsitz der Familie in Wargrave einen Garten angelegt. George Leslie beschrieb ihn als »perfekte Wildnis ..., in der altmodische Blumen in Überfülle blühten; die Lavendelhecken wuchsen wundervoll«. Er erinnerte sich, daß Jekyll ihm einen Armvoll Lavendel gemäht hatte – mit einer von ihr selbst konstruierten Sichel.

In Munstead Heath wurde ein neues Haus für Jekyll geplant und gebaut, einige Meilen von ihrem früheren

Wohnsitz in Bramley entfernt. Als sie und ihre Mutter am 26. September 1878 »für immer nach Munstead« zogen, hatte Jekyll bereits eine bedeutsame Freundschaft mit William Robinson geschlossen und begonnen, für die Zeitschrift *The Garden* zu schreiben.

Robinson und sein Buch *The Wild Garden* beeinflußten Jekylls Gartenphilosophie nachhaltig. Viele der Staudenpflanzen, die Robinson in *The Wild Garden* empfohlen hatte – Christrosen, Eryngium, Kugeldistel und Taglilien – wurden Protagonisten in Jekylls Gartenentwürfen, und Robinsons Bekenntnis zum natürlichen Pflanzen ging in Jekylls Philosophie ein. Der Erfolg, den Robinson mit seinen Büchern und Zeitschriften hatte – vor allem mit *The Garden* und später mit *Gardening Illustrated* –, kam einem beachtlichen neuen Markt für Gartenpublikationen zugute, die sowohl den professionellen als auch den Amateurgärtner bedienten. Neun Monate nach der Einführung von *Gardening Illustrated*, 1879, konnte Robinson darauf hinweisen, daß die Nachfrage nach dieser Zeitschrift größer war als nach dem gesamten Rest der britischen hortikulturellen Presse zusammen; im Jahre 1881 zirkulierten wöchentlich 30 000 Exemplare der Zeitschrift.

Als Jekyll anfing, über den Garten und das Gärtnern zu schreiben, kamen ihr Stil und ihr Status als Amateurin dieser geradezu gierigen Leserschaft aufs schönste entgegen. Sie machte sich die Wirkung von Robinsons manchmal geradezu wildem Radikalismus zunutze. Ihr sozialer und kultureller Hintergrund, ihre mit dem Auge der Malerin gewonnene Auffassung von Farbe und Komposition, ihre Verbindungen zu Künstlern und Kunsthandwerkern wie auch zum gesellschaftlichen Kreis der Landhausbesitzer prädestinierten sie in einmaliger Weise dazu, John Ruskins Gedanken über die Kunst mit William Robinsons populären und progressiven Theorien in Einklang zu bringen. Hatten Robinson und Blomfield eine scharfe Trennlinie zwischen dem Architekten und dem Gärtner gezogen, so konnte Jekyll dank ihres praktischen und ästhetischen Verständnisses sowohl für das Bauen als auch für das Gärtnern und dank ihrer Partnerschaft mit Lutyens die beiden wieder zusammenführen. Unter Jekylls Jurisdiktion wurde das Gärtnern zur Kunst erhoben und fand seinen Platz in der *Arts-and-Crafts*-Bewegung.

Wie William Morris hatte auch Gertrude Jekyll ein gutes Gespür für den Ort, und ihre Kenntnis der Hohlwege um Munstead – deren Geschichte an den freiliegenden Wurzeln der alten Bäume ablesbar war – war ein wichtiger Aspekt ihrer Arbeit und ihres wiederhergestellten Wohlbefindens. Für sich und ihre Mutter entwarf sie einen ansehnlichen Garten an Munstead House. Die kreative Energie und praktische Sachkenntnis, die durch ihre Kurzsichtigkeit lahmgelegt worden waren, richteten sich jetzt mit visionärer Kraft auf das Gartengestalten. Das Gefühl, wieder zu sich zu kommen, als sie nach Surrey zurückkehrte, und das Gefühl der Befreiung, das mit der Arbeit an einer Komposition im großen Maßstab einherging, die sich zur richtigen Jahreszeit mittels einer Rabattenschaufel im Laufe eines einzigen Nachmittags dramatisch verändern ließ, standen in einem Kontrast zu der nervlichen Anspannung, wie sie das Malen und Metallarbeiten erforderten, wo ein einziger Fehler das ganze Stück ruinieren konnte. Der Garten in Munstead wurde zum praktischen und experimentellen Element in einer komplexen Gleichung, in der nicht nur das Schreiben, das Entwerfen und das Gärtnern figurierten, sondern darüber hinaus auch ein sozusagen pädagogisches Element im Spiel war, da Jekyll das Verständnis anderer Menschen für das Entwerfen weckte.

Im Frühling des Jahres 1889 machte Edwin Lutyens (1869-1944) im Garten von Harry Mangles, einem Azaleenhändler, beim nachmittäglichen Tee die Bekanntschaft von Gertrude Jekyll. Er war zwanzig Jahre alt und hatte ein zweijähriges Architekturstudium an der South Kensington School of Art sowie zwei Lehrjahre im Londoner Büro von Sir Ernest George absolviert. In der Regel dauerte die Ausbildung fünf Jahre, aber Lutyens hatte die Sache sozusagen von der spaßhaften Seite genommen, nämlich rasch alles aufgenommen, »um das sich das Lernen am meisten verlohnte«. Es ist sehr gut möglich, daß das Zusammentreffen zwischen Jekyll und Lutyens mit Bedacht arrangiert worden war. Jekyll hatte sich ein Stück Land gekauft, das, vom Haus ihrer Mutter aus gesehen, auf der anderen Seite der Straße lag, und war auf der Suche nach einem Architekten, der ihr ein Haus entwerfen sollte. Lutyens hatte soeben sein eigenes Büro eröffnet und brauchte dringend Aufträge. Eine seiner ersten Arbeiten war ein *cottage* für Harry Mangles in Littleworth Cross mit Fachwerk und hohen Ziegelschornsteinen, wie sie in Surrey üblich waren. Jekyll muß die Zeichnungen gesehen und alles über den jungen Architekten erfragt haben, bevor sie ihn beim Tee genau unter die Lupe nahm. Wie Lutyens später schrieb, hatte er es als ein besonderes Privileg empfunden, die Bekanntschaft einer so gefeierten Person zu machen. Er erinnerte sich an den Eindruck, den dieses erste Zusammentreffen auf ihn gemacht hatte:

»Sie trug das, was, wie ich später erfuhr, ihre Ausgeh-Montur war, allerhand Schickliches, von einem Mantel bedeckt, dazu einen schwarzen Filzhut, der vorne nach unten und hinten nach oben geschlagen war und von dem gebogene, ständig tanzende schwarze Hahnenfedern wegsprangen.

Still und ernst, die wenigen Worte mit Bedacht gewählt und mit Bedacht in einem ruhigen, angenehmen Ton geäußert, mit scharfen, hellen Augen, die ständig beobachteten und denen kaum etwas entging. Sie sagte kein Wort zu mir, aber als sie ging, schon einen Fuß auf dem Trittbrett ihres Ponywagens und die Zügel in der Hand, lud sie mich für den kommenden Samstag nach Munstead ein.«[8]

Wie Jekyll war auch Lutyens in Surrey aufgewachsen. Eine schwache Gesundheit war der Grund, daß er zusammen mit seinen Schwestern zu Hause unterrichtet worden war, anstatt wie seine Brüder ein Internat zu besuchen. An Osbert Sitwell schrieb er später:

»Was ich etwa an Talenten habe, verdanke ich einer langen Krankheit als Kind, die mir Zeit zum Denken ließ, und einem schlechten Gesundheitszustand auch später, denn ich durfte keine Spiele mitspielen und mußte mir daher, um mich zu amüsieren, etwas beibringen; ich mußte die Augen benutzen und nicht die Füße.«[9]

Er erkundete die Gegend um das Heim der Familie in Thursley. Fasziniert von Gebäuden, fertigte er mit einem angespitzten Stück Seife Skizzen auf einer kleinen Glasplatte an. Ihn interessierten die alten Fachwerkhäuser mit ihren schiefen, fast bis zum Erdboden reichenden roten Ziegeldächern, aber er interessierte sich auch dafür, wie neue Häuser gebaut wurden. Er beobachtete den Bau und machte den Hof des Bauherrn und die Werkstatt des Schreiners unsicher. Jekyll dürfte sich von seiner auf das Praktische gerichteten Neugier angezogen gefühlt haben – einer Eigenschaft, die sie mit ihm teilte. Sein Sinn für stilistische Fragen und für die Traditionen des Bauens in Surrey hat sie wohl ebenfalls angesprochen. Es ist anzunehmen, daß sie Lutyens zu ihrem Mitarbeiter machte, weil sie spürte, daß sie mit ihm arbeiten könnte. Als eine Frau, die fünfundzwanzig Jahre älter war als er und über eigene Vorstellungen und einen reichen Schatz an Erfahrungen verfügte, konnte sie darauf vertrauen, daß er ihre anspruchsvollen künstlerischen und philosophischen Vorgaben respektieren und umsetzen würde.

Ihr eigener Garten in Munstead Wood war angelegt, lange bevor das Haus geplant wurde. Das Terrain wurde in den frühen achtziger Jahren erworben. Es lag Munstead House gegenüber, auf der anderen Seite der Munstead Heath Road, so daß ihre vielen Besucher – »Gärtner, Künstler, Architekten und alle, die mit Hand oder Hirn arbeiteten«, die laut Lutyens kamen, um sich »Hilfe, Gespräch und Rat« zu holen – das stille Leben ihrer Mutter nicht mehr stören mußten. In ihren Erinnerungen beschrieb Gertrude Jekyll das etwa sechs Hektar große Stück Land mit der für sie typischen Genauigkeit und Zärtlichkeit:

»Es ist von mehr oder weniger dreieckiger Form, am breitesten im Süden, und fällt nach Nordwesten ab. Auf den oberen neun *acres* stand früher ein dichtes

RECHTS: *Munstead Wood, »in dem gewissenhaften und aufrichtigen Geist entworfen und gebaut, wie ihn gute Arbeit aus alten Tagen auszeichnet«.*

Wäldchen aus schottischen Kiefern, das inzwischen abgeholzt ist, dann ein breiter Streifen mit einem Dickicht aus Kastanienbäumen; am schmalen Ende dann armseliger, sandiger Boden.«[10]

Es gibt keine Pläne für den Garten, und das deutet darauf hin, daß Jekylls Beziehung zu der Landschaft, die sie umgab – vergleichbar William Robinsons Verhältnis zu seiner unmittelbaren Umgebung –, eine zutiefst intime Beziehung war; der Garten ist vermutlich in Reaktion auf die dem Terrain und seiner Geschichte innewohnenden Merkmale angelegt worden. Gertrude Jekyll wußte sehr wohl, daß so etwas wie ein Entwurf sich aus den natürlichen Gegebenheiten entwickeln mußte. An William Robinson, der ein Haus bauen wollte und sich einen Architekten genommen hatte, obwohl noch kein Grundstück vorhanden war (Gravetye war noch nicht gefunden worden), schrieb sie zu Beginn der achtziger Jahre: »Ich kann mir ein Haus niemals wirklich vorstellen, wenn ich seinen Standort nicht kenne. Ein Haus muß zwischen seinem Grund auf der einen und seinem Herrn auf der anderen Seite aufwachsen und muß sich mit beiden verbinden.«[11] Der Brief wurde geschrieben, bevor Jekyll mit Lutyens zusammentraf, aber sie war wohl schon mit ihrem Garten in Munstead Wood beschäftigt und muß sich Gedanken um den Entwurf eines eigenen Hauses gemacht haben, als sie schrieb: »Mein ideales Haus müßte einen Vorbau und dann eine geräumige und bewohnbare Halle haben. Wenn der Platz oder die Mittel nicht ausreichen, um daraus auch einen Aufenthaltsraum zu machen, dann wäre dies der Eßplatz, und die Treppe würde von hier aus ihren Anfang nehmen.« Das Ideal der »living hall«, des großen Raumes, in dem man lebt und wohnt und der an die große Halle des mittelalterlichen Hauses anknüpft, sollte zum Fokus des *Arts-and-Crafts*-Hauses werden.

Auf einer professionellen Ebene warben Jekyll und Lutyens drei Jahre lang umeinander, bevor das Haus entworfen wurde. Wenn Lutyens' Bericht über die erste Begegnung mit Gertrude Jekyll deren förmliches Auftreten porträtiert, so gewährt seine liebevolle Schilderung ihres zweiten Zusammentreffens einen deutlichen Einblick in ihre Freundschaft:

»Ich war Punkt vier Uhr dort, und es empfing mich eine nun etwas andere Person – ganz in ihrem Element, freundlich und kommunikativ, gekleidet in einen kurzen blauen Rock, der keineswegs ihre Knöchel verbarg, und die Stiefel, die berühmt wurden, weil W. Nicholson sie porträtierte; eine blaue Leinenschürze mit geräumiger Beuteltasche voller gärtnerischer Utensilien; eine blaugestreifte Leinenbluse mit Kellerfalte wie ein Norfolk-Jackett, die Ärmel eng an den Handgelenken anliegend, was den kleinen und charakteristischen Händen volle Freiheit gab. Sie trug einen Strohhut mit einem blauseidenen Band.«[12]

Dieser erste Besuch in Munstead war das Vorspiel vieler weiterer, und »das Wochenende in Munstead wurde zur Gewohnheit«. Sie nahmen das Pony und den Wagen, Jekyll auf dem Kutschsitz, »für so manche Entdeckungsreise« durch Surrey und Sussex, auf der Suche nach alten Häusern, Gehöften und *cottages*. Sie sprachen über die verschiedenen Methoden, ein solches Haus zu bauen, und unterhielten sich mit den Bewohnern über deren Leben und Erwerbstätigkeiten. Wir wissen nicht, wie weit Jekyll ihren jungen Architekten bewußt auf den Entwurf von Munstead Wood vorbereitete, wenn auch der schottische Architekt Robert Lorimer meinte, sie habe ihn sich bis zu seinem siebenundzwanzigsten Jahr »ganz schön gezogen«. Der Entwurf für Woodside in Chenies, Buckinghamshire, wurde 1893 zum Prüfstein für ihre Freundschaft. Es war das erste Haus mit Garten, das Lutyens und Jekyll offiziell zusammen planten, und das Resultat war ein Erfolg. Jekyll hatte ihre eigene, klar formulierte Vorstellung von Architektur, die auf den überkommenen Formen des Bauens und den praktischen Lösungen fußte, die sie seit ihrer Kindheit an den Wegen und Straßen von Surrey studiert hatte. Aus ihrer eigenen Beschreibung von Munstead Wood, die im Jahre 1900 in *Home and Garden* erschien, geht hervor, daß sie ganz außergewöhnlich eng an der Planung des Hauses und an jedem Aspekt – technischer oder ästhetischer

Art – seines Aussehens und seiner Konstruktion beteiligt war.

Home and Garden, ihr zweites Buch, beginnt mit einem Bericht darüber, wie das Haus gebaut wurde. Es ist eine zutiefst persönliche und ungewöhnliche Schilderung, so als habe das Haus in ihrer Vorstellung, aus heimischem Holz errichtet, schon lange existiert, als Lutyens es schließlich – als steinernes Haus – in Zeichnungen heraufbeschwor. Jekyll schrieb:

»In mancher Hinsicht ist es nicht wirklich ein neues Haus, obwohl kein Gebäude jemals an dieser Stelle gestanden hat. Aber ich hatte so viele Jahre lang darüber nachgedacht, und der Hauptbau und alles, was an Gefühlen damit zusammenhing, waren meinem geistigen Auge so vertraut, daß ich, als es schließlich Realität war, das Gefühl hatte, ich hätte schon lange Zeit darin gelebt.«

Das Haus sollte – und in diesem Punkt war sie unerbittlich – »in dem gewissenhaften und aufrichtigen Geist entworfen und gebaut werden, wie ihn gute Arbeit aus alten Tagen auszeichnet... Das Haus ist keineswegs etwa eine Kopie irgendeines alten Gebäudes, auch wenn es die allgemeinen Kennzeichen der älteren Bebauung dieser Gegend aufweist«.

Alles daran war »handfest und dienlich und sieht aus und fühlt sich an, als würde es für alle Zeiten halten«.

Es war auch deutlich zu hören, daß sie nicht der Architekt von Munstead Wood war:

»Viele meiner Freunde, die wissen, daß ich im Bauen und in verschiedenen Handfertigkeiten dilettiere, haben mich gefragt, ob ich denn mein Haus nicht selbst entwerfe. Auf welche Frage ich, obwohl ich weiß, daß sie freundlich und schmeichelhaft gemeint ist, eine betont negative Antwort geben muß.«

Amateuren, so schrieb sie, könnte es die allergrößte Befriedigung eintragen, ihre Häuser selbst zu entwerfen, es werde dabei aber immer »Stümpereien und ungeschickte Stellen« geben, es sei denn, das »höhere Wissen« eines Architekten würde herangezogen. Wenn Edwin Lutyens in dem Buch auch nicht namentlich genannt wurde, so schrieb Jekyll eben doch von ihm: »Der Architekt kennt die lokalen Gepflogenheiten genau und weiß, wie man den Sandstein verwendet, der in unserer Gegend ansteht und hier schon seit vielen Jahrhunderten als Baumaterial dient, und er weiß auch, was sonst noch so alles getan wird, um die Mittel den Zwecken anzupassen..., so daß das, was er baut, ganz natürlich aus dem Boden zu wachsen scheint.« Sie räumte ein, daß sie sehr wohl etwas zur Position des Hauses und dazu gesagt hatte, »wie die Räume zueinander liegen sollen«, und schrieb, sie habe ein kleines Haus mit viel Raum gewünscht, »insgesamt sind es sieben Schlafzimmer – und daß ich etwas gegen kleine enge Gänge habe und nichts will, was armselig oder mickrig oder schlecht beleuchtet ist«. Jedes Detail wurde besprochen, als die Pläne gezeichnet wurden: »Natürlich hatten wir viele freundschaftliche Auseinandersetzungen; ich kann mich aber nur an eine einzige erinnern, von der man sagen könnte, daß wirklich die Fetzen flogen.« Dabei ging es um ein ästhetisches Detail, das die Kosten in die Höhe getrieben, aber zur Brauchbarkeit des Hauses nichts beigetragen hätte, und Jekyll, die nicht gewohnt war, viele Worte zu machen, beendete einen Schwall von Einwänden mit dem Satz: »Mein Haus wird für mich gebaut, und ich will darin leben und es lieben; es wird nicht gebaut, um architektonische Nutzlosigkeiten vorzuführen!«

Unüblich war, daß das Haus errichtet wurde, ohne daß es einen schriftlichen Vertrag gab. Jekyll schrieb mit Stolz von der »vollkommenen Übereinstimmung zwischen dem Architekten, dem Bauunternehmer und der Besitzerin«, die, wie sie betonte, die Kosten für einen Bauleiter sparte, dessen Aufgabe es gewesen wäre, »darauf zu achten, daß der Unternehmer die Bauherrin nicht betrügt«. Tatsächlich übernahm sie diese Aufgabe selbst und sorgte damit zweifellos gleichermaßen für Angst wie auch für Respekt bei der Baufirma wie beim Architekten. Sie wohnte in dieser Zeit in The Hut, einem kleinen Gebäude, das Lutyens ihr 1894 als temporäre Unterkunft entworfen hatte und das keine hundert Meter vom Bauplatz entfernt lag.

Jeder Aspekt des Werks wurde mit Freude betrachtet. In *Home and Garden* beschrieb sie die Tätigkeit des Bauens mit Worten, die es mit den Äußerungen der Architekten ihrer Zeit durchaus aufnehmen konnten. Wenn sie die Geräusche des Bauens beschreibt, kommt die ungewöhnliche Kombination einer poetischen mit einer praktischen Ader zum Vorschein. Ihr scharfes Gehör glich die Kurzsichtigkeit aus (sie konnte, wie sie sagte, Bäume an dem Geräusch erkennen, das der Wind zwischen ihren Blättern verursachte). Ausführlich und in poetischen Worten beschrieb sie das Geräusch der Maurerkelle und aller mit dem Mauern zusammenhängenden Handgriffe und Prozesse, ebenso die Arbeit des Bauschreiners und das »melodische Kreischen« seines Hobels.

Jekylls Vorstellungen vom Bauen waren letzten Endes *Arts-and-Crafts*-Vorstellungen. Wäre sie ein Mann gewesen, dann hätte man sie als eine Pioniergestalt in der Architektur wie im Gartenwesen wahrgenommen. Ihr tätiges Interesse an jedem Aspekt des Bauens war dem Engagement Philip Webbs vergleichbar, und daß sie, was die Verwendung natürlicher Baustoffe anging, nicht mit sich reden ließ, bewies die aufmerksame und verständnisvolle Anwendung der Lehren John Ruskins. Das Skelett ihres Hauses bestand nicht aus irgendeinem vom Bauhof geholten Holz, wie ein Londoner Bauführer es hätte nehmen müssen, sondern aus Eiche. Sie hatte das Eichenholz wegen seiner natürlichen Formen gewählt, an die sie sich aus ihrer frühen Kindheit erinnerte: Eine Eiche hatte, keine zwei Meilen von dem neuen Haus entfernt, über einem Teppich von Glockenblumen gestanden. Für Jekyll waren Baumaterialien ein Teil der persönlichen wie der lokalen Vergangenheit. Sie wußte, wieviel Zeit und welche Bedingungen nötig waren, um diese Materialien zu erschaffen, und sie verstand etwas von den Werkzeugen und den Traditionen, die aus dem Material ein Gebäude machten:

»Immer sah ich diese herrlichen grauen Bäume, die im Zwielicht vor dem dunkel-mysteriösen Hintergrund der schwermütigen Tannen fast geisterhaft aussahen. Und ich erinnere mich, immer gedacht zu haben, wie gerade und groß sie doch waren, denn diese sandigen Hügel lassen so große Eichen nicht so rasch wachsen... Ich bin froh zu wissen, daß meine Balken eben diese gleichen alten Freunde sind und daß die Freude, die es mir machte, sie grünen und wachsen zu sehen, nicht zerstört, sondern nur verwandelt ist, wenn ich sie jetzt sehe, wie sie sich als große Balken aus solider englischer Eiche über mir spannen.«

Sie schrieb über den Zimmermann, der in den Wald ging, um sich sein Bauholz auszusuchen, es dann langsam auf seinem Zimmerplatz austrocknen ließ und sich anhand der Zeichnung des Architekten überlegte, welches Stück zu welchem Zweck verwendet werden sollte.

Der Garten von Munstead Wood war bereits »reif«, als das Haus gebaut wurde. Er war in großen Linien und aus dem gleichen klaren und rationalen, von Konventionen unbeeinflußten Denken heraus entworfen, das auch Jekylls Schreiben auszeichnete. Die Anlage der Hauptbeete und der Zusammenhang zwischen dem Plan des Hauses und dem des Gartens waren, verglichen mit späteren Gärten von Jekyll und Lutyens, eher vom Zufall bestimmt. Später achteten sie darauf, die großen Rabatten an den Achsen des Hauses auszurichten. In Munstead ist die Geometrie des Gartens eher willkürlich, sie entwickelt sich von der Ecke des Hauses in die Schräge, auch weil Lutyens Jekylls erster Idee bezüglich der Orientierung des Hauses widersprach und statt dessen eine Nord-Süd-Achse festlegte, so daß die Haupträume sich nach Süden öffneten.

Munstead Wood ist besonders interessant, weil es den Gartenstil jedes der beiden Beteiligten für sich zeigt. Große Bereiche des Gartens waren bereits angelegt, bevor Jekyll und Lutyens einander begegneten. Auch als sie das Haus zusammen planten, fand Lutyens noch nicht den Mut, Änderungen am Garten vorzuschlagen.

Nachdem die großen Rabatten angelegt und bepflanzt waren und inzwischen schon zur Reife gelang-

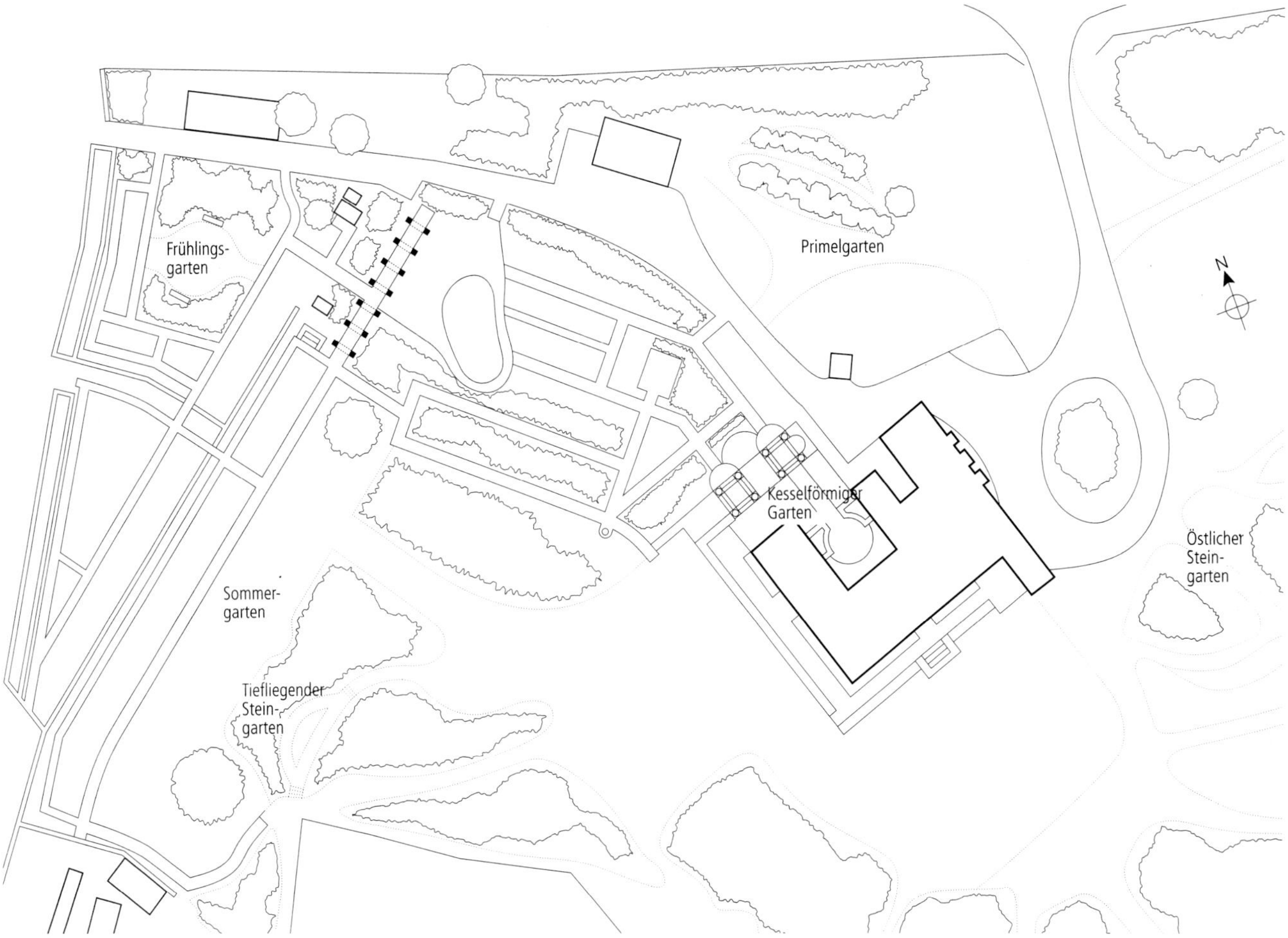

OBEN: *Gartenplan, Munstead Wood, Surrey,*
Gertrude Jekyll und Edwin Lutyens.
Der Garten wurde ab 1883 entworfen.

ten, dürfte Jekyll wohl kaum geneigt gewesen sein, sie wieder aufzugraben und um der architektonischen Einheit willen von neuem zu beginnen. Die dem Haus am nächsten gelegenen Bereiche – der Nordhof, der Teich, die südliche und westliche Terrasse – gehörten zu den ersten Ergebnissen der Zusammenarbeit zwischen Jekyll und Lutyens. Der Teichgarten vermittelte einen Eindruck von mathematischer Präzision und klar definiertem Detail, der im Hauptteil des Gartens in einiger Entfernung vom Haus fehlte; dort war von Lutyens' Intervention weniger zu spüren.

Der Garten von Munstead Wood folgte einem ungewöhnlichen Plan. Üblicherweise wurde die Hauptrabatte an der Südseite des Hauses angelegt, wobei das formale Element zu den Rändern hin etwas nachließ, und die Orientierung von Lutyens' Haus dürfte dieses Arrangement vorausgesetzt haben. In Munstead wurde die Regel allerdings ganz entschieden gebrochen. Die Hauptrabatten lagen an der Nordwestseite des Hauses, manche zum Teil hinter hohen Mauern verborgen oder eingesunken und damit dem Blick entzogen. Keine Konzessionen wurden bezüglich der verbreiteten Praxis gemacht, eine Art Blumendeckchen zu Füßen des Hauses auszubreiten, das man, ohne aus dem Haus treten zu müssen, in seiner ganzen Ausdehnung überblickt hätte. Statt dessen wurden die Rabatten als »walks« organisiert, die den Besucher vom Haus wegführten, so daß er die verschiedenen Teile des Gartens erkunden konnte. Das war unkonventionell genug, aber es verblaßte in seiner Bedeutung angesichts der Behandlung der Südseite des Hauses. Die Haupträume blickten nicht auf ein Parterre oder wenigstens ein klar strukturiertes Arrangement von Blumenbeeten, sondern auf eine natürliche Lichtung inmitten eines niedrigen Birkenwäldchens. Hier hatte man den Eindruck eines jahrhundertealten Hauses, umsponnen vom Waldland wie ein Haus aus einem Märchen. Die Birken wurden mit jungen Azaleen und Rhododendren unterpflanzt, die Jekyll in einer nahegelegenen Pflanzschule, Waterer's Nursery, nach der Farbe aussuchte (bei vielen handelte es sich um namenlose Varietäten). Drei grasbewachsene Pfade, die eher den Bäumen als einer Architektenzeichnung folgten, führten in ihr geliebtes Wäldchen; einer davon, der sogenannte *Green Wood Walk*, war Jekylls »kostbarster Besitz«.

Das Haus war nur zu Fuß zu erreichen; es gab keinen Fahrweg für Ponys und Kutschen. »Ich mag den Zugang zu einem Haus so still und bescheiden wie möglich; er sollte seine Geschichte erzählen, die Geschichte eines Weges, der auf ein kleines, in waldigem Gelände stehendes Wohnhaus zuführt.«[13] Der Fußweg verschaffte sich etappenweise Eingang in die Abgrenzung des Hauses, zunächst durch eine gebogene Öffnung in der östlichen Mauer. Sie wurde von Lutyens durch Reihen strahlenförmig auseinanderstrebender Ziegel im Mauerwerk, von Jekyll durch eine großzügige Bedeckung mit *Hydrangea petiolaris* akzentuiert. Die Öffnung gab den Weg in eine lange gedeckte Vorhalle frei: »Sie dient als trockener Zugang zum Haupteingang und als komfortabler Endpunkt für die Südfassade des Hauses.«[14] Allerdings hatten Jekyll und Lutyens hier gegen die feststehenden Regeln der Anlage eines Landhauses verstoßen: Der Besucher konnte, noch bevor er die Vorhalle betrat, bereits den Anblick der dahinterliegenden abgeschlossenen Bereiche des Gartens genießen. Ein unverglastes Fenster gab den Blick aus der Vorhalle über die Südterrasse frei; daneben führte eine von zwei großen Kübeln mit wuscheligen Hydrangeas flankierte Tür in den Garten: »Jeder, der hereinkommt, sieht ein Gartenbild aus Rasen, Bäumen, breiten Stufen und einer niedrigen Trockenmauer vor sich, bekrönt von der Rosenhecke.«[15]

Jekyll fand sich in einem gewissen Umfang damit ab, daß ihr Garten ein neugieriges Publikum anzog. Sie beschrieb Munstead Wood zu einer Zeit mit Worten und Fotografien, in der das Besichtigen von Gärten, zum Teil auch ohne vorherige Ankündigung, zu einem immer beliebteren Vergnügen wurde. Diese öffentliche Zurschaustellung wurde häufig als offene Einladung betrachtet. Im Vorwort zu *Home and Garden* wurden Jekylls Leser freundlich ermahnt:

»Es ist immer schön, alte Freunde und überhaupt alle, die hart in ihren eigenen Gärten arbeiten, zu sehen oder von ihnen zu hören, und doch wage ich es als jemand, der am liebsten still arbeitet und keineswegs allzu widerstandsfähig ist, meine lieben und zahlreichen, wenn auch manchmal mir unbekannten Freunde dringend zu bitten, mir doch etwas mehr Ruhe und Privatheit zu lassen.«

Es war wohl der öffentliche und professionelle Charakter ihrer Tätigkeit, der sie veranlaßte, der Privatheit nicht so sehr ihres Gartens als vielmehr ihres Hauses den höchsten Rang zuzusprechen. Es war zwar nicht üblich, dem Besucher ein »Gartenbild« zu präsentieren, bevor die Haustür in Sicht war, aber für viele von Jekylls Besuchern war nun einmal der Garten das eigentliche Ziel. Sie entwarf versteckte Plätze, an die sie sich flüchten konnte. Die Tradition, derzufolge die Front eines Hauses von den Vorübergehenden gesehen wurde und die Rückseite sozusagen für das Leben der Familie »weggeschlossen« werden konnte, traf auf Munstead Wood nicht zu. Lutyens entwarf eine lange Sandsteinterrasse entlang der Südfassade des Hauses, deren breite Stufen die Lichtung mit der Eichentür zum Wohnraum verbanden, und eine weitere Terrasse, die an der Westfront entlanglief. Beide waren von schmalen Rabatten flankiert, so daß Jekyll bis an die Mauern des Hauses pflanzen konnte: Rosen und *Clematis armandii* an der Westseite, unterpflanzt mit *Geranium renardii*.

Die ruhige Seite des Hauses und der ausgesprochen formale Teil des Gartens lagen im Norden, wo Lutyens einen tiefen schattigen Hof zwischen zwei Flügel des Hauses setzte. Der Fachwerkkorridor im ersten Stock mit seiner durchgehenden Reihe von bleiverglasten Fenstern kragte vor und bot so dem darunter gelegenen Sitzbereich bei jedem Wetter Schutz. Unter dem vorkragenden Teil brachte Jekyll eine *Clematis montana* in Girlandenform an, was der heute in Munstead tätige Gärtner ebenfalls zu tun versucht. Die Pflanze soll von Westen nach Osten wachsen. Dies hat sich als schwierig erwiesen, weil die Klematis das Licht sucht und nach oben wachsen will. Jekyll schmückte den Hof mit Kübeln voller Funkien und weißer Lilien, die im Treibhaus dazu gebracht worden waren, gleichzeitig mit der Klematis zu blühen. Im Zentrum des Hofs deutet sich ein symbolischer Teich in Form eines Kreises von geriffelten, wassermarkierten Sandsteinen an, gerahmt von niedrigen buchsgesäumten Rabatten. Auf einer tiefergelegenen Ebene, im Norden des Hofs, wird das so beschworene Wasser Wirklichkeit, und zwar in einem tiefen, rechteckigen Becken, das sich mit seinen Proportionen an den steinernen Plattformen und den Stufen orientiert, die zu beiden Seiten hinunterführen: die beruhigende Wirkung des Wassers ergänzt durch die harmonische Ordnung der Geometrie. Unterhalb des Beckens nahm eine Eibenhecke in Form eines Halbkreises den steinernen Kreis im Hof von neuem auf. Jenseits dieser geometrischen Muster mußte Lutyens' architektonisch veredelte Landschaft dann allerdings mit der eher fließenden Bepflanzung von Jekylls bereits bestehendem Garten versöhnt werden.

Die Verbindung zwischen dem neuen Garten rund um das Haus und den älteren Rabatten, die Jekyll bereits angelegt hatte, ist durch ein Dreiecksmuster von Wegen definiert, das wiederum dominiert wird von einem Gartensitz mit einer hohen Birke dahinter. Dort pflegten Jekylls Katzen in der Nachmittagssonne zu schlafen. Als sie einem Freund, Charles Liddell, gegenüber bemerkte, eigentlich müßten die verschiedenen Teile des Gartens Namen tragen, taufte er den Gartensitz sogleich als »Kenotaph von Sigismunda«.

»Der Name war so fraglos passend für die monumentale Ulmenmasse und für das etwas grabähnliche Umfeld von Hängebirke und kirchturmartiger Königskerze, daß er sofort haften blieb, und die Stelle wird immer der Kenotaph von Sigismunda sein, solange ich lebe und dort sitze.«[16]

Als Lutyens später den Auftrag erhielt, ein Monument für den Waffenstillstand von 1918 zu entwerfen, erinnerte er sich an den »Kenotaph für Bumps« (Aunt Bumps war der Name, den er Jekyll gegeben hatte),

und das Wort kam zur Bezeichnung eines nichtkonfessionellen Erinnerungsmals erneut in Gebrauch.[17] Die Birke von damals ist längst gefällt, und der Sitz selbst verschwand unter dem Rasen, den man in den sechziger Jahren des 20. Jahrhunderts an der Stelle von Jekylls Rabatten anlegte. Im Zuge der Rekonstruktion des Gartens ist er inzwischen aber wiederhergestellt, und es ist auch eine neue Birke gepflanzt worden.

Jekylls Garten kristallisiert sich um eine lange Sandsteinmauer, die die Hauptachse definiert und den Frühlings- und Küchengarten von den Gartenbereichen in der Nähe des Hauses trennt. Die Hauptrabatten sind im rechten Winkel zur Mauer sowie entlang der Mauer angelegt: Vom Kenotaph von Sigismunda laufen die Nußbaumallee und die Asternbeete senkrecht auf eine Pergola zu, die ihrerseits parallel zur Mauer verläuft. Jekyll unterteilte den Garten mit Hilfe langer gerader Wege und bepflanzte jeden Bereich so, daß eine bestimmte Jahreszeit zu ihrem Recht kam. In der am weitesten vom Haus entfernten Ecke befand sich der vor den kalten Winterwinden durch eine hohe Sandsteinmauer geschützte Frühlings-

LINKS: *Der Wegedreistrahl mit dem Kenotaph von Sigismunda zur Linken, der die Nahtstelle zwischen dem von Jekyll und Lutyens gemeinsam angelegten hausnahen Garten und den von Jekyll allein geplanten Bereichen markiert.*

RECHTS: *Narzissen und weiße Tulpen, unterpflanzt mit* arabis, *im Frühlingsgarten.*

garten, der mit zarten Zwiebelgewächsen und Frühlingsblumen sowie mit eher architektonischen Pflanzen wie Yucca und Akanthus bepflanzt war, die später im Jahr zur Wirkung kamen. Dieser Teil des Gartens stand von März bis Anfang Mai in Blüte. Er war mit Bedacht und mit dem Blick für das Detail geplant, so daß das Unheil, das so viele Frühjahrsrabatten heimsucht (Blüten von Wind und Regen geknickt oder als Gartenbild zu kümmerlich, um gut zu wirken), vermieden wurde. Ein etwa kreisförmiges Rasenstück in der Mitte des Frühlingsgartens war mit einfachen Bänken »möbliert« und von Haselsträuchern und den hohen Eichen beschützt und beschirmt, die im Winter das Licht durchließen, während sie später im Jahr für Schatten und damit für gute Wuchsbedingungen sorgten. Die Rabatten waren mit Frühlingsblumen bepflanzt: mit Primeln, mit bänderartig stehenden bleichen Narzissen, Doronicum, Tulpen, Goldlack und Vergißmeinnicht. Dazwischen hingen, von Haselbüschen und Seilen gehalten, Girlanden von *Clematis montana*. Wenn die Zwiebelgewächse und der Goldlack welkten, kamen gelbe Päonien, unterpflanzt mit

stachys byzantina, in Blüte, und die an Rundspalieren gezogene Kletterrose »Madame Alfred Carrière« lenkte die Aufmerksamkeit auf diesen Teil des Gartens.

Auf der anderen Seite der Sandsteinmauer, rund um The Hut, lag der Junigarten. Er war im *cottage*-Stil mit alten Strauchrosen und der duftenden Chinarose »The Garland« bepflanzt, die Jekyll in vielen ihrer Gärten einsetzte. Sie arbeitete mit einfachen, altmodischen Pflanzen: mit weißem Fingerhut, Lupinen, Löwenmäulchen, Iris und Lilien. Dabei war sie sich der Blumensymbolik und der Assoziationen bewußt, die einzelne Blumen im Laufe der Zeit geweckt hatten, und ordnete den Blumen überdies auch eigene Eigenschaften zu. Die Lilie war nicht nur ein Synonym für Reinheit, sondern sie stand (vermutlich wegen ihres Wuchses) auch für »Aufrichtigkeit« und »Zielstrebigkeit«. Schönheit und Süße der Rose verdienten laut Jekyll neben ihrer historischen Bedeutung als nationales Emblem und heraldisches Motiv »das Symbol von Stärke, von redlichem Zweck und von großzügiger Wohltätigkeit«. Wie Jekyll weiter schrieb:

»Ist sie nicht ein Kennzeichen, das auf den guten Ritter paßt, dessen Natur stark, tapfer und sanft, heiter und liebenswürdig ist; der für die Schwachen in die Schlacht zieht, um ein gutes Regiment anstelle der Unterdrückung aufzurichten; dessen Aufgabe es ist, ›das Land zu läutern‹, ›die dunklen Orte zu befreien und das Recht hereinzulassen‹?«

Jekylls rigoroser Professionalismus identifizierte sie sehr viel eher mit der Rolle des »guten Ritters« als mit der des unschuldigen Edelfräuleins, das in der mittelalterlichen Symbolik der *Arts-and-Crafts*-Bewegung im allgemeinen als dessen Gefährtin erschien; daß dieses Edelfräulein in ihren Betrachtungen der Lilie nicht vorkommt, ist bemerkenswert.

Rosen und Lilien wurden in großen Mengen rund um The Hut gepflanzt. Ein kurzer Eibentunnel rahmte den Eingang zu dem kleinen Haus, um auf den letzten drei Metern vor der Tür »wegen des Tageslichts« einer niedrigeren Hecke zu weichen. Im Kampf gegen »eines der anhaltenden Trauerspiele dieses Gartens« – daß nämlich die kalk- und lehmhaltige Böden liebende Madonna-Lilie hier nicht gedieh – füllte Jekyll das eine Ende der Rabatte zwischen The Hut und dem Pfad mit »einer ordentlichen Menge Kalkschutt« und pflanzte die weißen Lilien neben *Pyrus japonica. Rosa chinensis* und *Rosa moschata* wurden an Reifen gezogen, unterpflanzt mit weißen Akeleien und *Myrrhus odorata* in der Rabatte auf der einen Seite des Hauses. Auf der gegenüberliegenden Seite sollten sich, noch bevor The Hut errichtet war, eine *Clematis montana* und eine Kletterrose an einer etwa zwanzig Fuß hohen Stechpalme hochziehen:

»Die Klematis wuchs am schnellsten hoch und war zwei oder drei Jahre lang recht schön anzusehen, hat aber seither nicht mehr viel getan; aber die Rose füllt jetzt die Spitze der Stechpalme ... Massen von zarten, rosa überhauchten kleinen Rosenbüscheln zeigen sich vor dem Hintergrund der glänzenden stacheligen Stechpalmenblätter und der sanfteren dunklen Eibe.«

Unweit des Junigartens lag hinter unbeschnittenen Eiben und Stechpalmen der Verborgene Garten. Er war den Blicken entzogen, weil er eine natürliche Mulde einnahm, und besaß auch keinen erkennbaren Eingang, so daß man ihn für eine Gruppe von Büschen halten konnte. Das war Jekylls Refugium. Steinstufen und sandige Wege führten hinunter in eine Senke, die

Links: *Zu Jekylls Sinn für Textur und Form der Pflanzen an der Westterrasse tritt die Verwendung lokaler Baumaterialien — Bargate-Stein, Eichenholz und Lehmziegel im Läuferverband.*

mit Felsbrocken bestückt und mit Bändern von Akelei, *cerastium*, Katzenminze und Iris bepflanzt war. Dahinter standen höhere Büsche: Baumpäonien, *Olearia* und Rhododendron.[18]

Wenn The Hut und der Verborgene Garten im Gartenplan auch als Nebensächlichkeiten figurierten, so wurde die ganze Anlage doch von der die Sandsteinmauer begleitenden großen Rabatte zusammengehalten. Im Juli und August war sie, rund vier Meter breit und etwa sechzig Meter lang, der Hauptanziehungspunkt des Gartens. Die Mauer dahinter war über drei Meter hoch. Kletterrosen, Magnolien und blühende Sträucher wurden als Prospekt für die Rabatte gegen die Mauer gepflanzt, und zwischen dieser Bepflanzung und der Rabatte verlief ein Pfad. Die Pflanzen standen in gestreckter, bandartiger Anordnung; auf dem Plan sehen diese Bänder wie Würste aus; sie überschneiden sich, so daß die Farb- und Formkombinationen sich als kontinuierliche Sequenz lesen ließen. Stattliche Yuccas (*Yucca filamentosa* und *Yucca recurvifolia*) markierten die Enden der Komposition und flankierten den Pfad, der die Rabatte in zwei Teile teilte und in den Frühlingsgarten führte. Ihnen zunächst standen Reihen weißer Blumen – auf der einen Seite Löwenmäulchen und Lilien, überragt von weißen Ackererbsen, auf der anderen Seite große weiße Dahlien hinter *Campanula lactiflora*, die schließlich den Platz für Astern sowie blaues und mauvefarbenes Delphinium räumten. Jekyll liebte die Kirchturmform und die wollig-silbernen Blätter »der beiden großen Königskerzen, *Verbascum olympicum* und *Verbascum phlomoides*«. In der Hauptrabatte stufte sie die Farben ab – von den kühlen Tönen der Königskerzen zum stärkeren Gelb von *Achillea, Rudbeckia* und gelben Dahlien. In der Mitte der Rabatte gingen die Gelb- in Orange- und Rottöne über: Fackellilien standen in Massen vor tiefroten Malven; Dahlien von der »Orange Fire King« bis zur »Cochineal« verblaßten zu den orangefarbenen Tönen der Taglilien.

Jekyll war berühmt dafür, daß sie ihre Rabatten mit dem Auge der Malerin komponierte, mit Farben, die allmählich das Spektrum durchwandern. Die Freundschaft mit dem impressionistischen Maler Hercules Brabazon und ihre Vertrautheit mit den komplizierten Regeln der Farbenlehre, die auch ihre Zeitgenossen Monet, Pissarro und Cézanne beeinflußten, schlugen sich in ihren Bepflanzungsplänen nieder. Allerdings mußte in der Gartengestaltung (anders als in der Malerei) darauf geachtet werden, daß die Farbe einer Blume sich auf dem Weg von der Knospe zur welkenden Blüte verändert und auch das Blattwerk dem Einfluß der Jahreszeiten ausgesetzt ist. Jekyll war selbstsicher und geschickt im Gebrauch starker Farben, aber diese wurden niemals als grelle, isolierte Flecken eingesetzt. Sie intensivierten sich allmählich in einer Art Crescendo und ließen dann wieder nach. Im Frühlingsgarten standen, wenn man vom Hauptgarten kam, zunächst Massen roter Tulpen, die mit orangefarbenen Kaiserkronen und dem milderen braunen Goldlack harmonisierten. Farbtheoretiker wie Michel Chevreul rieten den Künstlern, sich ihre Inspirationen bei der Natur zu holen, die Kombinationen starker Herbsttöne zu studieren, um eine harmonische Wirkung zu erzielen. Hier war Jekyll im Vorteil. Chevreul schrieb eine Hierarchie spezifischer Farbkombinationen vor, einen Satz von Regeln, deren Befolgung als unerläßlich galt, wenn das Resultat schön sein sollte. Weiß war die Farbe des Lichts und machte alle Dinge schöner, so sein Dekret, und die Kombination von blassem Blau und Weiß war sublim.

Diese Theorien galten allerdings für Maler mit ihren zweidimensionalen Kompositionen. In der Gartengestaltung hat Weiß einen verkürzenden Effekt, und bei mildem Licht hat es eine dominante Luminosität. In einem Brief aus dem Jahre 1913 an eine amerikanische Kollegin äußerte Jekyll sich über die Grenzen von Chevreuls Theorien:

»Diese französische Tabelle ist bis zu einem gewissen Grade hilfreich, aber als ich sie vor ein paar Jahren durchsah, konnte ich nicht umhin zu denken, daß sie in gewisser Weise in die Irre führt, weil sie in vielen Fällen versucht, das Undefinierbare zu definieren.«[19]

Ihr Triumph war die Anpassung komplizierter künstlerischer Theorien an einen großen Maßstab und einen dreidimensionalen Kontext, der den sich wandelnden Bedingungen von Licht und natürlichem Wachstum unterworfen war. In ihren Rabatten wurde Weiß an den äußersten Enden eingesetzt, um eine Komposition einzufassen und zusammenzuhalten. Es wurde in Gestalt von Kletterrosen und Klematis über Mauern gezogen oder zu Girlanden geschlungen. Jekyll lehrte, daß die Gärtner, wenn es um den Anblick einer Farbe aus der Entfernung geht, zwischen ihrem Wissen von der jeweiligen Farbe und ebendieser Farbe, wie sie wirklich erscheint, differenzieren müssen. Sie selbst, so sagte sie, verwendete zu diesem Zweck ein großes Blatt mit einem Loch darin, »wobei ich zuerst ohne diesen Blattrahmen in die Ferne schaue, um zu sehen, wie gut ich die Farbe in der Entfernung wirklich bestimmen kann. Vor allem im Herbst, wenn die Luft voller Dunst ist, ist die soeben aufgeworfene Erde am fernen Ende eines umgepflügten Feldes bläulich-purpurfarben, während sie vor deinen Füßen sattbraun ist«.

Über die Wirkung der Entfernung auf Farben muß sie auch mit Ruskin gesprochen haben. Einer ihrer Gärtnerkollegen erinnerte sich später, daß Jekyll ihn nach der Farbe des in der Ferne wachsenden Grases gefragt und von ihm die Antwort erhalten hatte, es sei grün: »Und Miss Jekyll sagte, sie habe genauso geantwortet, als John Ruskin ihr diese Frage stellte. ›Nein, es ist nicht grün, sagte mir Mr. Ruskin‹, meinte Miss Jekyll. ›Wenn Sie dieses Gras malen müßten, dann wäre Grün nicht die Farbe, die Sie aus Ihrem Wasserfarbenkasten nehmen würden. Es wäre ein Schlüsselblumengelb.‹ «[20]

Jekylls Gärten waren in ihrer Komplexität und in der Folge ihrer Wirkungen einer Symphonie ähnlicher als einem Gemälde. Ihre Sachkenntnis als Pflanzerin, ihre Fähigkeit, große Staudenrabatten zu planen, die sich wie durch Zauber zu harmonischen Konfigurationen von Farben und Formen auswuchsen, und ihre meisterhafte Planung eines Gartens als Folge spektakulärer Ansichten machten sie zu einer ehrfurchteinflößenden Figur in der Gartengeschichte, vor allem wenn man bedenkt, daß so vieles an ihrer Arbeit die reine Erfindung war. Es gab keinen Gartenplaner, den sie hätte studieren und nachahmen können. Ihr Erfolg gründete auf dem Verständnis der individuellen Bedürfnisse der Pflanzen, das sich zu einer Art von Empathie auswuchs, und auf genauer Beobachtung. Sie verstand die Stärken und die schwachen Punkte jeder Pflanze und gab ihr die ideale Umgebung, in der sie wachsen konnte. Es gab für sie »keinen Flecken Erde, und sei er noch so arid, kahl oder häßlich, der nicht in einen Zustand gebracht werden kann, der den Eindruck von Schönheit und Freude vermittelt. Das ist nicht immer leicht zu machen; viele Dinge, um die es sich verlohnt, lassen sich nicht leicht tun; aber es gibt unter natürlichen Bedingungen keinen Ort, der sich nicht durch die geeignete Vegetation anmutiger machen ließe«.

Sie war entschlossen, jeden Teil des Gartens zu verschönern, vom Koksplatz bis zum Geräteschuppen:

»Schuppen, die ansonsten unschön wären, können mit kletterndem Wein und Jasmin und mit Klematis ... ansehnlich gemacht werden. Was mich betrifft, so wünschte ich, ich hätte mehr solcher Plätze, um mehr Spielraum für solche Bepflanzungen zu haben; während ich in anderen Gärten im Geiste stöhne, wenn ich sehe, wie viele Gelegenheiten hier vertan worden sind und wie die Unansehnlichkeit das Szepter schwingt, wo es doch so schöne Bilder geben könnte.«[21]

Am schmalen Ende der Hauptrabatte befand sich ein von Eiben gerahmter steinerner Gartensitz. Hier konnte Jekyll sitzen und die Rabatte in ihrer ganzen Länge betrachten. Auf der einen Seite dieses Sitzes setzte eine Pergola die Achse der Hauptrabatte fort. Eine Nußbaumallee, unterpflanzt mit schattenliebenden Anemonen, Nieswurz und Schlüsselblumen, flankierte einen breiten und geraden Weg an der Westseite des Hauses. Parallel dazu lagen die Asternbeete, die im Spätsommer ihre Wirkung zeigten:

»Wo man Platz dafür hat, ist es gut, eine eigene

Rabatte allein für diese schönen Pflanzen anzulegen. Hier nehmen sie eine doppelte Rabatte ein ..., gepflanzt und reguliert mit dem doppelten Ziel der Form- und Farbschönheit.«

Das größere weiße *Chrysanthemum uliginosum* wurde zusammen mit Varietäten von *Aster novi-belgii* gepflanzt. Nur der Mangel an einem geeigneten Platz, schrieb Jekyll, hinderte sie daran, mehr Sonderflächen mit Pflanzen zu besetzen, die nur während einer begrenzten Zeit des Jahres interessant waren. In Munstead gab es einen Schlüsselblumen-, einen Päonien- und einen Asterngarten. Zusätzlich hätte sie gerne auch Gärten ausschließlich für Tulpen, Nelken, Akelei, Farne und Goldlack gehabt, auch den eher konventionellen Rosengarten, wenn der Platz und die Mittel es erlaubt hätten. Über den Asterngarten schrieb sie:

»Die Freude an einem solchen abseits und für sich liegenden Garten ist besonders groß, denn die Zeit seiner größten Schönheit ist gerade die Zeit, zu der der Rest des Gartens müde und erschöpft aussieht... die frische, klare, lebhafte Färbung der violetten, purpurfarbenen und weißen Blumen ist wie ein plötzlicher Wechsel vom hinfälligen Alter zur strahlenden Jugend, von der Düsternis des späten Herbstes zur Lust der vollen Frühlingszeit.«

Jekyll machte sich ihre eigenen strengen Gärtnerregeln. Von irgendwelchen abgekürzten Verfahren hielt sie nichts. Zeitig in jedem Frühjahr wurde jede Pflanze in der Asternrabatte herausgenommen und geteilt. In ihre veröffentlichte Liste der »Dinge, die getan werden sollten« nahm sie die Praxis auf, so viele Exemplare einer einzelnen Spezies wie möglich zu ziehen, so daß sie zur Blütezeit beurteilen konnte, »welche wirklich die schönste und beste war; denn proportional oder sogar überproportional zur kritischen Würdigung kommt die Intoleranz gegenüber wertlosem Zeug«.[22] Sie schrieb, die Regale voller hilfreicher Gartenbücher, »die es in meinen jungen Jahren nicht gab«, seien kein Ersatz für das praktische Experiment im Garten, und tadelte ihre Leser:

»Jetzt, wo die Auswahl so groß ist, sollten wir es nicht zulassen, daß eine geistige Trägheit unserem Denken und Beobachten und Vergleichen im Weg steht, damit wir zu einer gerechten Würdigung der Vorzüge und Verwendungsmöglichkeiten aller unserer Gartenpflanzen kommen.«

Sie hielt auch nichts von impulsiven Käufen, auch wenn es sich um Lieblingspflanzen handelte:

»Auch ich möchte sehr viel mehr Pflanzen setzen als ich habe, aber ich finde keinen Platz, wo mein kritisches Gartengewissen mir irgendeine Pflanze zugesteht, die ich besser nicht haben sollte. Es ist besser für mich, mir das Vergnügen ihres Besitzes zu versagen, als das Schuldgefühl zu ertragen, daß ich sie an einen Ort gesetzt habe, wo sie weder sich selbst gerecht wird noch mit ihren Nachbarn auskommt und wo sie mir jedesmal Vorwürfe macht, wenn ich vorbeikomme.«[23]

Sie äußerte sich auch über die Verrücktheit vieler ihrer Kunden, die, nachdem sie ihre Lieblingspflanzen schon gekauft hatten, von ihr wissen wollten, wohin sie sie denn nun setzen sollten. Ihre Antwort war typisch für sie, die keinen Kompromiß einging: »Das ist nicht die Art und Weise, in der ich Ihnen helfen kann; zeigen Sie mir den Platz, den Sie haben, und dann werde ich Ihnen sagen, welche Pflanzen Sie dafür anschaffen sollten.«

Damals, als die Gartenplaner sich alle kannten und gegenseitig besuchten, wurde Munstead Wood ebenso

RECHTS*: Die Nordansicht von Munstead Wood mit dem schattigen Hof hinter dem Teichgarten und der neuen Birke am Kenotaph von Sigismunda rechts vom Asternweg.*

wie Gravetye Manor zu einem der einflußreichsten Gärten seiner Zeit. George Samuel Elgood malte es ebenso wie die mit Jekyll und mit Kate Greenaway befreundete Künstlerin Helen Allingham. Zu den vielen Besuchern zählten H. Avray Tipping, Ellen Willmott und Edward Hudson, der Begründer der Zeitschrift *Country Life*, der später ein sehr eifriger Kunde von Jekyll und Lutyens wurde. Als Jekylls Sehvermögen sich verschlechterte und sie immer weniger gewillt war, sich mehr als ein paar Meilen von Hause fortzubewegen, kamen Kunden und Interessenten nach Munstead Wood, um ihre Dienste als Gartenentwerferin in Anspruch zu nehmen, so daß der Garten eine Quelle ständiger Referenz und Inspiration wurde. Ein enges Netz gesellschaftlicher Verbindungen sorgte dafür, daß potentielle Kunden für Gartenentwürfe und Landhäuser von Jekylls Arbeit wußten. Manche allerdings, wie Lady Chance, die insofern ihren Namen zu Recht trug, entdeckten Jekylls und Lutyens' Arbeit durch Zufall. Die Chances hatten 1897 ein benachbartes Territorium gekauft und sich Entwürfe für ein Landhaus anfertigen lassen, aber was ihr Architekt plante, mißfiel ihnen so sehr, daß sie den Gedanken an den Hausbau schon beinahe aufgegeben hatten, als »ein Wunder geschah... Wir liefen einen sandigen Weg entlang und sahen ein Haus, das fast fertig war, und auf einer Leiter eine stattliche Gestalt, die einigen Arbeitern Anweisungen erteilte. Das Haus war eine Offenbarung an Schönheit und Charme; etwas Ähnliches hatten wir nie zuvor gesehen«.

Die Gestalt, die nun die Leiter wieder hinunterstieg, war Gertrude Jekyll.[24] »Später, in der Folge dieser Begegnung, wurden wir Besitzer eines Lutyens-Hauses (Orchards) und eines Jekyll-Gartens.«

Der Wunsch der Öffentlichkeit, den berühmten Garten zu sehen, war so groß, daß Jekyll zehn Jahre nach dem Bau des Hauses an eine Freundin schrieb:

»Mit den Besuchern ist es schon seit vielen Jahren eine schwierige Sache. Ich habe versucht, was Du vorgeschlagen hast (auf die Eintrittsgebühr zu verzichten), aber ich stelle fest, daß es ganz sinnlos ist, es mit dem einen festen Tag zu versuchen. Wenn man ihnen irgendeinen Tag anbietet, dann glauben die Leute, sie hätten ein Recht darauf zu kommen, und dann kommen sie, wie es ihnen paßt.«

Viele Besucher, so klagte Jekyll, kamen aus bloßer Neugier und nicht etwa aus Interesse an dem, was sie zu erreichen versuchte. Sie schrieben und kamen aus aller Welt und trieben Jekyll in einen traurigen Zustand: »Du machst Dir keine Vorstellung, was ich unter der Beharrlichkeit von Amerikanern und Deutschen und von Journalisten gelitten habe... Um meiner Gesundheit willen bin ich letzthin dazu übergegangen, bis auf alte Freunde alle Leute abzuweisen.«[25] Allerdings waren nicht alle ihre amerikanischen Besucher hartnäckig oder unwillkommen. Jekyll fand in Nordamerika eine begeisterte und einfühlsame Leserschaft für ihre Gartenbücher, und während Europa sich in den Ersten Weltkrieg verstrickte, wurden ihre Philosophie und ihre praktischen Anleitungen in Amerika mit großem Erfolg interpretiert und in die Tat umgesetzt.

Auch wenn sie nur sehr wenige Gärten für amerikanische Kunden entwarf und diese Entwurfstätigkeit auf dem Schriftweg stattfand, so gewährleisteten doch die Mittel und Maßstäbe, die in Amerika vorhanden waren, und die progressive Einstellung der dortigen Gartenkunden, daß ihre Ideologie ohne Unterbrechung interpretiert und weiterentwickelt wurde, auch nachdem der Krieg in Europa das schöne Bild des ländlichen englischen Gartens zerstört hatte. Jekyll feuerte ihre amerikanischen Nachfolger geradezu an. Sie reiste niemals nach Amerika, aber die Bedeutung ihrer Bücher, ihre geduldige und wohlwollende Haltung gegenüber zumindest einigen der amerikanischen Besucher in Munstead Wood sowie die Korrespondenz mit amerikanischen Gärtnern trugen ihr die Ehrenmedaille der Massachusetts Horticultural Society ein. An Francis King in Michigan schrieb sie:

»Es ist eine große Freude und eine reiche Belohnung für die langen Jahre der Mühe und Arbeit, solche Sympathie und Anerkennung zu finden. Ich bin sehr froh zu wissen, daß Sie mir mit Ihren Schriften und Vorträgen über das Gartenwesen aus dem Herzen sprechen.«

Im darauffolgenden Jahr erklärte sie sich bereit, ein Vorwort zu Kings Buch *The Well-Considered Garden* zu schreiben, und nachdem King ihr ein Buch über amerikanische Gärten geschickt hatte, lobte sie die italianisierenden Gärten von »Drumthwacket« in Princeton und schrieb, die italienischen Vorbilder seien für das kalifornische Klima besonders geeignet.

Jekylls Korrespondenz mit King bezeugt ein lebhaftes und nachfragendes Interesse am Klima, den Bedingungen und der heimischen Architektur eines Landes, das sie, die nun siebzig Jahre alt und in ihrem Sehvermögen stark eingeschränkt war, nicht mehr hoffen konnte zu sehen. Als Perfektionistin muß sie aber die Möglichkeiten erkannt haben, die Amerika in einer Zeit zu bieten hatte, in der es dem englischen Gartenwesen immer schlechter erging: »Es ist gut zu sehen, wie ernsthaft gute Gartenarbeit auf Ihrer Seite betrieben wird und daß man weder Mühen noch Kosten scheut.« Sie war angezogen von den »Häusern im alten Kolonialstil« und meinte, sie müßten zur Ruhe eines englischen Gartens gut passen, »denn die Zeit, zu der diese Häuser gebaut wurden, war eine Zeit der singulären Verfeinerung in allen Fragen des Bauens und der Dekoration – es herrschte jene schöne Mischung aus Würde, Bescheidenheit und Ruhe, die sich überall bemerkbar machte«.[26]

Im Jahre 1895, als Jekyll in The Hut lebte und das Haupthaus noch in der Planungsphase steckte, kam die amerikanische Gartenkünstlerin Beatrix Farrand zu Besuch nach Munstead Wood. In ihrer gesamten Laufbahn widmete Farrand sich der Weiterentwicklung der Farbharmonien und Bepflanzungsvorschläge, wie sie von Jekyll erdacht worden waren. Im Jahre 1948 erwarb Farrand den größten Teil von Jekylls Gartenplänen und bewahrte sie der Nachwelt, indem sie sie 1955 der University of California in Berkeley zum Geschenk machte.

Jekylls ehrfurchtsvolle Haltung gegenüber der Natur, die Entschlossenheit, ihren Entwurf den Gegebenheiten des jeweiligen Terrains anzupassen, die Entscheidung für Pflanzen, deren Bedürfnisse zum Grundstück und zum Boden paßten, und ihre Vision des Gartens als jährliche Abfolge sorgfältig orchestrierter visueller Erlebnisse – manchmal spektakulär, manchmal intim, immer von exquisiter Natürlichkeit – all das schuf ihr einen Platz im Herzen der *Arts-and-Crafts*-Bewegung. Ihre praktische Kenntnis der traditionellen ländlichen Handfertigkeiten und ihre Entschlossenheit, sie durch Fotografien, Beschreibungen und eigene Tätigkeit festzuhalten und für die kommende Zeit zu bewahren, erinnerten an die Anliegen, die Morris und Webb in der Society for the Protection of Ancient Buildings vertraten, auch wenn Jekyll sich nicht auf den Gedanken der Bewahrung bauhandwerklicher Fertigkeiten beschränkte. Wie Morris stand sie der Industrialisierung ablehnend gegenüber. Aber wo Morris Manifeste verfaßte und fahnenschwenkend durch die Straßen marschierte, war Jekylls Reaktion privater und persönlicher Art. Sie schrieb einen nichtveröffentlichten Roman mit dem Titel *The Death of Iron*, in dem ein plötzlich seiner Eisenvorräte beraubtes England sich genötigt sieht, zu elementaren Lebensgewohnheiten zurückzukehren.[27] In ihrer künstlerischen und kunsthandwerklichen Tätigkeit verkörperte Jekyll das *Arts-and-Crafts*-Ideal der Einheit der Künste. Als finanziell unabhängige Frau setzte sie sich ständig mit dem Vorurteil gegen einen professionellen Status der Frau auseinander, und sie erhob die Kunst der Gartengestaltung, die zuvor im wesentlichen die Domäne des professionellen Gärtners gewesen war, in den Rang einer gesellschaftlich akzeptablen Tätigkeit. Durch ihre Partnerschaft mit Lutyens setzte sie einen hohen und bis heute nicht überschrittenen Standard in der Integration von Haus und Garten. Die in Zusammenarbeit geschaffenen Entwürfe von Lutyens und Jekyll decken die Entwicklung des *Arts-and-Crafts*-Gartens vollständig ab, der sich ab 1906 in Richtung zunehmend formaler und manieristischer Effekte entwickelte. Damit war der Übergang von der

OBEN: *William Nicholsons Porträt von Gertrude Jekyll, von Lutyens 1920 in Auftrag gegeben.*

Arts-and-Crafts-Philosophie zu einem eigenen Stil erreicht, und der »*Arts-and-Crafts*-Stil« mündete schließlich in die Wiederbelebung des klassischen Gartens.

Jekyll ermöglicht uns einen interessanten Einblick in die romantischen Ideale ihrer Zeitgenossen, die hinter so vielen Aufträgen für das »bezaubernd einfache« *Arts-and-Crafts*-Landhaus standen. Im Zusammenhang mit dem »dear little Hut«, dem Kleinhaus, das Lutyens für sie entwarf, schrieb sie:

»Wie ich diese kleine und einfache Lebensart liebte, die schöne Abwesenheit aller Komplikationen, die Möglichkeit, ganz nahe an der Natur zu leben – ich kann es nicht besser ausdrücken –, die einem im Denken und im Tun mehr Freiheit zu lassen schien!«

Für Jekyll bestand ein eindeutiger Zusammenhang zwischen Gesundheit und dem einfachen Leben. Ihr Bett stand, wie sie schrieb, auf dem nackten Ziegelboden und unter der Dachschräge, so daß sie nachts auf das »musikalische, klingende Geräusch« des Regens hören konnte. Sie empfand dieses Leben keineswegs als mühselig, sondern schloß: »Die ganze Lebensweise war eindeutig gesund, denn in den zwei Jahren, die ich in dem Haus verbrachte, war ich nicht einen Tag lang krank und hatte nur einmal eine leichte Erkältung.«

Viele von Jekylls Zeitgenossen, Morris und Webb eingeschlossen, stellten fest, daß ihr Engagement für handwerkliche Tätigkeit und ehrliche Arbeit und ihr Abscheu vor den sozialen und ästhetischen Folgen der Industrialisierung unweigerlich zum sozialistischen Denken führten. Jekyll bot eine elegante Alternative. Sie dürfte gelesen haben, was zum Beispiel Walter Crane über den Müßiggang der Reichen geschrieben hatte. Sie selbst äußerte sich dazu wie folgt:

»Ich weiß nur, daß das reine Nichtstun für mein Gefühl und mein Gewissen eine Torheit oder etwas Schlimmeres ist und daß ich in der einen oder anderen Form das göttliche Gebot befolgen muß: ›Arbeite, solange du Licht hast‹.«

Ihre praktische Entschlossenheit, dicht an der Natur und in Harmonie mit den alten ländlichen Gewohnheiten zu leben, setzte ein lobens- und nachahmenswertes Beispiel für Frauen ihrer eigenen und der nachfolgenden Generationen, die sich angesichts der sozialen Veränderungen, die über sie hinwegfegten und über die sie keine Kontrolle hatten, desorientiert und geschlagen sahen. Der Rückzug aufs Land, und sei es nur über das Wochenende, hatte eine eigene Faszination. Für eine nicht unbeträchtliche Minderheit wog Jekylls Beispiel aber noch schwerer. In einer Zeit, in der spiritualistisches Gedankengut und alternative Religionen blühten, standen ihre Genügsamkeit, ihre Freude an schwierigen Aufgaben, ihre tiefe Gemeinschaft mit der Natur und nicht zuletzt ihre Ehelosigkeit für die Möglichkeit, daß die ernsthafte Beschäftigung mit dem Garten einen Weg zur Erlösung darstellen könnte.

Anmerkungen

1 Jane Brown, *Gardens of a Golden Afternoon*, Allen Lane, London, 1982, S. 23.
2 Zitiert in Francis Jekyll, *Gertrude Jekyll: A Memoir*, Jonathan Cape, London, 1934, S. 26.
3 *ibidem*, S. 27.
4 *ibidem*, S. 28-29.
5 *ibidem*, S. 30.
6 Zitiert in Francis Jekyll, op.cit., Fußnote S. 87.
7 George Leslie, *Our River*, S. 37.
8 Francis Jekyll, *Gertrude Jekyll: A Memoir*, Jonathan Cape, London, 1934, Vorwort von Sir Edwin Lutyens, S. 7.
9 Ursprünglich zitiert in Osbert Sitwell, *The Scarlet Tree*, 1946, S. 266.
10 Gertrude Jekyll, »About Myself«, *Gardening Illustrated*, 27. August 1927.
11 Zitiert in Mea Allan, *William Robinson 1838-1935*, Faber und Faber, London, 1982, S. 142-143.
12 Francis Jekyll, op.cit., S. 7-8.
13 Gertrude Jekyll, *Home and Garden*, Longmans, Green & Co., London, 1900; Reprint durch Antique Collectors' Club, 1982, S. 22.
14 *ibidem*, S. 220.
15 *ibidem*, S. 220.
16 *ibidem*, S. 106.
17 Wie Lutyens dazu kam, dieses Wort wieder einzuführen, schildert sein Sohn, Robert Lutyens, in *Sir Edwin Lutyens: An appreciation in perspective, by his son*, Country Life Ltd., London, 1942, S. 30.
18 Jane Browns Buch *Gardens of a Golden Afternoon* enthält die Bepflanzungspläne für einen Großteil der Beete in Munstead Wood.
19 Brief an Francis King, 19. August 1913, zitiert in Francis Jekyll, op.cit., S. 169.
20 Zu dieser Anekdote siehe die Ausführungen von Laurence Fricker über Dartington Hall in *Beatrix Jones Farrand (1872-1959), Fifty years of American landscape architecture*, Dumbarton Oaks, Trustees of Harvard University, Washington DC, 1982, S. 79.
21 Gertrude Jekyll, *Home and Garden*, Longmans, Green & Co., London, 1900; Reprint durch Antique Collectors' Club, 1982, S. 354.
22 *ibidem*, S. 344.
23 *ibidem*, S. 344-345.
24 Lady Chances Erinnerungen an Jekyll sind zitiert in Francis Jekyll, op.cit., S. 160-163.
25 Brief an eine Freundin vom 10. Juli 1908, zitiert in Francis Jekyll, op.cit., S. 136.
26 Dieser undatierte (vermutlich nach 1913 geschriebene) Brief von Gertrude Jekyll an Francis King ist zitiert in Francis Jekyll, op.cit., S. 170.
27 Über dieses Buch äußert sich Francis Jekyll, op.cit., S. 135.

KAPITEL 7

Natur und Tradition

Das Ideal einer Partnerschaft zwischen Architektur und Natur, beispielhaft verkörpert in der Arbeit von Jekyll und Lutyens, und die Kombination aus formalem Rahmen und einer Überfülle an natürlicher Bepflanzung wurden zum inhärenten Merkmal des *Arts-and-Crafts*-Gartens. Eine ehrfurchtsvolle Haltung gegenüber der Natur wie gegenüber den baulichen und handwerklichen Traditionen – als Indikatoren überkommener sozialer Strukturen und Anker der ästhetischen Integrität – war den *Arts-and-Crafts*-Künstlern gleichermaßen wichtig. Die sichtbaren Konsequenzen dieser Haltung verdeutlichen Gärten, hinter denen sehr unterschiedliche soziale Umfelder und politische Motivationen standen. Die Gärten von Earlshall, Hidcote und Rodmarton Manor lassen sich unter stilistischen Gesichtspunkten miteinander ver-

RECHTS: *Der sogenannte Lange Garten in Rodmarton Manor mit dem von Ernest Barnsley entworfenen Sommerhaus.*

gleichen. Die eingehende Beschäftigung mit den Ambitionen ihrer Auftraggeber und Entwerfer zeigt, daß das traditionelle *Cottage*, Schloß oder Herrenhaus sich für die Sache des romantischen Nationalisten, des modebewußten Gesellschaftsmenschen oder des Wegbereiters des Sozialismus vereinnahmen ließ und daß alle drei eine gewisse Loyalität gegenüber der *Arts-and-Crafts*-Bewegung für sich in Anspruch nehmen konnten.

In Schottland hatten sich die georgianischen und viktorianischen Strömungen in der Gartenkunst weniger stark durchgesetzt als in England, und um die Adelsschlösser lagen noch immer, seit Jahrzehnten vernachlässigt, die Reste altmodischer Gärten, wie sie bei Morris und seinen Zeitgenossen so begehrt waren. In einem dieser Schlösser, Kellie Castle, verbrachte Robert Lorimer (später Sir Robert Lorimer) seine Jugendjahre; es sollte einen tiefen Einfluß auf seine Entwicklung als Kunsthandwerker, Gartenkünstler und Architekt ausüben. Lorimer (1864-1929) wandte sich der Wiederbelebung einer Form der Gartengestaltung zu, wie sie in Schottland heimisch war. In den achtziger und neunziger Jahren beschränkte sich sein Interesse an den Gärten alter Schlösser nicht auf ihr altmodisch-romantisches Flair, wie dies zwei Jahrzehnte zuvor für Rossetti gegolten hatte, oder ihre archäologische Bedeutung als Ausweis der Launen und Traditionen früherer Generationen. Vielmehr ging es ihm darum, eine spezifisch schottische, auf einer jahrhundertealten Bautätigkeit gründende und den Anforderungen und Idealen des modernen Lebens angepaßte Ideologie des Entwerfens und Bauens zu entwickeln. Seine Gärten fanden großes Lob und übten einen erheblichen Einfluß aus, wobei auch ihre Entlegenheit zu ihrer Faszination beitrug.

Die Ursprünge von Kellie Castle, in der Nähe von Pittenweem in der Grafschaft Fife, lassen sich bis in die Mitte des 14. Jahrhunderts zurückverfolgen. Es war das Heim der Earls of Kellie, bis diese Linie im Jahre 1829 ausstarb. Danach fiel das Schloß der Vernachlässigung anheim. Ein gotisches Schloß in Ruinen hatte für die Viktorianer einen unwiderstehlichen Reiz. Das ging soweit, daß *Country Life* im Jahre 1906 den Details der bereits zwei Jahrzehnte zuvor erfolgten Restaurierung weniger Aufmerksamkeit schenkte als dem Zustand des Schlosses zu dem Zeitpunkt, da Robert Lorimers Vater »kam, sah und sich in das alte Haus verliebte, so wie es da stand, verlassen und desolat, inmitten eines Rübenfeldes«.[1] Der Artikel fuhr fort:

»Der größte Teil war den Krähen und den Eulen überlassen, die ihre Nester in den zerbröckelnden Schornsteinen bauten ... Große Löcher im Dach ließen den Regen und den Schnee herein, viele Fußböden waren nicht mehr intakt, alle Fensterscheiben waren zerbrochen, die Schwalben nisteten unter den Decken, die Decken selbst senkten sich und brachen in manchen Räumen ein. In den Zimmern wuchsen Löwenzahn, Gras und Nesseln, und Bäume wurzelten zwischen den Mauern.«

Robert Lorimer war vierzehn Jahre alt, als Kellie Castle an die Familie verpachtet wurde und die Restaurierung begann. Wie der fünf Jahre jüngere Lutyens war auch er als Kind immer wieder längere Zeit krank. Während der Bauarbeiten erholte er sich in Kellie von einer Scharlacherkrankung, und seine Aufmerksamkeit konzentrierte sich, vielleicht mit einer gewissen frustrierten Intensität, auf den Bau und seine historischen Besonderheiten. Er untersuchte den feinen Deckenstuck und fertigte maßstäbliche Zeichnungen des ganzen Hauses und der Innenräume an. Er schreinerte, schnitzte und studierte das Vokabular des alten schottischen Kunsthandwerks, bis es mit seinem individuellen Stil zusammenpaßte. Sein Bruder John (der später Maler wurde) zeichnete ihn, wie er, »die Ärmel hochgerollt, mit Hammer und Meißel zu Gang war«. Seinen ersten Gartenentwurf für Kellie fertigte Robert 1880 mit sechzehn Jahren an. Es handelte sich um einen mit Bleistift gezeichneten Plan, in dem sich eine frühe Tendenz bemerkbar machte, dem Architekten sozusagen von ferne die Kontrolle zuzugestehen. Neben die Klarheit und Objektivität, die seine spätere Planungstätigkeit auszeichneten, trat auch ein

OBEN: *Gemischte Rabatten begleiten den Grasweg zum Disteltor von Earlshall.*

vergleichbares Maß an praktisch-romantischer Leidenschaft für das Gärtnern.

Der Garten in Kellie war inspiriert von den ummauerten Gärten schottischer Schlösser des 17. Jahrhunderts. Zum Teil war er den aufgegebenen Resten eines Gartens abgewonnen, »den noch immer eine eingefallene Mauer umgab... eine Wildnis aus vernachlässigten Stachelbeersträuchern, knorrigen Apfelbäumen und altmodischen roten und weißen Rosen, die sich Sommer um Sommer mit sanfter Beharrlichkeit durch das Unkraut kämpften«.[2]

In Schottland gab es eine Tradition der ummauerten Einfriedung, die an einer oder zwei Seiten eines Schlosses entlanglief, während die Landschaft an den anderen Seiten bis an das Gebäude heranreichte. Diese Tradition hatte ihren guten Grund: Im rauhen schottischen Klima konnten die ständigen Winde buchstäblich die Büsche aus dem Boden reißen. Indem man den Garten an die geschützte Seite des Schlosses legte und mit hohen Mauern umzog, konnte man günstigere Wachstumsbedingungen schaffen. In einem solchen Klima und mit dem dramatischen Hintergrund hoher Schloßmauern wurden leicht romantische Assoziationen vom Garten als einem magischen oder spirituellen Heiligtum wachgerufen, wie Lorimer 1899 schrieb: »Ein Garten ist eine Art Heiligtum, eine Kammer, deren Dach der Himmel ist; der Garten ist eine kleine Freude der Seele, und durch sein Tor kann die Welt ausgeschlossen bleiben.«[3] Die steinernen Gartenmauern von Kellie wurden wieder aufgerichtet und Obst und Gemüse zwischen die Blumen in ihrer Einfriedung gepflanzt, wiederum im Einklang mit schottischen Traditionen:

»Diese Überraschungen – die kleinen Gärten im Garten, die Monatsgärten, die Eibenallee, auch der Küchengarten, und nichts, dessen man sich schämen, das man vom Haus weghalten müßte ...«[4]

Lorimers Garten in Kellie war nicht von kunstvollen architektonischen Elementen geprägt. Es gab keine Terrassen, keine Kaskaden steinerner Stufen. Hauptsächlich natürliche Elemente verliehen ihm seine Struktur, so als hätte Lorimer schon als Heranwachsender die Grundregeln des Gärtnerns für sich formuliert. Viel später, 1899, brachte er sie in einem Vortrag zu dem Thema »On Scottish Gardens« vor der Architectural Association zu Gehör, in dem er erklärte, die Achsen des Gartens seien definiert durch »einander schneidende Wege von kurzem Gras, zu beiden Seiten Rabatten mit den leuchtendsten Blumen, dahinter niedrige Spaliere voller schimmernder Äpfel«. Lorimers Bruder John berichtete, daß Robert »den langen Grasweg mit einem kreisförmigen Zentrum entwarf, für das ich ein von einem Schiff bekröntes Astrolabium fand«. Am Ostende des Gartens gab es »einen entzückenden kleinen Eibengarten mit Hecken, die wie Vögel geformt waren, und mit einer Säule, auf der Amor mit Pfeil und Bogen stand«. Hohe Buchsborten trennten die Rasenwege von den mit Massen »einfacher Blumen« bepflanzten Rabatten. Gertrude Jekyll beschrieb den Garten 1904 in seinem fertigen Zustand in ihrem Buch *Some English Gardens* und zeigte sich beeindruckt von den in »großen freien Gruppen« stehenden Malven und von der Fruchtbarkeit des Ortes:

»Wie die Blumen in diesen nördlichen Gärten gedeihen! Hier müssen sie unbedingt zu großer Höhe wachsen, um auf das Niveau der hohen Buchsborte zu kommen. Aber der Klatschmohn, im Herbst gesät, wird vier Fuß hoch, und die neuen Sorten von Löwenmäulchen bringen es auf fünf und sogar auf mehr als sechs Fuß Höhe.«

Jekylls Schilderung basierte mit Sicherheit auf Gemälden von George Samuel Elgood, der ihr Buch illustrierte, und auf Gesprächen mit Lorimer, nicht aber auf einem Besuch. Sie beschränkte sich in ihrem Bericht auf allgemeine Empfehlungen für große Pflanzen, die sich in buchsgesäumten Rabatten gut machten: Glockenblumen, Lilien, Astilben, die bläulichen Blätter und fedrigen Blütenköpfe von *Bocconia* (jetzt *Macleaya*) *cordata* zusammen mit Akeleien, die zeitig im Jahr in Blüte kamen.

Kellie war berühmt wegen seiner Rosen. Laut *Country Life* brachen sie »wie eine Woge über den Sommergarten«, und Jekyll schrieb:

»Manche von ihnen ... wachsen buschig und in Mengen; manche stehen gern aufrecht; manche lieben es, an Bäumen hinauf- und über Hecken zu wachsen; andere ziehen sich am Boden entlang und wachsen sogar nach unten. Manche sind zart und brauchen eine warme Mauer; manche ertragen strenge Kälte; manche blühen den ganzen Sommer lang, andere nur während einer Saison.«

In Kellie, so schrieb sie, wurden die Rosen geradezu in die Höhe getrieben: »Das Gerüst besteht aus einem Ständer in der Mitte, an dem Reifen hängen, einer über dem anderen. Die Rose wächst an dem Gerüst nach oben und hängt nach allen Seiten über.« Rosen wurden auch über Bögen und zwischen Obstbäumen gezogen sowie in gemischten Rabatten zwischen Gemüsebeeten gepflanzt.

In *Some English Gardens* lobte Jekyll die Brüder Robert und John Lorimer als »Künstler von höchster Begabung ... Sie haben für diesen wunderbaren Ort getan, was unermeßlicher Reichtum in weniger geschickten Händen nicht hätte tun können«. Als ihr Buch veröffentlicht wurde, hatte sie drei Bepflanzungspläne für Häuser der Lorimers gezeichnet.[5] Im privaten Kreis allerdings sagte sie, daß »es ein Unterschied wie zwischen Quecksilber und Nierentalg ist, ob man mit Ned (Lutyens) oder mit Lorimer arbeitet«.[6] Lorimers Gärten wurden im Lauf seiner Karriere pedantischer. Die frühen Beispiele waren allerdings inspiriert von einem poetischen Verständnis der schottischen Adelstraditionen und einer Sensibilität für die Reste alter Gärten, das Ganze zwanglos verbunden mit modernen Bepflanzungsideen.

Lorimers Engagement für die Restaurierung von Kellie und die Wiederherstellung seines Gartens ließen einen Freund der Familie, Robert Mackenzie, auf ihn aufmerksam werden. Mackenzie hatte 1890 das elf Meilen von Kellie entfernte und sehr reparaturbedürftige Nachbarschloß Earlshall erworben. Zu dieser Zeit beendete Lorimer seine Architektenausbildung in London. Er hatte sich im Büro von George Bodley gute Kenntnisse der *Arts-and-Crafts*-Grundsätze erworben, auch wenn ihm J.D. Seddings Vortrag über »The Architectural Treatment of Gardens« entgangen war. (Dieser Vortrag wurde vor der *Art Workers' Guild* gehalten, und Lorimer war skeptisch gegenüber der von der *Guild* vertretenen »künstlichen Ungeschliffenheit«.) Dagegen dürfte er Seddings soeben veröffentlichtes Buch *Garden-Craft Old and New* gekannt haben und mit der Ideologie der *Guild* sowie mit einigen ihrer führenden Mitglieder bekannt geworden sein. Als Robert Mackenzie ihm mit der Restaurierung von Earlshall und der Planung eines neuen Gartens innerhalb des ummauerten Areals seinen ersten selbständigen Auftrag erteilte, konnte Lorimer seine Ausbildung im Büro des verstorbenen James Maclaren abschließen und sich in Edinburgh selbständig machen.

Der Garten von Earlshall ist eine der sprechendsten und vollständigsten Äußerungen der *Arts-and-Crafts*-Bewegung. Lorimer arrangierte traditionelle Elemente, die mit dem turmbewehrten Haus des 16. Jahrhunderts in Einklang standen, zu einer Folge miteinander verbundener, teils großartiger, teils eher intimer und geheimnisvoller Gartenräume. Er setzte Blumenrabatten zwischen die Nutzflächen des Gartens, auf

RECHTS: *Gartenplan, Earlshall/Fife. Entworfen ab 1892 von Robert Lorimer.*

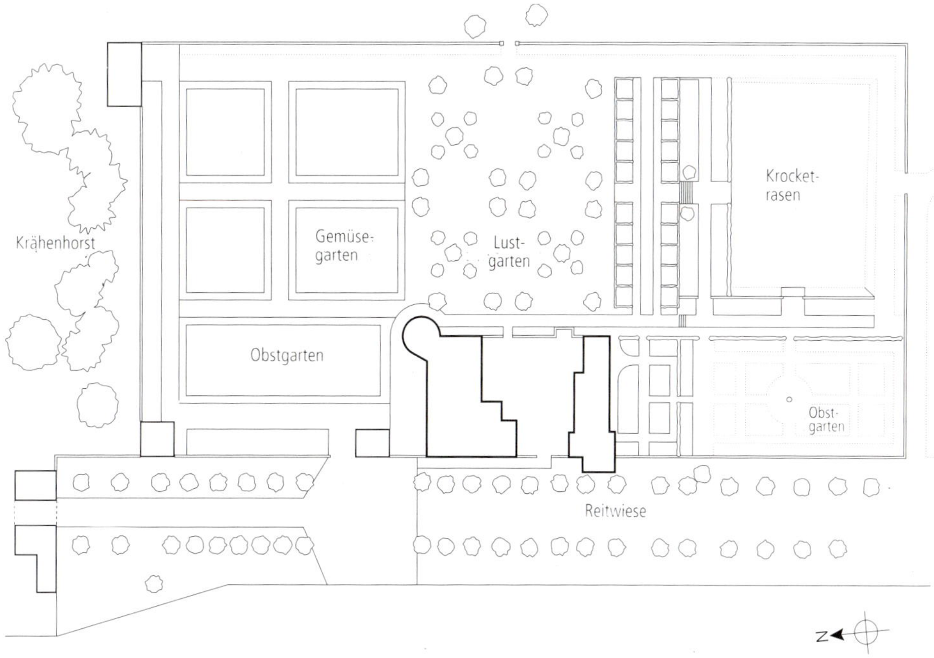

denen Obst, Gemüse und Kräuter wuchsen, und verband den Küchengarten durch lange Sichtachsen mit dem Krocketrasen und der jenseits davon liegenden Rosenterrasse. Lorimer hatte freie Hand und ein großzügig bemessenes Budget, um diesen exquisiten Garten auf dem Areal eines Kartoffelackers zu erschaffen. Der alte ummauerte Garten, der vermutlich aus dem frühen 17. Jahrhundert stammte, war von Pächtern umgepflügt worden, die hier Gemüse anbauten und ihr Vieh weiden ließen, bevor Mackenzie das Schloß erwarb. Lorimer ging es darum, die ursprüngliche Struktur wiederherzustellen: »Auf der einen Seite der natürliche Park bis an die Mauern des Hauses, auf der anderen Seite tritt man unmittelbar in den umfriedeten Garten hinaus; aber was für ein Paradies kann man aus einem solchen Ort machen.«[7]

Das Schloß saß wie ein Tafelaufsatz in der Westmauer des Gartens. An den anderen drei Seiten wurden die grauen Gartenmauern des 16. und 17. Jahrhunderts repariert oder neu errichtet, so daß sich ein perfektes Rechteck ergab. Die so umschlossenen etwa anderthalb

OBEN: *Lorimer entwarf auch Details der Innenausstattung, u.a. Buntglasfenster, für Earlshall.*

RECHTS: *Das Torhaus, 1901 von Lorimer als imposanter Eingang in den Bereich von Schloß und Garten entworfen.*

Hektar Land wurden in fünf große Areale, vergleichbar den Räumen eines Hauses, unterteilt und durch lange Terrassen aus grauem Stein und breite, von Eiben- und Stechpalmenhecken gesäumte Korridore miteinander verbunden. Nach Lorimers ursprünglichem Plan hätte der Blick aus dem Schloß auf ein formales Parterre gehen sollen. Er änderte seine Absicht, nachdem er in Edinburgh einen alten Garten mit ausgebildeten Buchsfiguren entdeckt hatte. Dem Chefgärtner in Earlshall wurden fünf Pfund für jeden Baum in Aussicht gestellt, der anwurzeln würde – ein Vermögen für einen Gärtner. Zwischen 1894 und 1896 erlebten sämtliche 36 ausgereiften Eiben ihre erfolgreiche Verpflanzung. Sie wurden in regelmäßigen Intervallen gesetzt und bildeten vor der Fassade des Schlosses vier Schrägkreuze. Üblicherweise wurden Zierbäume in Rabatten gezogen, häufig unterpflanzt mit einjährigen und perennen Blumen; in Earlshall wurden sie dagegen direkt in den Rasen gebracht und sitzen dort wie Schachfiguren auf ihrem Brett. Natha-

RECHTS: *Earlshall vom Buchsrasen aus gesehen. Der Eintritt in den Garten erfolgt über den dunklen Hof zwischen Dummy Daws (links) und dem Schloßgebäude.*

niel Lloyd, der Earlshall besuchte, bevor sein eigener aus dem 15. Jahrhundert stammender Besitz, Great Dixter in Sussex, umgebaut wurde, soll von dem mit den Zierbäumchen besetzten Rasen so beeindruckt gewesen sein, daß er Lutyens bat, die Idee zu kopieren.[8]

Der Zugang zu Earlshall und seinem dramatischen Garten wurde mit feinem Gespür für die Wirkung verschatteter, geheimnisvoller Bezirke in unmittelbarer Nachbarschaft offener, im vollen Licht sich offenbarender Räume geplant. Lorimer entwarf 1901 ein großes steinernes Torhaus, das den Eingang in den Schloßbereich markierte und in seiner Massigkeit sozusagen über das Eintreten aus dem gesprenkelten Schatten eines kopfsteingepflasterten Hofs in die plötzliche Helligkeit einer langen und geraden Lindenallee wachte. Da das Torhaus sich an der Nordseite des Terrains befindet, tritt der Besucher unweigerlich aus dem Schatten ins Licht – aus den mittelalterlichen Assoziationen von Kopfstein und Strenge in die Weite eines gepflasterten Wegs und einer verfeinerten Ordnung. Im Schloßbereich angekommen, sieht er sich einem weiteren eindrucksvollen Kontrast gegenüber. Die Westseite der Lindenallee grenzt an offene Wiesen, auf denen Vieh weidet. An der Ostseite erheben sich die hohen Mauern von Schloß und Garten. Anstatt an der Schloßmauer zu enden, verläuft die Allee parallel dazu und auf eine Öffnung zu, die in waldiges Terrain führt. An einem auf halber Strecke im Pflaster markierten Punkt wird dem Besucher ein kurzer Weg nach links in Richtung eines zweiten Eingangs angeboten, mit dem sich die Vorstellung einer alten befestigten Anlage verbindet: ein schmaler Durchgang mit einem vergitterten Fenster, durch das der Zutritt gewährt oder versagt werden könnte.

Wenn der Besucher, aus dem Sonnenschein kommend, den Durchgang passiert hat, sieht er sich in einen schattigen Brunnenhof versetzt, der auf drei Seiten von den Mauern des Schlosses und eines kleinen Hauses eingeschlossen wird, das als »Dummy Daws« bezeichnet wird, weil es im 18. Jahrhundert einem

GANZ OBEN: *Der beim Torhaus von Earlshall beginnende und parallel zur Gartenmauer verlaufende Weg.*

OBEN: *Robert Lorimers elegante Laube am Ende des Eibenwegs.*

RECHTS: *Die Rosenterrasse von Earlshall. Rechts der Krocketrasen, links der von hohen Hecken umschlossene Obstgarten.*

stummen Kutscher namens Daws als Wohnung gedient haben soll. Lorimer entwarf eine niedrige Balustrade an der vierten Seite des Hofs, welche die Grenze zwischen dem alten und dem neuen Gartenbereich markiert und den Blick auf die beschnittenen Eiben des jenseits liegenden Rasens gestattet. Durch eine Öffnung in dieser Balustrade tritt der Besucher erneut aus dem Schatten in das Sonnenlicht und aus der Enge eines kopfsteingepflasterten Hofs auf einen breiten Weg, der die Sicht nach Süden und Osten in die Weite des Gartens freigibt. Der Garten offenbart sich in Sequenzen und lädt zu immer neuer Erkundung ein. An den buchsbesetzten Rasen schließt südlich ein langer gerader Eibenweg an, den man zunächst versucht ist, in seiner ganzen Länge zu passieren, um am Ende bei der gebogenen hölzernen Bank im Schutz ihrer steinernen Laube anzukommen. Beim Begehen stellt man fest, daß sich in der scheinbar durchgehenden Wand aus Eiben eine Reihe kleiner, durch Vorsprünge voneinander separierter Lücken öffnet, in denen ursprünglich altmodische Blumen wuchsen – Rittersporn, Phlox, Iris und Lilien.

Von diesem Eibenweg aus öffnet der Garten sich erneut mit Stufen, die zu einem ausgedehnten versunkenen Krocketrasen hinunterführen, den spektakuläre Staudenbeete säumen. Lorimer entwarf eine Rosenterrasse als Fortsetzung des vom Brunnenhof kommenden Pfades, die sich als lange niedrige Mauer auf der einen Seite des Rasens hinzieht. Damit ist der Rasen auf drei Seiten von Mauern und auf der vierten von der hohen beschnittenen Eibenhecke umzogen. Kletterrosen ziehen sich über die Mauern, und ein Sommerhaus steht in einer Ecke. Westlich der Terrasse zieht sich ein Obstgarten hin, dessen in Reihen stehende Bäume mit Frühlingsblühern unterpflanzt sind. Dieser Obstgarten war ursprünglich durch gerade Graswege unterteilt, die parallel zur Hauptachse des Gartens verliefen. In seinem Zentrum erhob sich ein Erdhügel mit einer Sonnenuhr, den man durch gebogene Öffnungen in den Stechpalmen- und Eibenhecken als fernen Bezugspunkt vom Krocketrasen und

von einem kleinen Garten neben Dummy Daws aus erblickte.

Die majestätischen Buchsformen in der Mitte des Gartens bilden ein Echo auf die massiven Schloßmauern. Sie antworten, wie man in der Sprache des Gartenkünstlers sagen könnte, auf die geheimnisvolle Ausstattung des Schlosses mit Alter und Unbesiegbarkeit. Aus der Höhe, von den Schloßfenstern aus gesehen, scheint es, als könnten sie in der Nacht ganz gelassen den Platz miteinander tauschen. Lorimer entwarf ein elegantes Eingangstor am fernen Ende des Buchsrasens, durch das man in das anschließende Wäldchen gelangte. Unter seinem gartenseitigen Giebel steht ein Shakespeare-Zitat: »Here shall ye see no enemy but winter and rough wheather« (»Hier sollst du außer dem Winter und dem rauhen Wetter keinen Feind sehen«); auf der anderen Seite lautet die Inschrift: »He who loves his garden still keeps his Eden« (»Wer seinen Garten liebt, hat sich sein Paradies bewahrt«). Earlshall liegt nahe am Meer, und oberhalb der Lettern befindet sich ein Muschelmotiv. Der Giebel wird überragt von einem merkwürdigen steinernen Phallus, dessen Sinn sich der Deutung entzieht.

Nördlich des Buchsrasens liegt der Küchengarten, nicht den Blicken entzogen, sondern als Fortsetzung der Hauptachse des Gartens. Vier quadratische Beete, gerahmt von Obstbäumen, die zum Spalier gezogen sind, bilden ein von breiten Graswegen durchzogenes größeres Quadrat. In den Beeten stehen Gemüse und Blumen beisammen. Für die Nordwestecke des Gemüsegartens entwarf Lorimer eine Art zweistöckiges Leibgedingehaus. Im Erdgeschoß diente ein mit deckenhohen hölzernen Traggestellen ausgestatteter Raum zur Aufbewahrung der geernteten Äpfel, im anderen Raum wurde Butter bereitet. Das ganze kleine Gebäude hat etwas Spielerisches an sich. In die Türen des Apfelraums sind Herzen geschnitten, über der Tür im oberen Geschoß ist ein Korb mit Äpfeln in den Stein gemeißelt. Am Giebel über dem Fenster halten sich zwei geschnitzte Affen fest, für die Lorimer eine merkwürdige Sympathie hatte. Der obere Raum, vom

Oben: *Das sogenannte Legend Gate mit dem Shakespeare-Zitat.*

Oben: *Affen spielen auf dem Dach des Gerätehauses.*

Oben: *Der Rasen mit den Buchsfiguren, von den Fenstern des Schlosses aus gesehen.*

Fußboden bis zur Decke getäfelt und mit einem Marmorboden in Schachbrettmuster versehen, verbannt jeden Gedanken an ein Funktionsgebäude. Es war das idealisierte und nobilitierte Modell des traditionellen Lagerhauses eines Bauernhofs oder Landguts, in dessen Erdgeschoß Produkte gelagert wurden und dessen obere Räume den Landarbeitern eine beengte Unterkunft boten. Dieses Haus, fern von den Verpflichtungen des Schloßlebens in die Ecke des Gartens gezwängt, verhieß den romantischen Rückzug in die einfache und gesunde ländliche Arbeit. Der enge Wohnbereich wurde zum schlichten Nähzimmer für die Herrin des Anwesens, und die Räume darunter waren bestens darauf eingerichtet, nach alter ländlicher Art das zu bewahren und zu verarbeiten, was die Natur hier in Fülle hervorbrachte. Vielleicht spielten Lorimers Affen ein »nachäffendes« Spiel.

Affen saßen auch auf dem Dach des Gerätehauses in der zweiten Ecke des Küchengartens, wo Robert Mackenzies geliebtes Shetland-Pony seinen Platz hatte (das sich nützlich machte, indem es den Rasenmäher zog). Ein im Fischgrätmuster angelegter Pfad verbindet die beiden Gebäude, auf der einen Seite flankiert von einer nach Süden orientierten gemischten Rabatte, hinter der sich die Gartenmauer erhebt. Das Gerätehaus ist zwar in seinem Charakter relativ funktional, aber Lorimer nahm es doch mit Bedacht in seinen großen Entwurf auf. Eine gebogene Öffnung am einen Ende bildet einen Fokus für die Ostachse des Gartens. Sie steht durch eine Lindenallee mit dem mit der Inschrift versehenen Eingangstor in Verbindung. Die Affen, gegen den Hintergrund der außerhalb der Gartenmauern stehenden Waldbäume gesetzt, sind von jedem Punkt des Gartens aus sichtbar. Lorimer setzte auch in seine späteren Gärten geschnitzte Affen. Der Affe stand seit dem Mittelalter für die imitative Rolle des Künstlers, der die Natur kopiert, und dieser Gedanke paßte gut zu einem Gartenentwerfer. Es gibt allerdings auch eine ältere und weniger schmeichelhafte Deutung des Affen als Symbol der Lust oder des wilden Naturmenschen. Ein Affe mit einem Apfel im Maul versinnbildlichte den Sündenfall des Menschen. Wenn Lorimers Affen möglicherweise eine eigene und besondere Bedeutung für ihn hatten, dürften er und seine Auftraggeber sich der gelehrten Interpretationen dieses Symbols wohl bewußt gewesen sein. Vielleicht war der Garten als Paradies von mehr als nur literarischem Interesse für diejenigen, die über dem Apfellager hausten.

OBEN: *Robert Mackenzie auf seinem geliebten Shetlandpony; im Hintergrund das Schloß.*

Earlshall entwickelte sich schrittweise, so wie Lorimer als Gartenentwerfer dazulernte. Die Struktur des Gartens lag um 1894 vermutlich fest, aber der Inhalt und die Details der einzelnen »Räume« wurden bis zum Ende des Jahrhunderts verändert und verfeinert. Die Gartengebäude stammen vermutlich aus dem Jahre 1899, das Torhaus aus dem Jahre 1901. Die Klarheit der Planung und die subtile Faszination, die von diesem Ort ausging, ließen den Garten zu seiner Zeit als etwas ganz Besonderes erscheinen. Aber wie so viele anspruchsvolle Gärten, die um die Jahrhundertwende entstanden, als Arbeitskräfte billig und die Mittel

Objektivität des Ausländers umgehen. Vermutlich dienten ihm kleinere Gärten auf seinem Territorium als Vorbild für die dichten Kompositionen, die er in der Nähe seines Hauses schuf, aber er war nicht auf eine einzige Quelle der Inspiration angewiesen. Hidcote bezog Anregungen sowohl aus der französischen wie aus der englischen Gartentradition. Die Struktur des Gartens ist von breiten, großzügigen Alleen bestimmt, was *Country Life* zu dem Vergleich mit einer zentralen Galerie veranlaßte, von der sich Appartements öffnen, die der Zurschaustellung sorgfältig ausgewählter »Kunstwerke und Liebhaberstücke« dienen.[11] In Hidcote waren die Kunstwerke seltene und exotische Pflanzen. Johnston griff die damals gerade gängige Methode auf, den Garten in eine Reihe von Außenräumen zu unterteilen, um die freie Sicht in die ferne Landschaft mit geschützten Mikroklimaten verbinden zu können, in denen seine außergewöhnliche Sammlung mit bestem Erfolg betreut werden konnte. Der Notwendigkeit, den hochgelegenen Standort vor den kalten Winden zu schützen und eine spürbare Absenkung des Terrains nach Süden sowie einen Anstieg nach Westen aufzufangen, wurde intuitiv Rechnung getragen, auch wenn *Country Life* zu dem Schluß kam: »Ich nehme an, daß das Schema eine längere Inkubationszeit gehabt und einiges Kopfzerbrechen bereitet hat.«

Es gibt keine Bepflanzungspläne für Hidcote, und alte Fotografien lassen erkennen, daß der Garten nicht als eine Einheit entworfen wurde. Vielmehr wurde er im Laufe von zwanzig Jahren verändert und erweitert, wobei sich drei Phasen einer konzentrierten Aktivität einkreisen lassen, denen jeweils Zeiten folgten, in denen man die Dinge eher sich selbst überließ. Johnston äußerte sich gegenüber seinem Gärtner mehr als einmal darüber, daß seine Mutter ihm nur 600 Pfund im Monat zur Verfügung stellte, was bei weitem zu wenig war, um seine beiden Landgüter (Hidcote und eine Wintervilla in Frankreich) zu führen. Die Frau des Gärtners wiederum wurde gelegentlich von Gertrude Winthrop aufgesucht, die bei diesen Anlässen gerne über ihren Sohn schwatzte: Er könne absolut nicht mit Geld umgehen, und sie müsse ihn in seinen Ausgaben drastisch beschränken.[12] Auch nach ihrem Tod blieb das Geld unter Kontrolle – Johnston hatte niemals Zugang zum Kapital seiner Mutter, sondern erbte nur die Zinsen.

Er war nicht durch irgendwelche vom *Arts-and-Crafts*-Gedanken getragene Rücksichten auf heimische Pflanzen und Bedingungen eingeschränkt. Wo der Boden nicht geeignet war, veränderte er ihn[13]: Wie einer der Gärtner berichtete, wurde in den dreißiger Jahren eine Rabatte etwa einen Meter tief ausgehoben; anschließend wurde das Loch mit altem, fast schwarzem Sägemehl, vermischt mit Klinker, wieder aufgefüllt. So entstand ein kalkfreier Boden, in dem Azaleen und Rhododendron gedeihen konnten. Bei der Struktur des Gartens wurde Wert auf ein Maximum an visuellen Effekten gelegt und auch mit Provisorien gearbeitet, wenn es an Zeit oder Geld fehlte. Der sogenannte Lower Stream Garden und der Bereich, der als Westonbirt bezeichnet wurde (weil viele der nach ihrer

RECHTS: *Der sogenannte Long Walk, gesehen von einem der Pavillons.*

Herbstfarbe ausgesuchten Bäume und Büsche, die hier wuchsen, aus der Pflanzschule Westonbirt in Tetbury stammten), sind relativ »wilde« Areale am Rand des Gartens, die sich auf Weideflächen öffnen. Dem Ideal eines fortscheitenden Loslassens, eines Übergangs in die unberührte Natur, widerspricht der schnurgerade Formalismus des sogenannten Long Walk, der verdeutlicht, daß Johnstons Herrschaft von den Pavillons bis zum Horizont reichte.

In seinen besten Tagen war es die autokratische Exzentrizität von Hidcote, die diesen Garten von anderen Gärten unterschied, eine Mischung aus unbedingter Entschlossenheit und Laune. Strauße, Flamingos und Goldfasanen stolzierten umher und stellten sich selbst zur Schau.[14] Der Badeteich, heute etwas verloren und veraltet wirkend, war für Schwimmer gedacht: Er wurde regelmäßig geleert, gesäubert und mit einem besonderen, mittelmeerblau gefärbten Wasser gefüllt. Im Sommer erschienen fast jeden Morgen die vier Töchter von Major und Mrs. Muir aus dem benachbarten Kiftsgate, begleitet von ihrer Gouvernante, um ein kurzes Bad zu nehmen. Die Tochter des Obergärtners erinnert sich an die Sommertage der zwanziger und dreißiger Jahre als »eine herrliche Zeit... Das Haus war immer voller Gäste – natürlich sämtlich Gartenenthusiasten. Ich glaube, wir haben meinen Vater kaum jemals zu Gesicht bekommen, wenn der Major anwesend war – abends und an den Wochenenden war Papa immer mit ihm zusammen, in seinem Arbeitszimmer oder im Garten, wo sie herumgingen und sich Gedanken über die nächste Hinzufügung zum Garten machten«.

Wenn Johnston nicht anwesend war, führte der Obergärtner die Gäste durch den Garten, und im Winter, wenn Johnston sich in Frankreich aufhielt, zog die Gärtnerfamilie ins Haupthaus, um sich um die Spaniels zu kümmern. Angehörige der königlichen Familie brachten ihre Dienerschaft mit. Johnston war ein Freund des Tennisspiels (Hidcote hatte zwei Tennisplätze und einen eigenen Tennislehrer) und ein Liebhaber schneller Autos, von denen er drei besaß. Zweimal im Jahr benützte er den Maserati, um seinen Londoner Club aufzusuchen.

Zu den begeistertsten Schilderungen von Hidcote zählt ein Artikel von Vita Sackville-West (1892-1962). Sie besuchte den Garten regelmäßig und erinnerte sich gern an Johnstons Geschenke, seine Führungen und die »triefende Üppigkeit« seiner Pflanzweise.[15] Aus ihrem Artikel wird der Bezug zu Natur und Tradition deutlich, wie er in Hidcote gegeben war:

»Wäre es irreführend, Hidcote als einen Landhausgarten von der allergroßartigsten Dimension zu bezeichnen? ... Es erinnert an einen Landhausgarten oder, besser gesagt, an eine Reihe von Landhausgärten, insofern als die Pflanzen ganz durcheinander wachsen, blühende Büsche vermischt mit Rosen; Staudenpflanzen mit Zwiebelgewächsen; Kletterpflanzen, die sich über Hecken ziehen; Sämlinge, die dort hervorkommen, wo es ihnen eingefallen ist, sich auszusäen.«

Dabei war ihr durchaus bewußt, daß das Landhauselement eher Illusion als Realität war und Johnston mittels eines Kunstgriffs das vier Hektar große Gelände in eine Vielzahl von Teilarealen verwandelt hatte, jedes von den anderen separiert und doch mit ihnen zusammen eine einheitliche Anlage bildend. Daß er nicht mit Mauern, sondern mit Hecken arbeitete, also mit »hohen lebenden Barrieren«, vertiefte den Eindruck von »Üppigkeit und Abgeschiedenheit«, und Vita Sackville-West registrierte auch das Spiel von Textur und Farbe in den aus Eiben, Buchs, Stechpalmen, Hainbuchen und Buchen gemischten Hecken, das Schimmern der Stechpalmenblätter vor der stump-

RECHTS: *Der sogenannte Stelzengarten.*

fen Farbe der Eiben und den durchweg vorhandenen Eindruck von »grün-schwarzem Schottentuch«.

Besonders angezogen war sie von Johnstons botanischem Überschwang und vom Bühnencharakter seiner Gartenräume:

»In einer dieser Einfriedungen, von der ich mich erinnere, daß sie nicht größer war als ein normal großer Raum, dort, wo es vor Feuchtigkeit troff, die Wege moosig waren und die Wände aus der dunkelsten Eibe bestanden, waren die Hecken von den purpurfarbenen Seilen von *Tropaeolum speciosum* überzogen, die an diesem Ort voller Schatten leuchtender wirkten als jemals an einem weißgetünchten Häuschen in Schottland.«

Sie beschrieb die Magnolien, die Hortensien, das »Hidcote hypericum«, die üppig um die Mauern im Vorhof gepflanzt waren. Das Herrenhaus und die verschiedenen, wie zufällig um den Vorhof gruppierten Außengebäude wurden nur im Zusammenhang mit *Solanum crispum* und den milchweißen Blüten von *Schizophragma hydrangeoides* erwähnt, die Johnston über die Gebäude gezogen hatte.

Diesem pittoresken und keineswegs formalen Anblick kontrastiert die Situation an der Rückseite des Hauses mit dem breiten Rasenweg, der Hauptsichtachse des Gartens. Die formalen Vorbedingungen – steinerne Stufen, zwei symmetrisch angeordnete Ziegelpavillons sowie ein schönes schmiedeeisernes Tor, das eine Ansicht der fernen Landschaft rahmt – sind nach klassischer Art zu einer Komposition arrangiert, die keinerlei Anleihen bei der Tradition des Landhauses (oder auch allgemein bei englischen Traditionen) macht. Daß Johnston es mit den Konventionen nicht so genau nahm, erklärt vielleicht die verwegene Neigung, Gartenteile nebeneinanderzusetzen, die in Maßstab und Charakter geradezu alarmierend verschieden sind. Auf der einen Seite des Graswegs befindet sich »ein *sehr* großer Rasen«, der sogenannte Theatre Lawn, den Vita Sackville-West als »ausgedehnt, schlicht und friedvoll« beschrieb. Auf der anderen Seite arrangierte Johnston ein Gewirr kleiner separater Gärten, die man leicht in einen Zusammenhang mit »den ungleichen Behausungen« hätte bringen können, »wie man sie in unseren kleinen Landstädten und auch in der Gartenstadt findet«.

Vita Sackville-West mochte die »gequälten Formen« der Zierbäume in Levens Hall und die kunstvollen Schachfiguren von Hever Castle nicht. Sie hätte wenig Sinn für den Buchsrasen von Earlshall gehabt, aber in Hidcote entsprachen die »schmucken brütenden Hennen, struppigen Tauben und affektierten Pfauen« der »ländlichen Tradition«. Sie beglückwünschte Johnston mit der gleichen kritischen, beißenden Intelligenz zu seinem Geschmack und zu der Zurückhaltung, die er bei den Zierbäumen walten ließ – »gerade genug, um der Idee des Landhausgartens zu genügen« –, die auch die »alt-modische« Qualität seiner Rosen anerkannte. Aus ihrer Analyse von Hidcote spricht die offensichtliche Sympathie und Achtung für einen Gärtner, der zwanzig Jahre älter war als sie. Ihre Worte sind eine Hommage einer herausragenden Gärtnergestalt für die andere; sie akzentuieren die Parallelen zwischen Hidcote und ihrem eigenen Garten in Sissinghurst (der ab 1930 bepflanzt wurde) und verweisen auf diejenigen Elemente von Hidcote, die zu ihrer Zeit als besonders aufregend angesehen wurden. Die ineinander verflochtenen Hainbuchen, die jenseits der Pavillons die Hauptsichtachse rahmen, wurden wegen ihrer französischen Vollkommenheit erwähnt. Sie sind in zwei doppelten Reihen gepflanzt, über astlosen und geraden Stämmen beschnitten und deshalb als der »Stilt Garden«, der Stelzengarten, bezeichnet. Die Wildnis – »ein waldiges Plätzchen, verschwiegen dank der überhängenden Bäume, mit einem murmelnden Wasser irgendwo in der Nähe, aber unsichtbar, und dem Geruch von feuchtem Torfboden« sei, so heißt es weiter in dem Artikel, im Sommer der perfekte Ort für *Hydrangea aspera maculata* und im Herbst ein erstaunliches Freudenfeuer von Farben. Im Küchengarten standen alte Rosen in Reihen, drei und vier Büsche tief; Sackville-West schreibt, daß sie an einem Junitag »wegen des Gewichts ihrer Blüten zu Boden

RECHTS*: Country Life verglich die formale Sichtachse in Hidcote mit einer zentralen Galerie mit seitlichen Appartements.*

hingen, ein Tumult der Farbe, eine Trunkenheit der Düfte«.

Es war die dichte, unorthodoxe Art der Bepflanzung, die Vita Sackville-West am meisten beeindruckte. Mit Bezug auf den Küchengarten schrieb sie:

»Ich war inzwischen so wild berauscht von der überquellenden Fülle von Hidcote, daß ich keine Lust mehr hatte, mir Gedanken um die exakte Nomenklatur zu machen, sondern nur noch darauf aus war, die nächste Freude, die sich präsentieren würde, zu genießen.«

Vita Sackville-West war wie Lawrence Johnston und Gertrude Jekyll dank ihrer Position als Auftraggeberin, Entwerferin und praktizierende Gartenspezialistin absolut frei und niemandem verantwortlich. Die Bedenken moderner Historiker, etwaige Disparitäten im Maßstab oder im stilistischen Bezug betreffend, hätte sie zur Seite gefegt, und zwar mit Recht. Hidcote setzte sich gewissermaßen seine eigenen Bedingungen. Es war, großartig bepflanzt mit einer einmaligen Mischung seltener und gängiger Pflanzen, alle unter optimalen Bedingungen gezogen, ein ganz eigener und eigenständiger Entwurf und als solcher unendlich erfolgreich und von großem Einfluß.

Der Artikel markierte einen signifikanten Übergang vom privaten zum öffentlichen Interesse an Hidcote. 1948, zehn Jahre vor Johnstons Tod, war es der erste Garten, den der *National Trust* akzeptierte als einen Garten, der dank seiner herausragenden Qualitäten erhalten werden mußte. Anna Pavords ausgezeichneter Gartenführer schildert die Schwierigkeiten dieses Übergangs: Johnston zögerte, den Garten loszulassen, und es war nicht einfach, ihn die ganze Besuchssaison über »am Laufen zu halten«. »Unter dem Gärtnern verstehen die Leute Blumen auf Stielen. Das Grün als eine Farbe sehen sie nicht.«[16] Einige von Johnstons dramatischen, aber kurzlebigen Effekten, zum Beispiel der Phlox-Garten (heute der Weiße Garten) mußten zugunsten einer längeren Blütezeit ganz umgestaltet werden, und die elitär-hedonistischen Qualitäten des Gartens verschwanden mit seinem ursprünglichen Publikum.

Johnstons Extravaganzen machten dem *National Trust* in den ersten Jahren seines Verwalteramts zum Teil schwer zu schaffen; damals war Hidcote eine Verlustquelle. Das Winterhaus, genial konzipiert mit Heizrohren auf der einen und einer gläsernen Front auf der anderen Seite, die im Sommer entfernt werden konnte, war einmalig. Es nahm die empfindlichen Exoten auf, die Johnston auf seinen Expeditionen selbst zusammengetragen hatte, darunter *Haemanthus katherinae* (heute unter dem Namen *Scadoxus multiflorus katherinae* bekannt) vom Kilimandscharo und *Gordonia axillaris*.

Die Zeitschrift *Country Life*, die im Januar 1930 einen Mitarbeiter nach Hidcote gesandt hatte, beschrieb das gesunde Wachstum der *Gordonia* und ihre üppigen weißen Blüten und äußerte Erstaunen angesichts ihrer Seltenheit. Als die Kosten für notwendige Reparaturen und für die Heizung der Treibhäuser (100 Pfund im ersten Jahr) den *National Trust* zwangen, das Winterpflanzenhaus abzubrechen, ging ein Teil des exotischen Charakters des Gartens verloren. Zu Johnstons Lebzeiten war Hidcote ein wichtiges Zentrum der Propagierung und Verbreitung seltener Pflanzen gewesen. Der an feuchten Tagen von den Exoten genommene Samen wurde gereinigt und für die Aussaat durch den Obergärtner aufbewahrt oder nach Wisley, an den Botanischen Garten in Edinburgh und nach Kew gegeben.[17] Empfindliche Pflanzen wie *Dendromecon rigida* und *Arbutus canariensis* wurden in den großen Rabatten verwendet und im Winter mit Glasglocken zugedeckt. Johnston pflegte zwar den Winter in Frankreich zu verbringen, aber wenn es vom Kamelienhaus heißt, daß es »Platz hatte, um einen Eßtisch aufzunehmen«, dann geht daraus wohl hervor, daß er zeitig im Frühjahr zurückkehrte. Der *National Trust* hatte seine Schwierigkeiten mit den Erwartungen und Vorurteilen seines Publikums und mußte im übrigen gewisse Veränderungen bezüglich des Eintritts vornehmen (der Zugang erfolgt jetzt von der Seite des Hauses, während Johnstons Besucher direkt durch das Haus gingen). Die eigentliche Struktur des Gartens und seine wichtigsten Effekte sind allerdings erhaltengeblieben.

Hidcote hat das Aussehen von *Arts and Crafts*: Was Vita Sackville-West als »den schönen Unterschied zwischen Formalität und Nichtformalität« bezeichnete, ist hier zur Perfektion gebracht; aber der Zusammenhang von Praxis und Philosophie, von Handwerklichkeit und Tradition, dem im Werk von William Morris und Gertrude Jekyll gar nicht auszuweichen ist, wird hier durch Johnstons botanische und persönliche Anliegen überlagert. Johnston, der, was das glitzernde Detail anging, das Auge einer Elster hatte, dürfte sich vom Gedanken der Reverenz gegenüber der Tradition angezogen gefühlt haben.

Ein paar Meilen weiter südlich wurde William Morris' Einfluß von einer Gruppe von Künstlern, die von seiner politischen und ästhetischen Lehre inspiriert waren und sich dem Gedanken der Wiederbelebung des ländlich-handwerklichen Potentials verschrieben hatten, ganz anders interpretiert. In ihrer Arbeit und in den Gemeinschaften, die diese Künstler gründeten, wiesen sie »die falsche Vornehmheit und die hohlen Ambitionen« der feinen Gesellschaft entschieden zurück. Obwohl sie alle in London zusammengetroffen waren und dort ihre Ausbildung genossen hatten, sagten sie sich von der komfortablen Kameradschaft der *Art Workers' Guild* und den ernsthaften Diskussionen der SPAB los. Sie waren, wie Lethaby es ausdrückte, verfolgt von »dieser alten Vorstellung, daß man sozusagen nahe an der Natur leben muß«.[18] Ihr Exodus hatte einen starken Beigeschmack von Verleugnung und zeugte von der Entschlossenheit, durch das Beispiel ihrer Arbeit und ihrer Lebensführung ein alternatives Wertesystem zu etablieren. Diese Entwerfer und Handwerker verteidigten in der Kraft ihrer Jugend die überkommenen Werte und Kunstfertigkeiten mit gleicher Beharrlichkeit wie Gertrude Jekyll dies, alt und allein, in Munstead tat. Hinsichtlich der Integrität ihrer Arbeit waren sie ebenso wie Jekyll unangreifbar. Ihre Botschaft war eine logische Fortführung, politisch und künstlerisch, der Lehren von Morris und Ruskin. Zugleich bestätigte sie die Möglichkeit des definitiven Rückzugs, des Entweichens in den Purismus, weg von den sozialen Ungleichheiten und der Degradierung, welche die Städte durch die Industrialisierung erfuhren.

Die Gärten von Ernest Gimson (1864-1920) und den Brüdern Sidney und Ernest Barnsley (1865-1926; 1863-1926), die sich 1893 Ateliers einrichteten, zunächst in Ewen und dann in Pinbury Park bei Cirencester, waren von einer Einfachheit, der gegenüber die Landhausgärten ihrer Zeitgenossen ungestüm oder belanglos aussahen. Sie hielten sich bewußt fern vom Hauptstrom der Entwicklungen in der Gartenkunst und suchten gerade mit ihrer Einfachheit die Aufmerksamkeit von *Country Life* zu gewinnen (was ihnen 1909 gelang). Gimson und die Brüder Barnsley waren selbsternannte Schüler von Philip Webb, und ihre Ablehnung öffentlicher Aufmerksamkeit stammte wahrscheinlich von Webbs Weigerung, sein Werk zu seinen Lebzeiten zu publizieren. Ihre Arbeit war dank eines Netzes von gleichgesinnten Künstlern und Kunden dennoch weithin bekannt und geachtet. Während ihrer Studienjahre in London hatten die Brüder Barnsley als Klammer zwischen den Architekturbüros von J.D. Sedding und R.N. Shaw fungiert, die beide für junge *Arts-and-Crafts*-Künstler ein wichtiges Übungsfeld darstellten. Sidney Barnsley war Schüler Shaws und traf bei diesem mit W.R. Lethaby zusammen, während Ernest seine Ausbildung bei Sedding absolvierte, und zwar zusammen mit Ernest Gimson. Seddings Büro lag Tür an Tür mit dem Firmensitz von Morris & Co. in der Oxford Street, so daß Barnsley und Gimson nicht nur eine gründliche Ausbildung in praktischen handwerklichen Fähigkeiten (Sedding soll ein besessener Schnitzer gewesen sein), Gartenkunst und Architektur erhielten, sondern auch die wöchentlichen Treffen der SPAB besuchen konnten, wo sie unmittelbar unter den Einfluß von Morris und Webb gerieten.

Webbs Einfluß auf die jüngere Generation der Architekten war ungeheuer. W.R. Lethaby, der durch

Gimson in die SPAB eingeführt wurde, schrieb 1924 in einem Beitrag zur Biographie Gimsons:

»Die Gesellschaft war in sich ein bemerkenswerter Lehrkörper... Unter der Führung von Philip Webb, dem Architekten, wurde sie zu einer regelrechten Schule für praktisches Bauen – wobei die Architektur samt all den Launen, die wir gewöhnlich als ›Design‹ bezeichnen, draußen blieb.«

Gimsons Liebe zu alten Bauten, so schrieb Lethaby weiter, habe sich zu einer »leidenschaftlichen Ehrfurcht« und zu der Überzeugung verdichtet, daß »alte Architektur ein Daseinsgrund und die Wahrheit« sei. In Lethabys Tagebüchern ist die Rede von Ausflügen »zur Scheune von Harmondsworth mit dem großen Dach« und nach Fountains Abbey in der Nähe von Ripon, wo sie Nelken pflückten, die in den rissigen grauen Steinmauern wuchsen. Er erinnerte sich an Gimsons Bemerkung: »In der ganzen Zeit, in der ich wach bin, denke ich an Architektur« und daran, daß sie sich auf eine Definition geeinigt hatten, derzufolge Architektur »emotional getöntes Bauen« sei. Die emotionale Fracht dieser Lehrjahre und die Freundschaft der Barnsleys mit Gimson und Lethaby, die alle in der Nähe von Webbs Büro und Wohnung lebten, ließen eine Einstellung zur Architektur entstehen, die beladen war mit politischen und sozialen Tendenzen.

Gimson und die Brüder Barnsley eröffneten eine Werkstatt in Pinbury Park, in der sie Handwerker aus der Gegend beschäftigten und in der Herstellung von Möbeln und Metallgegenständen unterwiesen, die nach ihrem Entwurf, aber auf alten Mustern beruhend angefertigt wurden. Damit unterstützten sie das wirtschaftlich schwache traditionelle Handwerk, während sie sich zugleich mit dem Problem der Kosten handgearbeiteter Gegenstände herumschlugen. Es gab mehrere Stellmacher in dieser Gegend, es existierte also eine lokale handwerkliche Tradition, die man in die Möbelmanufaktur umdirigieren konnte. Gimson und die Barnsleys ließen es niemals zu, daß ihre Enwürfe mit der Maschine ausgeführt wurden. Sie kombinierten die Herstellung bezahlbarer Stücke mit exklusivem Design, das »um eine Stufe besser« war, und waren so in der Lage, eine wirtschaftlich arbeitende Werkstatt aufrechtzuerhalten.

Mit ihren Förderern hatten Gimson und die Barnsleys großes Glück. Der größte Landbesitzer in Pinbury, Lord Bathurst, überließ ihnen ab 1902 Daneway House, ein Herrenhaus des 14. Jahrhunderts, als Schauraum und Werkstatt. *Country Life* sprach im Zusammenhang mit der Atmosphäre um Daneway von »überwältigender Einsamkeit«. Sie erhielten zwei Stücke Land, unterhalb der Kirche von Sapperton und nahe bei Daneway, auf denen sie ihre Häuser errichten konnten.

Ernest Gimsons Haus war so spartanisch, daß Avray Tipping, der es im Auftrag von *Country Life* aufsuchte, vermutete, es müsse das Heim eines Sozialisten sein, obwohl er gar nicht mit Gimson zusammentraf. Er achtete darauf, diese Annahme zu qualifizieren, wobei er sie weder bestätigte noch zurückwies, sondern als Möglichkeit bestehen ließ:

»Nach dem Haus schätze ich, daß sein Erbauer so etwas wie ein Sozialist ist. Sein Sozialismus ist allerdings nicht der Sozialismus der Hinterstraßen der modernen Stadt – materiell, gewalttätig, eng –, sondern der des alten ländlichen England, idealisiert durch eine irgendwie eklektische Beschäftigung mit der Vergangenheit und eine gelassene Betrachtung des Schönen in Kunst und Natur. Sein Ideal ist mit Sicherheit das der alten freien Dorfgemeinschaft, verändert, um in ein

RECHTS: *Upper Dorvel House, Sapperton.*
Ein von Ernest Barnsley erweitertes Cottage mit einem mit Buchsbäumen und buchsgesäumten Rabatten versehenen Garten.

Zeitalter der größeren organisierten Massen und eines ausgedehnteren menschlichen und intellektuellen Verkehrs zu passen.«[19]

Gimsons Sozialismus war nach Avry Tipping eine nur dürftig verschleierte Wiederholung von William Morris' Sozialismus, aber während Morris wegen seiner Militanz in Arrest gekommen war (1909, als das bekannt wurde, war er schon länger als ein Jahrzehnt tot), präsentierte Tipping Gimsons Ansichten als humanitär und kaum bedrohlicher als »eine alles überziehende Sympathie und Nachbarschaftlichkeit des Gefühls«.

Upper Dorvel House, das Ernest Barnsley für sich selbst baute, war nicht aufwendiger als Gimsons Haus, wurde von Tipping aber in einem zweiten Artikel als perfektes Beispiel dessen, »was von denen getan werden sollte, die im Cotswolds-Distrikt neu und einfach bauen wollen«, stark empfohlen. Beide Brüder Barnsley behandelten die gewachsene Architektur mit solcher Ehrfurcht, daß ihre eigenen Gebäude sich kaum von den aus dem 17. oder 18. Jahrhundert stammenden kleinen Häusern des Dorfes unterschieden. In Upper Dorvel House hatte Ernest Barnsley mit einem Gelände zu kämpfen, das von Form, Zugang, Aussehen und Neigung her ungeschickt war und auf dem bereits ein »einfaches und gesichtsloses« Cottage stand. Dieses Cottage wurde in das neue Haus einbezogen und erhielt Flügel zu beiden Seiten; eine lange gebogene Auffahrt mit einer Eibenhecke, die einfache Zierformen aufwies, verwandelte den Zugangsbereich vorteilhaft. Zudem wurde das abfallende Gelände terrassiert und dem Haus damit eine schöne Aussicht über das Tal beschert. Mr. Barnsley, so hieß es, war den Schwierigkeiten nicht feindselig oder zerstörerisch, sondern »auf freundliche Weise« begegnet, er war sozusagen eine Partnerschaft mit ihnen eingegangen. Die neuen Flügel des Hauses wurden aus dem lokal vorkommenden Stein errichtet, den man aus einem Steinbruch in der Nähe holte und der zu dem ursprünglichen Cottage paßte. Auch wenn die Anpassung des älteren Gebäudes dem Haus einen ausufernden Grundriß eintrug (Sidney Barnsley pflegte über das »Herrenhaus« seines Bruders am Dorfweg zu scherzen), wahrten die Innenräume eine unprätentiöse Einfachheit. Ornament wurde vermieden, außer in der Halle, wo Gimson den Stuck um Weinreben, Eichen- und Rosenblätter sowie hier und da um Blumen, »wie sie in den Rabatten des Gartens blühen«, bereicherte.

Der Garten selbst ist von einer klaren, skulpturalen Entschiedenheit. Barnsley, der ein feines Gespür für historische Details hatte, paßte den Knotengarten des 17. Jahrhunderts an die intimen Dimensionen eines Cottage an. Der Einfluß von Seddings gartenkünstlerischen Ideen, den er während seiner Lehrzeit zehn Jahre zuvor aufgesogen hatte, ist ebenfalls spürbar. *Country Life* beschrieb den Garten 1909 als ein Stück Land, »dessen horizontale Linien mit den Vertikalen des Hauses in Einklang stehen, denn seine geraden Wege umgeben quadratische und längliche Blumenbeete und Rabatten, und die beschnittenen Buchssträucher und -hecken geben dem Ganzen Nachdruck und Varietät«.

Besonders erwähnt wurde, daß Anlage und Instandhaltung eines solchen Gartens billig waren: »Es ist eine Frage des Geschmacks, des Gespürs dafür, was sich machen läßt, und nicht so sehr eine Frage des Geldes.«[20] Die dicht vor das Haus gesetzten Buchsbäume und sauber beschnittenen Hecken waren, wie *Country Life* schrieb, »das notwendige halbformale Bindeglied zwischen den geraden Linien des Gebäudes und der stark hügeligen Landschaft der Cotswolds«. Der Artikel war mit einem Plan illustriert, auf dem der Garten als Bestandteil des Hauses erschien.

Ernest Barnsleys Interesse an der Integration von Haus und Garten, seine in Zusammenarbeit mit Sidney Barnsley und Gimson unternommenen sozialen Experimente und sein Anliegen, im Einklang mit jahrhundertealten Traditionen zu bauen, brachten ihm 1909 einen außergewöhnlichen Auftrag ein. Die Entstehungsgeschichte von Rodmarton Manor zog sich über zwanzig Jahre hin, beginnend mit einem Entwurf für Haus und Garten und endend mit einer ländlichen

Rechts: *Rodmarton Manor, in der Nähe von Cirencester, gebaut 1909 bis 1929.*

Gemeinschaft kunsthandwerklich tätiger Männer und Frauen.

Country Life, das noch 1931 mit bemerkenswerter Konsequenz über die Philosophie und über die Fakten des Landhausbaus berichtete, beschrieb das Projekt als Realisierung eines Ideals, das »William Morris so emsig verkündete, das aber selbst er niemals in dieser Perfektion verwirklichte«. Rodmarton Manor war als Auftrag wie als Entwurf eine trotzige Geste gegen die Industrialisierung. Gegenüber denen, die der Meinung waren, die alte Art zu bauen sei obsolet, präsentierte es den greifbaren Beweis, daß man noch immer ein großes Haus bauen konnte, »indem man nur lokale Materialien verwendete und keinerlei mechanische Hilfe (in Anspruch nahm)... Jeder Stein und jedes Stück Schiefer von Rodmarton ist ganz in der Nähe gebrochen, auf Bauernwagen zur Baustelle gebracht und dann von einheimischen Maurern zugehauen und verlegt worden. Auch das Eichenholz für die Fußböden und den Dachstuhl ist hier gefällt worden und hat hier aus-

UNTEN: *Gartenplan, Rodmarton Manor, Gloucestershire. Ernest Barnsley und William Scrubey, 1909-1929.*

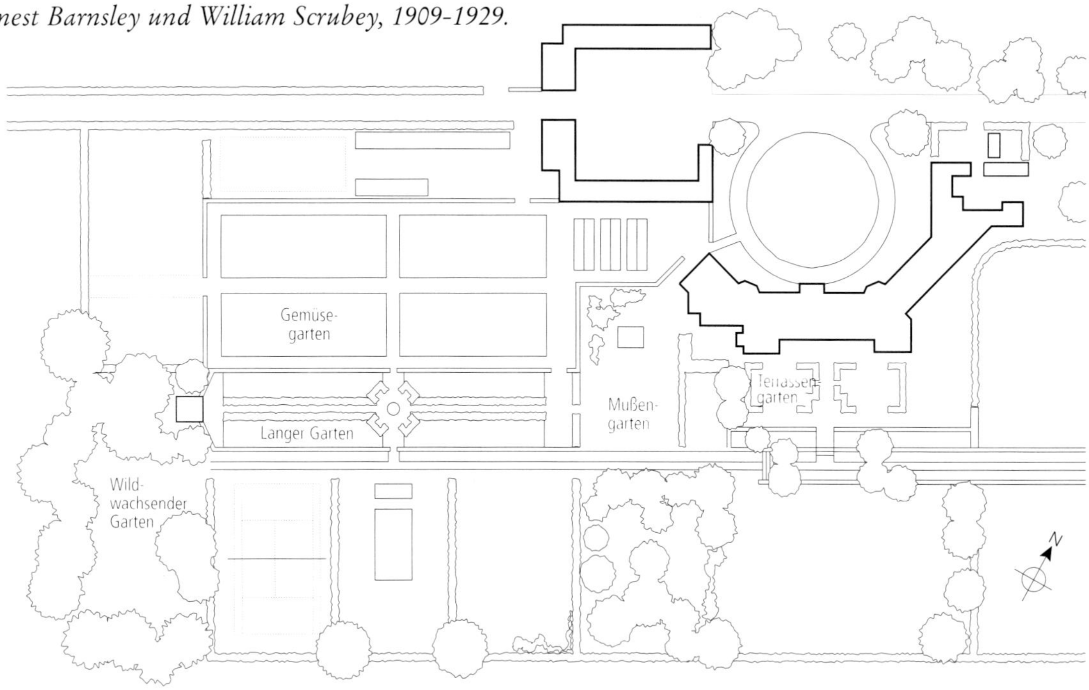

getrocknet, und alle Schreinerarbeiten sind von heimischen Handwerkern ausgeführt worden. Selbst die Möbel sind in der Nachbarschaft entworfen und hergestellt worden, vieles davon in der Werkstatt in Rodmarton«.[21]

Der Garten von Rodmarton wurde von Barnsley in Zusammenarbeit mit William Scrubey entworfen, der fast fünfzig Jahre lang Chefgärtner des Hauses war. Die Auftraggeber, Claud Biddulph und seine Frau Margaret, hatten sich darauf geeinigt, daß er angelegt werden sollte, während das Haus im Bau war. Margaret Biddulphs gärtnerischer Sachverstand (sie hatte sich mit Hortikultur befaßt und vor ihrer Heirat einen Blumenhandel betrieben) spielte bei der Entstehung des Entwurfs eine große Rolle.[22] Die Struktur des Gartens ist klar und formal und reflektiert Barnsleys Stil. Zwei lange gerade Zufahrten, der »Holly Drive« und der »Beech Drive« - genannt nach den dort wachsenden Stechpalmen und Buchen -, enden an einer kreisförmigen Rasenfläche vor dem Haus. Das ferne Ende dieses grünen Vorhofs wird von dem steinernen Herrenhaus und seiner hohen Gartenmauer umschlossen, das Ganze arrangiert als vier Seiten eines Oktogons. Das diesseitige Ende liegt unter dem Schutz eines Bogens aus miteinander verflochtenen Lindenbäumen, die 1919 gepflanzt wurden. An der einen Seite des Hauses stehen über einem Eingang in den Garten nicht die Namen des Architekten und des Bauherrn, sondern die des Chefgärtners William Scrubey und des Zimmermanns von Rodmarton, Alfred Wright. Jenseits des Eingangs weichen die Klarheit und Offenheit des Vorhofs einem Garten voller verschwiegener Kompartimente und dicht bepflanzter Einfriedungen. Wie in Earlshall ist der Garten als eine Folge von Außenräumen angelegt, die durch lange gerade Mauern und Hecken klar definiert sind, aber die Intimität von

RECHTS: *Ineinander geflochtene Lindenbäume rahmen die Sicht vom Winter-Garten.*

Rodmarton täuscht; sie widerspricht dem großen Maßstab.

Rodmarton präsentiert sich heute nicht etwa als ein Relikt aus den Tagen von William Scrubey und Ernest Barnsley. Es ist über drei Generationen hinweg im Besitz der Familie Biddulph geblieben. Der Garten ist in seinen wesentlichen Zügen erhalten geblieben, hat aber in Reaktion auf die gewandelten Bedürfnisse der Familie und die Reduzierung der Zahl der bezahlten Gärtner (ursprünglich zehn, heute einer) doch gewisse Veränderungen erfahren. Ein Schwimmbecken nimmt heute das Areal eines der (ehemals drei) Tennisplätze ein, und in den fünfziger Jahren wurde ein nur mit Gras bewachsenes Terrain zum sogenannten Leisure Garden umgestaltet, gepflastert und mit Rosen bepflanzt. Diesen Leisure Garden erreicht man, vom Vorhof kommend, als erstes. Eine Reihe von Gartenräumen begleitet die Südfassade des Hauses. An den Leisure Garden angrenzend, schließt eine dichte Reihe von Linden einen schattigen Winter-Garten an der Südwestecke des Hauses ab, der mit Helleborus, Schneeglöckchen, Leberblümchen, Kaiserkronen, Funkien und japanischen Anemonen bepflanzt ist. Nach Süden hin rahmen die Linden eine Sichtachse, die einen kleinen Rasen mit Zierbüschen überspannt und sich dann jenseits des Gartens im fernen Stonehill Wood verliert. Nach der sanften Nichtformalität des Winter-Gartens ist dieses Rasenstück ganz deutlich definiert: Es wird von niedrigen Trockenmauern begrenzt und von einem geraden zentralen Pfad aus runden Trittsteinen durchzogen, flankiert von Reihen von Zierbüschen, welche die Gerichtetheit des Gartens – weg vom Haus – unterstreichen. Am Haus selbst wachsen Rosen, Klematis, Glyzinen und andere Kletterer, und auf der Terrasse stehen große steinerne und hölzerne Tröge mit Margeriten und *Agapanthus*. Rodmarton ist

OBEN: *Ernest Barnsleys Sommerhaus am Ende des sogenannten Long Garden erinnert mit seinem steilen Dach an eine Kinderzeichnung.*

OBEN: *Diese zimmergroße rebenbedeckte Laube befindet sich, halb verborgen, in der Südostecke des Gartens.*

heute eine ungewöhnliche Anlage, weil der Garten, ebenso wie in Upper Dorvel House, dicht an das Haus heranreicht. Raum und Weite, wie sie gewöhnlich dadurch ins Spiel kommen, daß eine großzügige Terrasse vorhanden ist, sind hier einer eher dichten Beziehung zwischen Haus und Garten gewichen, zu der ein jetzt mit Eibenhecken besetztes ehemaliges Rasenstück noch beiträgt. Dagegen ist die Beziehung zwischen dem Garten und der jenseitigen Landschaft offen und expansiv.

Entlang der Südgrenze des Gartens ließ Barnsley ein Haha anlegen, um das Vieh der Biddulphs aus dem Garten herauszuhalten (es fand dennoch manchmal seinen Weg dorthin), ohne die gewählten Sichtachsen über das offene Weideland hinweg zu beeinträchtigen. Die einzelnen Gartenräume sind vor dem Wind durch hohe Mauern und Hecken geschützt, die auch zur Unterteilung des Gartens dienen. Entlang der Umfassung finden sich immer wieder ganze Wände aus Bäumen, die den notwendigen Schutz und den Hintergrund für andere Elemente des Gartens liefern, während das Fehlen einer durchgehenden Grenzmauer, die den Binnenraum des Gartens definieren könnte, Verwirrung und Abenteuer ins Spiel bringt. In der Südostecke liegt ein den Blicken entzogener versunkener Garten. Der Gesamtheit intimer, kontemplativer Räume des Gartens sind axiale Sichtachsen über Gartenbereiche von sehr unterschiedlichem Charakter zugeordnet. Allerdings ging Barnsley mit den architektonischen Komponenten des Gartens anders um als Lorimer oder Lutyens: Sein Vorgehen ist seinem Wesen nach unarchitektonisch. Anstatt eine Sichtachse zu erschaffen, deren Fokus die Laube wäre, bleibt die Laube in Rodmarton halbverborgen. Ihre architektonische Bedeutung ist sekundär gegenüber ihrem Wert als ein Ort, der mit seinen steinernen Mauern und seinem »Dach« aus rebenbedeckten Balken eine Zuflucht darstellt. Dieses Prinzip der Sublimierung architektonischer Elemente wird im Herzen des Gartens umgekehrt. In einem Garten, in dem das Spektakuläre durch einen eher resonanten, introvertierten Charakter bewußt unterminiert ist, wird die einzelne höchst extravagante Geste hinter hohen Steinmauern und großen Eibenhecken völlig verborgen: Der sogenannte Long Garden liegt nicht im Zentrum des Plans, sondern, westlich des Hauses, zwischen die Tennisplätze und den Gemüsegarten geklemmt. Es gibt keine Sichtachse, die ihn von einem anderen Teil des Gartens aus bereits signalisierte – er wirkt immer als Überraschung. Barnsley entwarf ein Sommerhaus mit einem steilen Steindach als Blickpunkt der Achse des Langen Gartens. Vier lange rechteckige Staudenbeete flankieren einen geraden Steinpfad (ursprünglich von breiten Grasrabatten begleitet), der den Garten in zwei Teile teilt. Ein kleiner runder Teich im Zentrum ist von hohen Eibenquadranten umgeben, die sich um steinerne Ruhesitze gruppieren (und damit selbst in einem so offenen Grundriß ein Versteck bieten). Acht beschnittene Buchsbüsche (heute sehr viel größer und eckiger als auf frühen Fotografien) markieren wie Wachposten die Endpunkte des Wegs und seine Schnittstelle mit dem runden Mittelteil. Das Sommerhaus überblickt den ganzen Garten von dessen westlichem Ende her.

Geschützt durch die hohe, nach Süden orientierte Steinmauer, können hier einjährige Pflanzen zusammen mit anderen, dauerhafteren Arten stehen. Teile der Mauer sind von *Clematis x eriostemon* »Herdersonii« und *Clematis* »Huldine« bedeckt. Strauch- und Kletterrosen bilden das Rückgrat der Rabatten. Die Staudenrabatten wurden in den neunziger Jahren komplett überholt. Sie waren in einer Weise überwachsen, und das Unkraut, unter anderem die Heckenwinde, war ein solches Problem geworden, daß die heutigen Besitzer beschlossen, nacheinander alle Rabatten abzuräumen. Das erste Beet wurde im Herbst 1992 aufgegraben, die gesunden Pflanzen geteilt und im Küchengarten untergebracht. Dann düngte man die Rabatte und ließ sie achtzehn Monate lang unbepflanzt liegen (so daß man das Unkraut mit Herbiziden behandeln konnte, sobald es sich zeigte), bevor sie im Frühjahr 1994 wieder bepflanzt wurde. In jedem weiteren Jahr begann man mit einer weiteren Rabatte, so daß der Garten zu keinem Zeitpunkt völlig auseinandergerissen war (er ist zwischen Mai und August für das Publikum geöffnet) und die Arbeit sich über Jahre verteilte. Zur Wiederbepflanzung der Rabatten wurden die besten der alten perennen zusammen mit neuen Pflanzen verwendet, welche die Blühsaison verlängern; Euphorbien und *Cynara cardunculus* sitzen als kühne Flecken zwischen Rosen, Phlox, Astern, Sedum und Taglilien.

An den Langen Garten schließt sich ein auf allen

OBEN: *Spalierobst an der Backsteinverkleidung der Küchengartenmauer.*

RECHTS: *Die Küchengartenmauer, hier von außen gesehen, begleitet den sogenannten Long Garden.*

vier Seiten von Mauern umgebener großer Küchengarten an. Die Mauern bestehen aus Stein an der Außenseite und langen flachen Ziegeln an der Innenseite. Ursprünglich waren alle Mauern des Küchengartens von Spalierobst begleitet. Das Ziehen und Schneiden der Obstbäume oblag vermutlich William Scrubey und seinen Männern, aber Margaret Biddulphs Einfluß war deutlich zu spüren, da im Küchengarten Blumen und Gemüse gezogen wurden; eine Tradition, die bis heute fortgeführt wird.

Beide Biddulphs waren in ganz ungewöhnlichem Maß daran interessiert, alte Bautraditionen und die auf dem Handwerk fußende Struktur einer ländlichen Gemeinschaft wiederzubeleben. Rodmarton war, so könnte man sagen, ein Ort des Rückzugs vom modernen Leben.

Die Wiederbelebung der Traditionen einer vorindustriellen Zeit verdammte seine Maurer und Schreiner zu einem Leben der manuellen Arbeit. Moderne Maschinen hätten ihnen die Aufgabe erleichtert. Während der langen Bauzeit – zwei Jahrzehnte, wobei vergleichbare Gebäude dieser Zeit in zwei Jahren errichtet werden konnten – haben sich Strukturen und Fertigkeiten entwickelt, die ihrerseits eine dauerhafte Wirkung hatten. Trotz der Unterbrechung durch den Ersten Weltkrieg überdauerten die Arbeiten in Rodmarton den allgemeinen Niedergang der *Arts-and-Crafts*-Bewegung. 1931, kurz nach Vollendung von Rodmarton Manor, schrieb *Country Life*, es sei beinahe »ein Dorf für sich... Tatsächlich spricht das Ganze in erstaunlicher Weise von dem Leben und der Energie, die Mr. und Mrs. Biddulph durch ihre begeisterte Förderung von Kunst und Handwerk einem winzigen Ort vermittelt haben«.

Der langsame Fortgang der Bauarbeiten veranlaßte die Biddulphs, sich so komfortabel in einem Flügel des Gebäudes einzurichten, daß sie, als der Hauptbau fertig war, zögerten, dort hinzuziehen. Statt dessen wurde die sehr große Halle zum Theaterraum für Konzerte und Amateuraufführungen, und der geradezu fürstliche *drawing room* wurde der Arbeitsraum der Dorfbewohner, ausgestattet mit langen Bänken und Arbeitsplatten. In Rodmarton wurden Möbel zusammengebaut, Rohrflechtarbeiten ausgeführt sowie Stickereien angefertigt. Diese Zweckentfremdung des *drawing room* durch Holzarbeiter und Korbmacher stellte die edwardianischen Hierarchien auf den Kopf. Wäre Avray Tipping zu Besuch gekommen, dann hätte er nicht sozialistische, sondern kommunistische Sympathien vermutet. In Rodmarton war diese (wenn auch unbewußte) Rückkehr zur Tradition der mittelalterlichen Halle, in der die Arbeiter in enger Nachbarschaft mit der Familie ihr Essen einnahmen, eine ganz natürliche Sache. Die Praxis von *Arts and Crafts* überlebte ihren Architekten. Ernest Barnsley starb 1926, noch im gleichen Jahr gefolgt von seinem Bruder Sidney. Gimson war schon 1920 gestorben. Die Tradition des Möbelmachens, die sie initiiert und wiederbelebt hatten, wurde von den nachfolgenden Generationen fortgeführt.

Der Garten von Rodmarton hat, wie der Plan des Hauses, alle charakteristischen Kennzeichen von *Arts and Crafts*. Er besitzt einen klaren formalen Grundriß, eingeteilt in eine Reihe von »Außenräumen«, axiale Wege, die den Blick in die jenseitige Landschaft gewähren, Zwillingsrabatten, die von hohen Mauern und Eibenhecken geschützt sind, und sogar Tennisplätze. Darüber hinaus hat Rodmarton eine »Attitüde« an sich, die es von seinen Zeitgenossen und in besonderem Maße von Hidcote unterscheidet. Obwohl es sich um einen Garten von mehr als drei Hektar handelt, fehlen jenseits des Eingangshofs die üblichen Elemente von Pracht und Schaustellung. Vielleicht ist der Inselcharakter der einzelnen Komponenten eine getreue Interpretation einer Tradition der Gartengestaltung, die andere Architekten nicht erkannt hatten. Die weniger anspruchsvollen Gärten der Tudorzeit und des 17. Jahrhunderts, Gärten von ländlichen Herrenhäusern, waren nicht alle an Bögen und Sichtachsen ausgerichtet, so daß der ganze Garten von der Terrasse aus überblickt oder doch zumindest antizipiert werden konnte. Rodmarton wurde als ein Herrenhaus entworfen, das sich aus vielen Teilen zusammensetzte, und die gleiche Philosophie stand hinter der Anlage seines Gartens. Vielleicht war es in seiner Haltung gegenüber der Natur ebenso radikal wie in der Haltung gegenüber der Tradition: Wir wissen, daß die meisten Baumaterialien für das Haus buchstäblich auf dem Gelände gebrochen oder gefällt wurden. Ist es möglich, daß der Charakter des Gartens durch die natürliche Topographie bestimmt war? Einen Anhaltspunkt liefert wiederum *Country Life* mit seiner Beschreibung der Landschaft (1909): »Diese sehr bewegte Region von Hügel und Tal, voller Falten und Schöße, bringt eine Folge von Bildern hervor, jedes von beträchtlicher Ausdehnung und großer Vielfalt, aber die übrigen ausschließend. Die Kämme und Bodenwellen bilden Grenzen, teilen die Landschaft in eine Reihe von Provinzen, deren jede ihre Unabhängigkeit und Individualität wahrt.«[23] Der Garten von Rodmarton ist zum größten Teil auf ebenem Terrain angelegt. Es konnte gar nicht die Rede davon sein, daß die Buckel und Bodenwellen im Gelände oder alle hier vorhandenen Bäume erhalten blieben.

Anmerkungen

1 Anonymus, »Country Houses, Gardens Old and New. Kellie Castle, Fife, the residence of Mrs. Lorimer«, *Country Life*, 28. Juli 1906, S. 126-131.
2 ibidem.
3 Sir Robert Lorimer, »On Scottish Gardens«. Vortrag, 1899 gehalten vor der Architectural Association.
4 ibidem.
5 Für »Whinfold« und »High Barn« in Hascombe, Surrey, und für »Brackenburgh« in Calthwaite, Cumberland.
6 Brief von Emily Lutyens an ihre Schwester Betty Balfour aus dem Jahre 1901. Lutyens Family Papers, Royal Institute of British Architects (RIBA).
7 Sir Robert Lorimer, op.cit.
8 Peter Savage, *Lorimer and the Edinburgh Craft Designers*, Paul Harris Publishing, Edinburgh, 1980, S. 12.
9 Ich danke Chris Crowder, dem Chefgärtner von Levens Hall in Cumbria, für seine Informationen über den Zierschnitt.
10 Madame de Navarro (geb. Mary Anderson), *A Few More Memories*, London 1936.
11 H. Avray Tipping, »Country Houses, Gardens Old and New. Hidcote Manor, Gloucestershire. The seat of Mr. Lawrence Johnstone« (sic), *Country Life*, 22. Februar 1930, S. 286-294.
12 Diese Information ist einem Brief der Tochter des Chefgärtners, Mrs. M.R. Lees, vom 29. November 1978 an die Royal Horticultural Society entnommen. Das monatliche Budget von 600 Pfund bezieht sich auf die zwanziger Jahre.
13 Auch Jekyll wechselte gelegentlich den Boden aus, um eine bestimmte Pflanze setzen zu können.
14 Nach Auskunft von Jack Percival, der von 1932 bis 1934 Gärtner in Hidcote war, wurden diese exotischen Vögel in den Wintermonaten in beheizten Käfigen gehalten.
15 Die nachstehenden Zitate stammen aus Vita Sackville-West, »Hidcote Manor«, *Journal of the Royal Horticultural Society*, vol. 74, November 1949, S. 476-478.
16 Ich danke Paul Nicholls, der mir Informationen über Johnston und den Garten von Hidcote gab und mich mit Personen bekannt machte, die sich an die Frühzeit des Gartens erinnern.
17 Ich danke Jack Percival für die Schilderung seiner Tätigkeit als Gärtner in Hidcote.
18 W.R. Lethaby, Alfred H. Powell und F.L. Griggs, *Ernest Gimson, His Life & Work*, Shakespeare Head Press, Stratford-upon-Avon, 1924, S. 8.
19 H. Avray Tipping, »The Lesser Country Houses of To-Day. A house at Sapperton designed by Mr. Ernest Gimson«, *Country Life*, 6. März 1909, S. 348-354.
20 H. Avray Tipping, »The Lesser Country Houses of To-Day. A house at Sapperton by Mr. A. Ernest Barnsley«, *Country Life*, 10. April 1909, S. 522-527.
21 Arthur Oswald, »Rodmarton, Gloucestershire. The Seat of The Hon. Claud Biddulph«, *Country Life*, 4. April 1931, S. 422-427.
22 Siehe Rosemary Verey, »The garden at Rodmarton Manor«, *The Garden*, vol. 107, 1982, S. 263-268.
23 »Country Houses, Gardens Old and New. Daneway House, Gloucestershire, the property of the Earl Bathurst«, *Country Life*, 6. März 1909, S. 344.

KAPITEL 8

Der Garten innerhalb des Hauses

Natur und Tradition standen für die Vertreter der Arts-and-Crafts-Bewegung in England in einem anderen Verhältnis zueinander als für ihre nordamerikanischen Zeitgenossen. Frank Lloyd Wright (1867-1959) erinnerte sich, wie sehr er als Kind die primitive amerikanische Architektur – die Architektur der Tolteken, Azteken, Mayas und Inkas – bestaunt hatte, ganze Zivilisationen, die von den modernen Architekten, die immer nach Paris blickten, völlig außer acht gelassen wurden. Während die Briten eine konservierende, wenn auch dynamische Rolle einnahmen, hatten die Amerikaner eine eher freie Einstellung zur Geschichte, zur Handwerkskunst und zu den Vor- und Nachteilen des Maschinenzeitalters. Frank Lloyd Wright meinte im Zusammenhang mit der »Souveränität des Indivi-

RECHTS: *Das Haus Nr. 48 Storey's Way in Cambridge verkörpert Baillie Scotts Ideal des modernen Cottage und des mit ihm zusammen entworfenen Gartens.*

duums«, daß die Amerikaner, anders als Engländer und andere Europäer, die ihre traditionellen Formen glaubten bewahren zu müssen, eher verpflichtet seien, »im Einklang mit ihren neuen Idealen der Freiheit und Individualität neue Traditionen zu begründen«.

Wenn die Tradition nicht so sehr Restriktionen als vielmehr eine Fülle von Möglichkeiten repräsentierte, dann erwies die Natur sich als Quelle der Inspiration als ebenso ergiebig: Die Großartigkeit und der Maßstab der amerikanischen Landschaft mit ihren klimatischen Extremen boten einen ganz anderen Ansporn als die kleinen Dimensionen des ländlichen England, die William Morris und seine Nachfolger zu schützen gelobt hatten. Kalifornische Entwerfer, die sich den inhärenten Bedingungen der Landschaft zuwandten, sahen sich einer Wüste gegenüber. Zu den Traditionen einer Migrantenbevölkerung zählten die spanische, japanische und einheimisch amerikanische ebenso wie die europäische Garten- und Baukultur. Einheimische Pflanzen wie Kakteen konnten in einer Größe und Pracht gezogen werden, welche die harmonischen Möglichkeiten der englischen Staudenrabatte herausforderten. Allerdings fielen die üppigen Perennen der traditionellen Rabatte in der Hitze rasch zusammen. Dort, wo man es mit der Rückkehr zu den obersten Grundsätzen versuchte und Natur und Tradition befragte, bot sich eine verwirrende Vielfalt von Anreizen, so daß die Gartenentwerfer sich gedrängt sahen, einerseits die Arts-and-Crafts-Philosophie zu verfolgen und andererseits die spezifisch amerikanischen Bedingungen zu berücksichtigen, nämlich die Landschaft und das interkulturelle Moment.

Das Ideal der Einheit von Kunst und Natur, bezogen auf den Entwurf von Haus und Garten, war in Amerika unabhängig von der britischen Arts-and-Crafts-Bewegung entstanden, allerdings motiviert von vergleichbaren sozialen und künstlerischen Gegebenheiten. Wohl waren die Schriften von Ruskin und Morris und in der Folge diejenigen von Robinson und Jekyll alle außerordentlich einflußreich, ihre Interpretation fiel aber in Amerika ganz anders aus als unter den britischen Gartenentwerfern. Sie war nur Teil eines weit komplexeren Bemühens, speziell auf die amerikanische Landschaft und auf die Energie und Diversität der hier lebenden Menschen einzugehen und das Potential der Maschine eher zu nutzen als zu leugnen. Die Vorstellung, daß Staaten wie Kalifornien eine Vitalität »als physischer Ort wie auch als geistiger Raum« hatten, und das Aufscheinen dieses geistigen Raums in der Gartenkunst ist schon in David Streatfields ausgezeichnetem Buch *California Gardens: Creating a New Eden* behandelt worden. Einerseits hielt man sich in hochgradig eklektischen Gärten weiterhin auch an englische Bepflanzungspläne. Andererseits formulierten so außergewöhnlich kreative Figuren wie Frank Lloyd Wright und Charles und Henry Greene enge neue Beziehungen zwischen Landschaft und Architektur.

Die Integration des amerikanischen Hauses mit seinem Garten ließ sich den unterschiedlichen klimatischen Gegebenheiten anpassen. In gemäßigten Regionen war es eine sowohl praktische wie progressive Lösung, den Garten als Erweiterung des Hausgrundrisses ins Freie aufzufassen – eine Folge von Räumen für unterschiedliche Formen der Begegnung, Orte, auf die die Aktivitäten des Hauses ohne weiteres übergehen konnten. Im eher mediterranen Klima Kaliforniens schufen der gesprenkelte Schatten einer Pergola, eine Kolonnade oder der Binnenhof eine Art Zwischenbereich – nicht innen und nicht außen –, der den größten Teil des Jahres über genossen werden konnte. Im mittleren Westen, wo die Temperaturen im Winter und im Sommer entgegengesetzte Extreme erreichen, wurden die Gärten in die Architektur des Hauses einbezogen und konnten vor der Hitze des Sommers und dem strengen Frost des Winters geschützt werden. Das Ideal des Gartens im Haus oder einer Folge von Freilufträumen vertrug sich besonders gut mit der wachsenden Überzeugung, die häusliche Sphäre solle in allen ihren Details von einer einzigen Sicht (derjenigen des Architekten) bestimmt sein. Form und Grundriß des Hauses, Baumaterialien und -methoden sowie die

Entscheidung für das dekorative Zubehör nahmen ganz entschieden Rücksicht auf die Natur, mit der Folge, daß die miteinander verbundenen Formen von Haus und Garten eine fundamentale Einheit bildeten.

Frank Lloyd Wright entwarf Gärten nicht als separate Gebilde; vielmehr umgab er sie mit den Flügeln seiner Häuser und schuf auf diese Weise grüne Höfe, versunkene Gärten und überdachte Terrassen, so daß Binnen- und Außenräume kaum unterscheidbar waren. Das Prinzip des Schutzes, ein fundamentales Prinzip der Architektur, war für die Gartenkunst des mittleren Westens essentiell. Wright sprach im Zusammenhang mit dem Klima um Chicago von den »heftigen Extremen von heiß und kalt, feucht und trocken, dunkel und hell«. Seine Präriehäuser, so genannt, weil sie den Geist und die horizontalen Linien der Prärie aufnahmen, besaßen flache, weit überstehende Dächer. Damit waren die Wände des Hauses vor dem Regen geschützt, und die Innenräume blieben im Sommer schattig. Die »leichten« Wände gaben den Weg von den Schlafzimmern auf Balkons frei oder öffneten sich im darunterliegenden Stockwerk auf Veranden und Terrassen. Diese Zwischenbereiche gehörten sowohl zum Haus als auch zum Garten. Manchmal stand das Dach so weit vor – beispielsweise im Haus Robie in Chicago, das 1906 entstand –, daß ganze Terrassen überdacht waren. Wright war an der Beziehung zwischen dem Haus und seiner Landschaft interessiert und bestrebt, den Garten zu einem funktionierenden Teil des Hauses zu machen. Im Haus Robie ist der versunkene Gartenhof sehr kompakt, aber der Billardraum und das Spielzimmer der Kinder öffnen sich unmittelbar darauf. Das Spielzimmer profitiert von der überdeckten Terrasse, die bei fast jedem Wetter benutzt werden kann und von Mauern umgeben ist, welche die Kinder davon abhalten sollten, auf die nahegelegene Straße zu laufen. Pflanzgefäße aus Ziegelstein oder Beton, nach Wrights Entwurf hergestellt, markieren die Ecken der Terrasse. Auf seinen Plänen und perspektivischen Zeichnungen zeigte Wright sie mit Girlanden aus rankenden Pflanzen geschmückt.

Wright hob die deutliche Trennung zwischen Binnen- und Gartenräumen auf. Fortschrittliche viktorianische Häuser präsentierten zwar häufig eine Sichtachse aus dem Wohnraum über den Garten hinweg, aber verglaste Türen, die sich von den Haupträumen direkt auf Außenterrassen öffneten, waren in diesen Häusern selten. Im Haus Robie und im Haus Avery Coonley in Riverside von 1906-1909 löste Wright ganze Wände in Glas auf. Schlafzimmer wie Wohnräume öffnen sich auf Veranden und Terrassen, und im Haus Avery Coonley versorgen Dachfenster die Innenräume mit einem alles durchdringenden natürlichen Licht. Der Garten und die dahinterliegende Landschaft sind im Innern ständig sichtbar, und ein mit einem Birkenwald bemalter Fries, der den Kaminplatz entlang der breiten Nordwand des Wohnraums begleitet, spricht ausdrücklich von der Natur innerhalb des Hauses. Wright liebte es, die niedrigen Linien seiner Häuser zu betonen, indem er sie perspektivisch zeichnete, hineingesetzt in einen Rahmen aus schlanken Baumstämmen. Die vertikalen Linien organischen Wachstums kontrastieren mit den horizontalen Ebenen des Hauses, und die Dächer liegen im Schutz eines natürlichen Baldachins aus Zweigen und Blättern. In diesen Zeichnungen lebt der Eindruck, daß das Haus und seine natürliche Umgebung eine organische Partnerschaft bilden. Im Haus Avery Coonley wurde dieses Konzept auf die Binnenstruktur und die Dekoration ausgedehnt: Der Fries im Wohnraum zeigt nur die bleichen Birkenstämme, unterpflanzt mit Farnen; an der Decke ist in der Form einer zeltartigen Struktur aus hölzernen Sparren der Schutz durch ein Birkenwäldchen angedeutet, wobei stellenweise natürliches Licht durch die Dachfenster hereinspielt.

Die klaren horizontalen Linien, die Wright als Reflex der Horizontale der Prärieebene über seine Ansichten der Gartenfassade zog, spiegeln sich wiederum in einem Becken im Garten, das großzügig bemessen ist und in seinen Proportionen das Haus ergänzt. Das zum Teil dichtbewaldete Gartengelände zog sich bis zum Ufer des Flusses Desplaines hinunter, und Wright

OBEN: *Perspektivische Ansicht des Hauses Avery Coonley in Riverside von Frank Lloyd Wright.*

LINKS: *Die ausgewogenen Proportionen von Haus und Garten.*

plazierte das Haus in die Nähe eines Niederwaldes. Die langen Flügel des Hauses erstrecken sich in das Terrain hinein, so daß die einzelnen Räume auf zwei oder sogar drei Seiten verglast werden konnten, was den Eindruck vermittelt, man sei vom Garten umgeben. Diese Flügel durchdringen und definieren die Gartenräume und rahmen einen an einer Seite von einer Pergola geschlossenen Senkgarten. Es besteht eine dynamische Beziehung zwischen der natürlichen Landschaft aus Flußufer und Waldland einerseits und dem von einer architektonischen Struktur umgebenen Garten andererseits. Die geraden Wege und Terrassen sind gesprenkelt vom Schatten der nahestehenden Bäume; die Flügel des Hauses spannen sich über die Gartenräume.

Wrights schlichte Pflanzentröge und abgeflachte Urnen bestimmen die Position und in gewissem Umfang auch die Art der Bepflanzung innerhalb der übergreifenden architektonischen Strategie. Sie sind in die Balkonwände und die Mauern rund um das Haus eingestellt; Rankpflanzen ziehen sich vom oberen Stockwerk nach unten, und die gleichen Pflanzgefäße sind auch Teil der Binnenarchitektur des Wohnraums. Im Haus Avery Coonley war jedes häusliche Element – Beleuchtung, Mobiliar, Textilien, Teppiche – ebenso wie die landschaftliche Gestaltung des Gartens von Wright bestimmt. Innerhalb des Hauses wie rund um das Haus haben die Gartenelemente sich einem meisterlichen Plan zu fügen. Das Haus selbst zeigt allerdings das, was Wright in einem Vortrag im Jahre 1894 riet, nämlich »organische« Architektur:

»Lassen Sie Ihr Haus scheinbar mühelos aus seinem Gelände hervorwachsen, und geben Sie ihm eine Form, die mit der Umgebung sympathisiert, wenn die Natur dort manifest ist; wenn sie es nicht ist, seien Sie nach Möglichkeit so still, so substantiell und organisch wie sie es gewesen wäre, wenn sie die Chance gehabt hätte.«

Das Bestreben, ein Band zwischen Architektur und Landschaft zu knüpfen – ein Bestreben, das der gesamten Arts-and-Crafts-Bewegung zugrunde lag –, äußerte sich auf besonders dramatische Weise in Frank Lloyd Wrights Haus Fallingwater in Bear Run, Pennsylvania. Das Haus besitzt keinen angelegten Garten. Es schwebt sozusagen, über einen natürlichen Wasserfall hinausragend, in der Landschaft. Eine Öffnung im Fußboden des Wohnraums führt hinunter zu dem unter dem Haus fließenden Fluß, und das obere Ende des Felsens, auf dem die Familie des Bauherrn zu picknicken pflegte, bevor das Haus gebaut wurde, bricht vor der Feuerstelle im Wohnraum durch den Fußboden. Wie Wright seinem Auftraggeber sagte: »Ich möchte, daß Sie den Wasserfall nicht nur ansehen, sondern mit ihm leben; er soll ein fester Bestandteil Ihres Daseins werden.« Vom Haus aus kann man den Wasserfall nicht sehen, aber auf den frei darüber hängenden Terrassen ist das Geräusch des Wassers allgegenwärtig:

»Der Wasserfall wird für die Bewohner des Hauses niemals nur ein Bild sein, so wie er auf der berühmten perspektivischen Ansicht von unten erscheint, sondern er bleibt etwas, das unserem gesamten Erleben zugrunde liegt und alle unsere Sinne erfüllt.«[1]

Die Mauern von Fallingwater sind aus dem ganz in

OBEN: *Das über einem Wasserfall »schwebende« Haus Fallingwater verwirklicht auf sublime Weise Wrights Vorstellungen von einem natürlichen Haus.*

der Nähe vorkommenden Stein errichtet; ihre Dicke ergibt sich aus der natürlichen Stärke des Stratums. Wright setzte die Verglasung in Nuten, die in den Stein geschnitten waren, und konnte so auf Fensterrahmen verzichten. Die Terrassen wie das Innere des Hauses besitzen die gleichen steinernen Fußböden, die gewachst sind, um dem Wasser in der Tiefe zu gleichen. Zu diesem Gebrauch lokal anstehender Materialien und zur Freude am Kontrast der Oberflächentexturen kommen die seinerzeit modernste Bautechnologie und die neuesten Materialien. Die Betonstruktur des Hauses galt zur Zeit der Erbauung, 1935, als so kühn, daß Wright einmal, als die Ingenieure und ein kleinmütiger Bauherr aneinandergerieten, seine Leute und Zeichnungen von der Baustelle abzog und dem Kunden wütend schrieb: »Ich habe so viel mehr in dieses Haus investiert als Sie oder irgendein Kunde das Recht haben zu erwarten; wenn ich also Ihr Vertrauen nicht habe, dann zur Hölle mit der ganzen Sache!« Wright ließ die Betonplatten des Dachs in einer massiven Pergola enden, er schnitt Öffnungen in den Boden der vorkragenden Terrassen, so daß voll ausgebildete Bäume gleichsam durch das Gebäude hindurchwachsen, und sorgte dafür, daß das Vorhandensein von Fluß und Fels an jedem Element des Hauses spürbar wird. Anders als die Häuser Robie und Avery Coonley gehört Fallingwater nicht in die Zeit von Arts and Crafts; Wrights individuelles Genie läßt sich aber ohnehin nicht einer einzigen Bewegung zuordnen. Dennoch stellte Fallingwater in gewisser Hinsicht eine sublime Lösung für das Anliegen der Arts-and-Crafts-Bewegung dar: Es gibt hier keinen Garten, weil die Beziehung zwischen dem Haus, den Felsen, dem Fluß und dem Wald eine so unmittelbare ist, daß jeder Zwischenbereich überflüssig wäre.

Die japanischen Gärten und das ihnen innewohnende Moment von Einfachheit und Handwerklichkeit wurden in Amerika mit einem Eifer studiert und interpretiert, den man in Europa nicht aufbrachte. Die Rekonstruktion des Ho-o-den-Tempels auf der Weltausstellung von 1893 in Chicago brachte junge Leute wie Frank Lloyd Wright und die Brüder Charles und Henry Greene (1868-1957; 1870-1954) in direkten Kontakt mit japanischen Baumethoden und führte das Konzept des Gartens als eines Symbols der Landschaft und Zentrums der Kontemplation ein. Die Pluralität der amerikanischen Traditionen ermöglichte eine diversifizierte und liberale Einstellung gegenüber importierten Kulturen. In den Gärten von Greene und Greene nahmen Trittsteine und stille Teiche ganz direkt Bezug auf japanische Gärten. Bezüglich der unmittelbaren Beziehung zwischen Garten und Haus wurden die Shinto-Traditionen von Greene und Greene einem progressiven kalifornischen Ideal anverwandelt; hier gab es kein oberflächliches Stilgemisch.

Gamble House im kalifornischen Pasadena, 1907-1908 entworfen für David und Mary Gamble, ist das Meisterwerk der Brüder Greene. Die spirituelle Bedeutung der Natur kommt in der organischen Silhouette eines »Lebensbaums« aus Tiffany-Glas in reichen Farben zum Ausdruck, der die massive Fronttür ziert. Im ganzen Haus werden Schönheit und natürliche Stärke des Holzes in der offen zutage liegenden Holzstruktur und in den getäfelten Interieurs sichtbar. Teak und Mahagoni sind das Material von Decken, Treppe, Fenstergewänden und Türen. Wrights Votum für die maschinelle Produktion wird zugunsten des höchsten Standards an handwerklichem Können zurückgewiesen, das sich so extrem zeigt, daß die Kanten der Ziegel am Kamin im Arbeitszimmer von Hand gerundet sind, um den gerollten Kanten der gezimmerten Teile zu entsprechen. Es gibt zwar kein schriftliches Zeugnis, aus dem die meditativen Absichten des Entwurfs sprächen, aber hier war ganz offensichtlich mehr im Spiel als nur die anspruchsvolle Aufmerksamkeit bezüglich des kleinsten Details und eine ausgesprochene Vorliebe für natürliche Materialien. Greene und Greene machten überall im Haus und auch im Garten wörtliche Anleihen bei Japan. Man kann zwar nicht sehen, ob es sich im Grunde um eine Übersetzung der östlichen Philosophie und Religion handelt, aber man kann es vermuten.

RECHTS: *Der Speiseraum in Gamble House von Greene und Greene. Die stilisierte Weinranke des Buntglasfensters bildet ein Echo auf die draußen wachsende reale Rankpflanze.*

Die Natur ist in diesem Haus ganz ausgesprochen und greifbar anwesend. Sie wird in der Dekoration beschworen: Die Fenster des Speisezimmers sind bleiverglast, sie zeigen die feinen Stiele und Blüten einer Rankpflanze, während draußen wirkliche Reben wachsen und ihren Schatten auf die Scheiben werfen. Mit dem bunten Glas, wie es hier und an der Fronttür verwendet ist, tauchten die Greenes das Innere des Hauses in ein farbiges Licht und machten mit der Konzentration auf die Bewegung der Sonne rund um das Haus und auf ihren jeweiligen Stand am Himmel die Uhrzeit wie auch die Jahreszeit deutlich. Randell Makinson schreibt mit Bezug auf die immer wieder andere Wirkung des Lichts, das durch den gläsernen Lebensbaum in die Halle fällt:

»An manchen begnadeten Morgen trifft einer, der sich schon zeitig umtut, die Sonne an, wie sie fast horizontal hereindringt..., schon gesprenkelt nach ihrem Weg durch die Bäume auf der anderen Straßenseite, durch jenes phantastische Tiffanyglas an der Eingangstür flammend und das Haus von vorne bis hinten mit einem Leuchten füllend, wie man es nirgendwo sonst finden wird... Der sehr formale zentrale Raum des Hauses wird für vielleicht eine Stunde in etwas vollkommen Klischeehaftes verwandelt – Aladins Höhle oder Heiliger Hain.«[2]

Die Natur ist auch in der Raumerfahrung präsent: Das Obergeschoß dehnt und öffnet sich buchstäblich in die Landschaft; man ist versucht, einen Vergleich mit den Zweigen eines Baums zu ziehen. Greene und Greene entwarfen eine Art Schlafbalkons, überdachte Decks, die sich aus den Schlafzimmern heraus entwickeln, so daß die Familie und ihre Gäste im Freien schlafen konnten. Damit waren die Düfte und Geräusche des Gartens und des Orangenhains, den die Gambles in der Nähe besaßen, nachts im Haus präsent. Allerdings hatten diese Schlafräume im Freien auch eine praktische Seite: Der Vater der Greenes war als Arzt spezialisiert auf die Erkrankungen der Atemwege, und sie waren mit der zu Beginn des 20. Jahrhunderts aufkommenden Überzeugung großgeworden, daß Sonne und frische Luft für die Gesundheit wesentlich seien.

Die Schlafbalkons und die Terrassen darunter lassen Gamble House als eine Folge offener und geschlossener Bereiche erscheinen, schindelverkleideter, von der kalifornischen Sonne hell beleuchteter Hauswände und geheimnisvoller, tief verschatteter Bezirke. Die hölzernen Veranden und die sichtbaren Enden der Dachbalken und Sparren erinnern an japanische Häuser und Tempelbauten. Die Inspiration für den Garten ist ebenfalls klar. Zwei große Terrassen, fliesenbedeckt, mit Pflanzkübeln versehen und nachts von schönen Laternen erleuchtet, sind zum Teil von den Schlafbalkons überhangen. Die hintere Terrasse war ursprünglich von zwei voll ausgebildeten Eukalyptusbäumen beherrscht. Trittsteine von unterschiedlicher Größe bilden einen gewundenen Pfad über den Rasen und über einen kleinen Teich hinweg und setzen die orientalische Symbolik fort.

In Europa wurden kaum Versuche unternommen, den Geist des japanischen Gartens zu beleben. Ein eher allgemeines Interesse an östlichen Philosophien, am Spiritualismus und an alternativen Religionen wie der Theosophie kam oft in sehr persönlicher und symbolischer Form in Garten und Haus zum Ausdruck. In England wurde der japanische Garten häufiger als modisches Zwischenspiel übernommen. Er fand seinen Weg in den Arts-and-Crafts-Garten eher deshalb, weil die Kunden darauf drangen, und nicht so sehr weil ernsthafte Gartenentwerfer wie Jekyll ihn sich erwählt hätten. Vertraut mit dem Phänomen der Pagoden und Laternen, tat Jekyll diese Objekte als prätentiöse Laune ab und riet zur Zurückhaltung:

RECHTS: *Die fragilen Reste eines japanischen Teehauses in New Place.*

»Der nüchterne, überlegte Gärtner lächelt in sich hinein und läßt die modischen Einfälle vorübergehen ... Wenn er in Japan gereist ist, wenn er einige Zeit dort gelebt und die Sprache erworben hat, wenn er die Einstellung der Leute zu ihren Gärten studiert und sich die traditionellen Mythen zu eigen gemacht hat, die so eng mit ihrer gärtnerischen Praxis zusammenhängen, und wenn er zudem praktizierender Gärtner auch in England ist – dann mag er einen japanischen Garten machen, wenn er will und kann; aber er ist ein Weiser, wenn er es bleiben läßt.«[3]

In New Place in Haslemere, Surrey, wäre Jekylls Rat vom Architekten des Gartens, C.F.A. Voysey (1857-1941), bekräftigt worden, der ebenfalls der Meinung war, ein Symbol solle dort verwendet werden, wo man seine Bedeutung wirklich verstehen könnte (allerdings entwickelte er eine eigene Symbolsprache). Voysey entwarf den Garten und das Haus im Jahre 1897. Jekyll verbesserte die Bepflanzung fünf Jahre später. Ein entschlossener Bauherr war geschickt genug, ihrer beider Argumente zu umgehen. Er holte sich ein Team japanischer Gärtner und Handwerker, die den orientalischen Teil des Gartens planen und anlegen sollten, nachdem Voysey und Jekyll das Ihre getan hatten und gegangen waren.[4]

New Place steht in der Tat für den Einfluß, den der Bauherr neben dem Architekten und dem Gärtner auf Anlage und Erhaltung eines Gartens hat. Haus und Garten wurden von dem Verleger Sir Algernon Methuen als eine Einheit in Auftrag gegeben. Voysey nahm damals bereits eine führende Rolle unter denjenigen ein, die der Überzeugung waren, daß jedes Detail eines Hauses, von den Vorhängen an den Fenstern bis hin zur Größe und Form der Staudenrabatten, vom Architekten entworfen werden sollte. In New Place, wo er es mit einem steilen westöstlich verlaufenden Hang zu tun hatte, hielt er seinen Plan für Erdgeschoß und Garten in einer einzigen Zeichnung fest. Das Gelände wurde als eine Folge von ebenen Terrassen organisiert, die durch Böschungen oder Stützmauern voneinander getrennt waren. Das Haus fing den Niveauunterschied

OBEN: *Bleistatue von Reginald Fairfax-Wells im ummauerten formalen Garten von New Place.*

RECHTS: *New Place und sein Garten, 1897 von C.F.A. Voysey entworfen. Die Bank ist eines der wenigen erhaltenen Stücke nach Voyseys Entwurf.*

durch die Tieferlegung eines seiner Flügel auf. Die Struktur des Gartens wurde zwar »in einem Guß« festgelegt, aber nach der Fertigstellung des Hauses im Jahre 1899 kehrte Voysey noch einmal zurück, um ein Gärtnerhäuschen und ein Sommerhaus zu entwerfen, und wiederum zwei Jahre später überarbeitete er den formalen Garten.

Voysey arrangierte den Garten als eine Folge von sechs Räumen. Auf der obersten Terrasse, östlich des Hauses, befand sich ein in vier quadratische Flächen eingeteilter ummauerter Garten mit einem runden Becken in der Mitte, über dem sich heute eine Statue erhebt. Eine zweite »Statue aus Bleiguß«, höchstwahrscheinlich die Bauersfrau mit Kind von Reginald Fairfax-Wells, wollte Voysey in eine Nische im Zentrum der östlichen Mauer stellen. Im ausgeführten Entwurf

OBEN: *Voyseys Gartentor ist eine Hommage an das von der Backsteinarkade gerahmte Gitter des 18. Jahrhunderts.*

RECHTS: *Der rohe Verputz von Voyseys Laube und die grüngestrichene Bank bilden ein Echo auf die Architektur des Haupthauses.*

verlor sie allerdings die axiale Position und erhielt ihren eigenen Sockel. An der Südseite des formalen Gartens wurde ein Tennisrasen angelegt. Eine Backsteinarkade, zur Aufnahme eines wohl aus dem 18. Jahrhundert stammenden, mit Weinblättern verzierten Gitterpaares italienischer Herkunft entworfen, trennt ihn wiederum von einem langen und schmalen *bowling green*. Voysey plazierte steinerne Bänke in seine Arkade und versah das Nordende des *bowling green* mit einer ursprünglich mit Riedgras gedeckten Laube, in der die Spieler sich aufhalten und miteinander plaudern konnten, während sie darauf warteten, daß sie an die Reihe kamen. Zu Beginn der zwanziger Jahre war die Backsteinarkade mit *Azara microphylla* überzogen, einem immergrünen Strauch mit glänzenden Blättern und nach Vanille duftenden Blüten.

Voysey hatte nur geringe hortikulturelle Kenntnisse. Er schuf einen eng mit dem Plan des Hauses verbundenen Rahmen für den Garten, und die Details der Bepflanzung wurden entweder mit dem Kunden oder mit einem Landschaftsarchitekten besprochen. Der gewünschte Effekt war angegeben: Auf seinem Plan steht bei einer der Rabatten für New Place ganz einfach »große und hohe Blumen«, während die Spezifikation für »mehr oder weniger wilde« Bereiche abseits vom Haus und für eine Böschung mit einheimischen *erica arborea*, Schwarzdorn »und anderen wildwachsenden Sträuchern« dafür spricht, daß seine Sympathien eher Robinson und Jekyll als Blomfield galten. Voyseys Gärten sind außergewöhnlich in der Klarheit der Planung und der Kontinuität zwischen Innen und Außen. Die separaten Gartenbereiche sind offen oder geschlossen und schön proportioniert, um sich den verschiedenen Teilen des Hauses zu verbinden. Zwar gibt es gewollte Fluchtlinien und Sichtachsen innerhalb des Gartens, doch wird auch mit weniger formalen Diagonalen experimentiert, das heißt die Architektur des Gartens wird als Rahmen eines Blicks auf das Haus oder über das halbwilde Waldstück in die dahinterliegende Landschaft genommen. Methuen war ein beflissener Gärtner, und der Blick aus seinem Arbeits-

zimmer auf einen Pfad, der geradewegs auf eine geschützte Laube zulief, muß eine ständige Versuchung gewesen sein.

Im Zentrum des Hauses entstand eine nach Süden orientierte Halle in der Arts-and-Crafts-Tradition als Hauptwohn- und zugleich Zirkulationsbereich. Fast die gesamte Südwand war durch großzügig bemessene Fenster belichtet. Voysey entwarf eine Sitzecke nicht um den Kamin, sondern so, daß sie den Garten überblickte, ein intimes sonnenerleuchtetes Fleckchen, das draußen im Gartenhof sein Echo in einer überdeckten Sitzbank fand, von der aus man, geschützt vor dem Ostwind, die nachmittägliche Sonne genießen konnte. Der Übergang von der Halle durch eine halbverglaste Tür in den Garten war durch einen geschützten Hof, den auf drei Seiten die Flügel des Hauses umgaben, geschickt als eine Abfolge von Schauplätzen organisiert. Voysey achtete besonders auf die Bodenbeläge: Seiner Überzeugung nach hatte eine rasche Aufeinanderfolge unterschiedlicher Oberflächen eine unerfreuliche Wirkung auf den Gehenden.Wenn New Place auch zu groß war, als daß er es wie seine kleineren Landhäuser innen wie draußen im Garten mit den gleichen Schieferböden hätte ausstatten können, so sollten die halbrunden Steinstufen in den Gartenhof und die breiten, mit Steinen aus dem Old Christ's Hospital gepflasterten Wege den Besucher jedenfalls veranlassen, vom Haus in den Garten zu wandern.

Das Geschütztsein und eine lyrische Sicht der psychologischen Wirkungen des Umschlossenseins – an einem Gartensitz, unter der Ziegel- und Steinarkade oder der strohgedeckten Laube – kehren als subtile Themen im Design von New Place immer wieder. Das große Erkerfenster des Wohnraums und der Billardraum im Geschoß darunter haben Sitzgelegenheiten im Fenster. Jedes Erkerfenster projiziert buchstäblich das Innere in den Gartenraum hinaus; in New Place aber werden die Proportionen dieses vertikalen dreigeschossigen Bauteils in der hohen Stützmauer des versunkenen Gartens wieder aufgenommen, den er überblickt. Voysey arbeitete vielfach mit dem Motiv des Herzens als Symbol nicht einfach für Liebe, sondern für edle Gedanken und Gefühle. Herzförmige Briefkästen schmücken seine Eingangstüren; Herzen sind in die Stuhlrücken geschnitten und erscheinen als Endungen von Beschlägen. In New Place sollte der versunkene Garten, den man vom Wohnraum aus überblickte, ein Mittelstück aus vier mit Gartenraute (*Ruta graveolens*) gefüllten herzförmigen Beeten erhalten. Lady Methuen allerdings schrieb an Gertrude Jekyll, sie halte das »kaum für praktisch ... und aus dem Duft mache ich mir nichts«. Wenn diese Beete jemals vorhanden waren, dann wurden sie wieder mit Gras bedeckt, als Jekyll aufgefordert wurde, Voyseys Rosengarten umzugestalten. Die Bepflanzung der Rabatten auf beiden Seiten des versunkenen Gartens deutet auf Jekylls Oberaufsicht.

Die blaß-mauvefarbenen Blüten von *Abutilon vitifolium* ergänzten den grauen Stein von Voyseys Stützmauer, die nach Westen orientiert war und damit ein geschütztes Mikroklima schuf. Dazu kamen gefüllte weiße Päonien, die sich von den blaßblauen Blüten des hochwachsenden Rittersporns und von *Anchusa azurea* »Opal« abhoben. In der anderen Rabatte, die nicht mehr im Schutz der Mauer lag, waren *Anchusa* und Katzenminze zusammengepflanzt. Voysey ordnete gewohnheitsmäßig an, daß einige hundert galvanisierte eiserne Ösen in den rohen Putz seiner Häuser eingebracht und nach Fertigstellung der Wand mit Drähten verbunden wurden, an denen Rankpflanzen Halt finden konnten. Sehr beliebt waren in New Place auch Pergolen, die grüngestrichen und mit *Robinia hispida*, Hortensien, *Escallonia*, *Sophora tetraptera* und *Fremontodendron californicum* bepflanzt wurden. Ein Teil dieser Bepflanzung war vermutlich von Jekyll angeraten, deren Pläne für einen Rosengarten, nach einem Besuch in New Place im März 1902 angefertigt, sich in der Reef Point Gardens Collection befinden. Jenseits des versunkenen Gartens ersetzte oder verbesserte ihr mit Hochstamm- sowie Zwergrosen besetzter Rosengarten einen früheren Entwurf von Voysey. Jekyll und Voysey kannten und respektierten die Arbeit des jeweils anderen. Voysey ist mit einer als zinnenbewehrte Mauer ausgebildeten Eibenhecke an einer Seite des Rosengartens vertreten, und von Jekyll stammt – in harmonischer Nachbarschaft dazu – die Bepflanzung einer Stützmauer mit Kaskaden von *Phlomis fruticosa*. Ihrer beider Anwesenheit in New Place ist allerdings kein Beweis für irgendeine Form der Zusammenarbeit. Was Jekyll zur Bepflanzung von New Place beitrug, stammt aus einer zweiten Phase des Gartens, aus einer Zeit, zu der Voysey schon nicht mehr dort tätig war. Eine dritte Phase begann, nachdem die Gärten angelegt waren und die erste Bepflanzung durchgeführt war – als der Auftraggeber mitwirkte.

Jenseits des formalen Gartens befand sich ein von Felsbrocken gesäumter Wassergarten, der Sir Algernon Methuens besondere Passion war. Er hatte ein ABC der Alpenpflanzen verfaßt, einen enzyklopädischen Band, der die ganze Fülle alpiner Pflanzen versammelte, die »mehr oder weniger mit Erfolg« in New Place gezogen wurden, und machte seinen Besitz 1921 unter dem Titel »New Place Haslemere and its Gardens« bekannt. Das lenkt den Blick auf ein häufig unterschätztes Phänomen – die langfristige Entwicklung des Gartens unter den Auspizien seines Besitzers. Heute fällt vor allem schmerzlich auf, daß die Steine und die Kanäle von Methuens japanischem Wassergarten von Moos bedeckt sind und das hölzerne Teehaus zusammenfällt. Nach seinem Höhe- und Reifepunkt in den frühen zwanziger Jahren, als Methuen den Garten an Sommersonntagnachmittagen für das Publikum öffnete, durfte New Place allmählich »zur Natur zurückkehren«. Voyseys gemauerte Strukturen erfuhren keinen Eingriff, die vergängliche Brillanz von Jekylls Bepflanzung wurde von keiner bunten neuen Vision überlagert, Methuens Felsbrocken ruhten unter einer kompakten Grasdecke wie unter einem Leichentuch. In jüngerer Zeit ist die Gegend rund um das Haus vom Gestrüpp befreit worden, und Voyseys Strukturen sind wieder in aller Klarheit zu erkennen. An anderer Stelle hat man die Dinge zumindest stabilisiert. Der Gedanke, den Garten wieder in einen früheren Zustand zu versetzen, ist auf vorsichtigen Widerstand gestoßen. Es liegt etwas von Unehrlichkeit darin, etwas unwiderruflich Verlorenes wiederherstellen zu wollen. Soweit Jekylls Sträucher und Methuens Bäume noch vorhanden sind, haben sie eine Größe erreicht, die weit mehr über ihre Geschichte als über ihre Position innerhalb des ursprünglichen Bepflanzungsschemas aussagt. Die Erhaltung des Gartens wird nicht als Lösung des Dilemmas präsentiert, daß man einen historischen Garten restaurieren müßte; der Garten schwebt gleichsam in einem fragilen Zustand der Veränderung, wie er das von jeher getan hat.

Voyseys kooperatives Verständnis von Gartendesign war nicht Ausdruck einer nur halbherzigen Hinwendung zur Natur. Er war der Meinung, daß der menschliche Geist sich durch das Studium der Natur entfalte: »Je mehr wir in die Natur blicken, desto stärker spüren wir die geistigen Kräfte hinter uns.« Seine Häuser sollten wie diejenigen von Wright »der Natur in die Hände spielen«, und für seine einfachen Wandverkleidungen nahm er die Farben aus der Natur. Grün galt als die am ehesten beruhigende Farbe:

»Die Natur läßt es niemals zu, daß ihre Farben sich streiten. Ihre Bäume mit dem feinen Frühlingsgrün gehen wunderbar mit dem blauen Teppich der Hyazinthen. Überall ist Harmonie.«[5]

Mit Dekorationen ging Voysey sparsam um. Die Wirkung eines Voysey-Interieurs verdankte sich den Farben, der Oberflächentextur von Eichenholz, Schiefer und Stein, den großen weißen Putzflächen und den fein abgestimmten Proportionen. Wo ein Uhrgehäuse bemalt oder eine Wand mit Voysey-Tapeten beklebt war, waren die Motive unweigerlich der Natur entnommen. Die Vögel und Obstbäume, die sich immer wieder in seinem Werk finden, sind Symbole innerhalb einer komplexen spirituellen Strategie, die, wie Voysey glaubte, die Gedanken und Gefühle seiner Kunden veredeln würde.

Voyseys Wertschätzung stilisierter Symbole, von Harmonie, Ruhe und spiritueller Entfaltung durch die Hinwendung zur Natur läßt an die spirituellen Grundlagen der orientalischen Kunst denken, die Frank Lloyd Wright und die Brüder Greene faszinierten, auch wenn Voysey über diese Assoziation möglicherweise nicht glücklich gewesen wäre. Sein Zeitgenosse M. H. Baillie Scott (1865-1945) war direkter in seinen Empfehlungen für den idealen Garten und in seiner Art und Weise, den Garten ins Haus hineinzunehmen. Wo Voysey in seinen veröffentlichten Schriften eher zum Predigen neigte, war Baillie Scott einfühlsam und nüchtern. Sein mit eigenhändigen Aquarellen geschmücktes Buch »Houses and Gardens« (1906) steckt voller praktischer Ideen und Ratschläge. Die Funktion des Gartens bestand nach Baillie Scott einfach darin, Obst und Gemüse für den Haushalt zu tragen und der Familie einen Ort zu bieten, an dem sie sich bei schönem Wetter aufhalten konnte. Er versuchte, die Trennung zwischen Nutzen und Schönheit, zwischen dem Küchen- und dem Ziergarten zu korrigieren, indem er schrieb: »Wenn sich herausstellte, daß Rosenblätter – wie Kohlblätter – einen kulinarischen Nutzen hätten, dann würde die Rose wahrscheinlich schnell ihrer Stellung als Königin der Blumen enthoben.« Statt der roten Geranie schlug Scott die Feuerbohne vor als eine Pflanze, die mehr bewundert werden würde, »wenn sich ihre schlanken Schoten nicht so gut verwenden ließen«. Und weiter heißt es in *Houses and Gardens*:

»Das graugrüne Kraut und die großen distelartigen Köpfe der Artischocke, der Scheinwald des Spargelbeetes und die wunderliche Blüte der Zwiebel – das alles hat seine eigene Schönheit, die eher erkannt würde, wenn diese Pflanzen uns nicht zur Nahrung dienten.«[6]

Aus seinen Schriften spricht die Sehnsucht nach den ländlichen Wurzeln; er beschwor Bilder von pittoresken kleinen Häusern und von Rabatten mit Rosen und Lilien vor dem Hintergrund von Kohl und Kartoffeln. Seine Leser erfuhren, daß sie unter dem Einfluß der modernen Zivilisation in den Städten und Vororten den Sinn für die Bearbeitung des Bodens verloren hätten. Anschließend präsentierte er ihnen entsprechende Richtlinien und Pläne und forderte sie auf, ihre öden Höfe zugunsten der Gartenvorstadt aufzugeben. Dabei beschränkte sein Gartenbild sich allerdings nicht auf den Cottage-Garten. Er entwarf das Bild eines ländlichen Gartens vor dem Hintergrund einer dunklen, von Heidekraut und Stechginster bedeckten Landschaft, wobei der Ginster »von der unsichtbaren Schere der Natur zu sauberen runden Büschen geschnitten zu sein scheint«. Ein Kiefernwäldchen und ein paar silberne Birken im Hintergrund, so schrieb Scott, würden die perfekte Umgebung für ein Haus aus grauen Steinen abgeben, das als Garten nur eine von rauhen, flechtenbewachsenen Mauern umgebene Terrasse brauchte. Für ein weitläufigeres Grundstück dachte Scott an einen »Garten durchschnittlicher Größe« »mit einem Rasen für Tennis, Krocket oder *bowling*, einem Obstgarten, einem Küchengarten und einem Blumengarten in zwei Abteilungen – die eine ein Rosengarten, der quadratisch oder nahezu quadratisch sein könnte, und die andere, die lang und schmal sein kann, für perenne Blumen. Alle diese Außenräume wären durch gerade Wege miteinander verbunden, und einer von diesen könnte eine Pergola bilden... Die Schönheit des Gartens würde sehr weitgehend von seinen Sichtbezügen abhängen, und zu diesem Zweck müssen die Wege gerade sein«.[7]

Wege würde es nur wenige geben, und sie würden den kürzesten Routen folgen: »Wenn man sich einen Garten ganz ohne Wege vorstellt, dann würde man rasch sehen, daß sich Trampelpfade entwickeln, und diese würden dann die Linien für die wirklichen Wege abgeben.«[8]

Baillie Scotts Gartenformel war um 1906 nicht eigentlich originell. Da er noch den kleinsten Stadtgarten überzeugend plante und Haus und Garten als eine Gesamtheit ansah, war es ihm möglich, den Arts-and-Crafts-Garten um die Jahrhundertwende populär zu machen und einer sehr viel zahlreicheren städtischen Bevölkerung anzudienen. Baillie Scott frisierte sozusagen die Grenzen zwischen städtischen und ländlichen Gartenplänen. Die tatsächliche Größe, so

LINKS: *Eingang zum Haus Undershaw in Guildford, entworfen von M.H. Baillie Scott, 1908/09.*

schrieb er, hatte wenig damit zu tun, daß man geheimnisvolle und überraschende Wirkungen, Licht und Schatten in einem Garten erzeugen mußte. Manche Elemente konnten im Maßstab angepaßt werden, um den Gegebenheiten des vorstädtischen Gartens zu entsprechen. Dazu gehörten ein zentraler Brunnen zur Bewässerung des Gartens, eine Pergola, die einem gepflasterten Weg ein Schattenmuster zu geben hatte, und Haselnußbäume oder Weiden, die einen Grasweg zu beschatten hatten, von dem aus der Blick auf einen »offenen, von der Sonne beschienenen und mit Blumen bestandenen Fleck« gehen würde. Steinstufen und Mauern sollten eine »rauhe und heimelige« Behandlung erfahren und nicht nur als Maurerarbeit angesehen werden, sondern »als Gebautes, das mit pflanzlichem Leben bekleidet werden muß«. Baillie Scott begleitete seine lyrische Prosa und seine praktischen Hinweise mit einschmeichelnden Aquarellen, auf denen rosenüberhangene Pergolen und zwischen Hügeln versteckte Cottages in den von ihm beschriebenen Obstwäldchen und formalen Gärten zu sehen waren. Einfache Gestaltungspläne waren beigegeben.

Unter den Designern seiner Generation war Baillie Scott einer der talentiertesten und originellsten. Morgens wurden Pflanzen aus dem Garten und kleine Bäume aus der Umgebung in sein Büro gebracht und hier in allen Einzelheiten gezeichnet. Sie wurden vereinfacht und stilisiert oder so lebensecht wie möglich als dekorative Motive für gußeiserne Feuerböcke und Beleuchtungskörper, für Friese, Schreinerarbeiten, Stickereien oder Applikationen für die losen Kissen genommen, die Baillie Scotts hochlehnige Armstühle zierten. In Blackwell, einem 1898 über dem Lake Windermere errichteten Landhaus, sind Baum- und Blumenmotive mit außergewöhnlicher Delikatesse und Originalität in die Innenräume gebracht: Den Kamin in der Halle zieren Laubwerk und Früchte der Eberesche, um die Treppenpfosten ziehen sich ganze Bäume, und eine Galerie im oberen Geschoß ist mit Laub verziert, in dem sich Vogelnester verbergen. Nur diese riesige Halle, in der sich die Familie und ihre Wochenendgäste versammelten und ergingen, besitzt eine Tür, die direkt in den Garten führt. Der Wohnraum schiebt sich zwar mit zwei Erkern in den Garten und gewährt eine prachtvolle Aussicht auf das Gelände und den See, aber die Aufforderung zum Schauen – und zwar zum passiven Schauen – wurde nicht so weit getrieben, daß man eine Öffnung geschaffen und Aktion zugelassen hätte. Traditionell war der Wohnraum die Domäne der Frauen und beherrscht vom Engel des Hauses (bis Virginia Woolf diesen gewissermaßen umbrachte).[9] In Blackwell ist er eine dekorative Tour de Force in zurückgenommener Weiblichkeit.

Der ganze Raum ist weiß. Schlanke, überlange Säulen in der Form hochstämmiger, stilisierter Rosen und Obstbäume mit Kapitellen, die Laubwerk, Blüten und Beeren zeigen, stützen die Decke einer Nische und rahmen ein schmales weißes Regal. Darüber befindet sich ein erhaben gearbeiteter Fries mit Zweigen von Ebereschen voller Beeren. Auch die Decke schmücken ineinandergeflochtene Zweige. Baillie Scott entwarf Sitzgelegenheiten für die Erker und den Platz um den Kamin, weißlackiert wie der übrige Raum. Die feinen Regale und lackierten Schränke wirken so substanzlos, als könnten sie kaum irgendein Gewicht tragen. Es gibt eine Parallele zwischen der Eleganz dieses Raums und der Makellosigkeit der weiblichen Mode zu dieser Zeit – und zwar nicht der reichen Farben und fließenden Linien der Liberty-Gewänder, sondern des weißen Satins und der Spitzenkonfektion, wie man sie auf den Gemälden von John Singer Sargent und James Tissot sehen kann, Kleidung, welche die Damen der Gesellschaft auf die saubersten (und damit makellosesten) Tätigkeiten beschränkte. Wir wissen zuwenig von den Auftraggebern, Sir Edward und Lady Holt, als daß wir sagen könnten, ob der weiße Wohnraum in Blackwell ihre Idee oder der Einfall ihres Architekten war. Es gibt keine Pläne oder frühen Fotografien des Gartens, die eine Beziehung zwischen Innen und Außen herstellen könnten. Als Reflex der Natur im Haus ist der Raum allerdings eines der anspruchsvollsten und esoterischsten Interieurs aller Zeiten.

Baillie Scott war erst zweiunddreißig Jahre alt, als er Blackwell entwarf. Als reiferer Künstler engagierte er sich zunehmend in der Gartenstadtbewegung, und der Zusammenhang zwischen seinen Häusern und Gärten wurde intimer und unmittelbarer. Die Gartenstadt mit ihren philanthropischen und sozialistischen Idealen stellte eine gangbare Alternative zum unregulierten Wachstum der Metropolen dar. Im Jahre 1907 entwarf Baillie Scott ein Landhaus für die erste Gartenstadt, Letchworth in Hertfordshire, und im Jahr darauf eine Häuserreihe für Hampstead Garden Suburb. Diese Häuser waren klein, aber dafür hatte jedes seinen individuell gestalteten Garten mit einem baumbestandenen Weg, der auf die Eingangstür zuführte, und an der Rückseite eine gepflasterte Terrasse, einen Rasen und einen Grasweg zur entfernt gelegenen Laube, den

Rechts: Hochstämmige Rosen und das Tulpenmotiv der Buntglasfenster schmücken den weißen Wohnraum in Blackwell von M.H.Baillie Scott.

man vom Wohnraum aus überblickte. In »Houses and Gardens« befaßte Baillie Scott sich mit dem Thema des langen und schmalen »Terrassengartens«. Er teilte ihn in drei Bereiche: einen formalen Rosengarten nahe beim Haus mit gepflasterten Wegen und einem zentralen Brunnen, einen anschließenden Wassergarten mit zwei Teichen, der eine halbrund, der andere rechteckig, verbunden durch einen von Blumen gesäumten Graben; und schließlich, am weitesten vom Haus entfernt, eine Pergola als Element des Geheimnisvollen und Abgeschiedenen. Es war ein romantischer Plan, der keine Rücksicht auf ein begrenztes Budget nahm. Bemerkenswert ist, daß eine Verbindungstür zwischen Haus und Garten fehlt.

Der Gedanke, daß gärtnerische Tätigkeit und frische Luft gut für die Gesundheit seien, wurde in einem zweiten Entwurf für Hampstead Garden Suburb noch weiter ausgefaltet: Waterlow Court für junge berufstätige Frauen bestand aus fünfzig Wohnungen, umgeben von gemeinsamen Gärten mit zugewiesenen Beeten. Das Ganze war als ein Rechteck rund um einen zentralen Grünhof geplant, so daß man von jeder Wohnung auf den Garten blickte. Eine gedeckte Arkade gab dem Hof so etwas wie klösterliche Stille.

Eines der schönsten erhaltenen Beispiele eines bescheidenen Hauses mit Garten, geplant und ausgeführt als eine Einheit, ist das Haus Nr. 48 an Storey's Way in Cambridge, das Baillie Scott 1912 entwarf. Das gesamte Grundstück ist durch eine zentrale Achse definiert, die für die Anlage insgesamt bestimmend ist. Vor dem Haus besteht diese Achse aus einem geradeverlaufenden, von Kieseln gesäumten Plattenweg, der mit unbeirrbarer Präzision auf die eichene Fronttür zuführt. Baillie Scotts Instinkt für das poetische Detail zeigt sich in der geschnitzten Weinranke an der Tür. Vielleicht war ihm bekannt, daß die Weinranke für Voysey das Symbol der Gastlichkeit war. Der Eingang ins Haus gibt sogleich den Blick auf eine zweite Tür frei, die in den rückwärtigen Garten führt und eine Grundforderung Baillie Scotts erfüllt: »Wenn man die Eingangstür geöffnet hat, betritt man einen breiten und niedrigen Durchgangsraum, in dessen kühlem Schatten man ein Stück Aussicht auf den Garten einfängt.« Sonnenerleuchtete Räume zwängen sich zwischen die beiden Gärten, und der Weg als zentrale Achse führt durch den Wohnraum und setzt sich im rückwärtigen Garten fort. Das Gelände ist zwar von vorstädtischen Dimensionen, aber Baillie Scott teilte es in eine klare Folge von Außenräumen. Der Vordergarten fungiert als Einführung in das Haus. Daß man ihn samt seinen regelmäßigen Rasenstücken und den im Cottage-Stil mit Lavendel, Iris und Päonien besetzten Rabatten durch den weißgestrichenen Lattenzaun von der Straße aus einsehen kann, sagt etwas über die Dimensionen und den Charakter des Hauses aus. Vier zu Säulenstümpfen beschnittene Eibenbüsche geben dem Zugang zur Eingangstür etwas Großartiges und markieren zugleich eine Wegkreuzung. Zu beiden Seiten signalisiert beschnittener Buchs den Eingang in sekundäre, durch Ligusterhecken abgeteilte Gartenräume. Während das formale zentrale Areal in einem Bezug zum Wohnraum und zum Treppenhaus steht, verbinden diese langen und schmalen Gartenräume ursprünglich einen Fahrradschuppen auf der einen und die Spülküche oder den Kohlenkeller auf der anderen Seite.

Die Länge des rückwärtigen Gartens ermöglichte es Baillie Scott, seinen Theorien praktischen Ausdruck zu verleihen. An der Rückfront des Hauses befinden sich Spaliere rund um die vorspringenden Fensterbereiche, so daß Kletterrosen den Wohnraum und das Speisezimmer mit ihrem Duft erfüllen und die Gartentür im Mai von den Blütentrauben der Glyzine bekränzt ist. Treibhäuser gab es in Arts-and-Crafts-Gärten selten, weil sie mit der viktorianischen Künstlichkeit in Verbindung gebracht wurden. Statt dessen sah Baillie Scott an jeder Seite des Hauses einen »Gartenraum« vor: einen teilweise eingefriedeten Bereich, von Balken überdeckt, die in einer eine offene Rasenfläche begleitenden Pergola enden. Jenseits des von hohen Eibenhecken umgebenen formalen Gartens entwarf Baillie Scott einen »wilderen« Bereich mit Sträuchern und Frühlingsblühern. Ein Haselnußweg und eine große Rebe

OBEN: *Der formale Vordergarten von 48 Storey's Way in Cambridge.*

gewähren den Blick aus dem Schatten ins Sonnenlicht, von dem in »Houses and Gardens« in so begeisterten Worten die Rede ist. Die Nutzflächen sind mit Rabatten für Schnittblumen geschmückt, und im Obstgarten, der vom Haus am weitesten entfernt liegt, steht eine schlichte Laube, von der aus man den langen zentralen Weg zurückverfolgen kann. Das Innere des Hauses ist nicht mit so kunstvollen Blumen- und Laubmotiven dekoriert wie Blackwell, aber die vorkragenden Erkerfenster der Haupträume und die Kon-

LINKS: *Im langen Hintergarten von 48 Storey's Way sorgte Baillie Scott für schattige Wege und »offene sonnenerleuchtete Flecken voller Blumen«.*

tinuität von Haus und Garten bezüglich Stil, Maßstab und axialer Planung gewährleisten, daß der Garten ebenso zum Haus gehört wie dessen cottageartige Ansicht die Wirkung des Gartens mitbestimmt.

Ganz außergewöhnlich verfeinert erscheint die Idee eines Gartenraums im Haus beim sogenannten Hill House im schottischen Helensburgh. 1902 für ein weitläufiges vorstädtisches Areal entworfen, war Hill House der zweite Auftrag dieser Art, den der Architekt Charles Rennie Mackintosh (1868-1928) erhielt. Dieser hatte insofern Glück, als sein Auftraggeber, der Verleger Walter Blackie, großes Verständnis zeigte. Mackintosh arbeitete zu dieser Zeit eng mit seiner Frau zusammen, der Künstlerin Margaret Macdonald Mackintosh (1865-1933), von der er später sagte, sie habe sein architektonisches Werk zur Hälfte, wenn nicht zu drei Vierteln, inspiriert. Die beiden Mackintoshs erhielten den Auftrag, das Gebäude, seine Innenräume und sämtliche Ausstattungsstücke zu entwerfen. Unweigerlich entwarfen sie auch den Garten, wenn dieser Teil des Entwurfs auch nur teilweise umgesetzt wurde, nachdem das Gebäude fertiggestellt war.

Hill House wurde zu Recht gefeiert wegen der Einheit aller seiner Komponenten in einer einzigen künstlerischen Aussage, die von höchster Eleganz und erstaunlicher Originalität war. Erst jetzt, nachdem man die originalen Anstriche und Dekorationen unter den späteren Farbschichten wiederentdeckt hat, wird die

Signifikanz von Mackintoshs Innenräumen wirklich verstanden. Blackie gab Kinderbücher heraus, und die Märchen der Jahrhundertwende steckten voller symbolischer Bedeutungen. Zwei Jahre nach der Fertigstellung von Hill House sprach Hermann Muthesius von Mackintosh als von dem »Schöpfer einer Märchenwelt«. Diese Bemerkung galt den Historikern fast hundert Jahre lang als ein leicht spöttischer Hieb. Wahrscheinlicher ist allerdings, daß Muthesius sich auf eine visuelle und metaphorische Erzählung in Hill House bezog, die vom Architekten, von seinem Auftraggeber und von der Kritik sehr wohl verstanden wurde.

Der Wohnraum in Hill House glich einem wie durch Zauber in die Mauern des Hauses hineingezogenen Rosengarten am frühen Morgen. Ein großes, nach Süden orientiertes Erkerfenster beleuchtet den Raum und gewährt den Blick über den Garten und den Firth of Clyde. Im Erker standen zwei hochstämmige Rosen in Töpfen, und die Fensterbank (an Wintertagen von unten her beheizt) war mit stilisierten Rosen geschmückt und von hohen schlanken »Säulen« flankiert. Die vertikalen, vom Fußboden bis zur Decke reichenden Fenster, welche die Seiten des Erkers beleuchten, sind bleiverglast und ergeben damit einen dem im Garten reichlich vorhandenen Spalierwerk korrespondierenden Gittereffekt. Wie alle Fenster im Wohnraum waren auch sie mit feinen weißen Leinen- oder Toilevorhängen versehen, auf die ein stilisiertes Muster appliziert war – lange Stiele, die in Knospen oder Blütenblättern endeten, vielleicht eine Stilisierung der hochstämmigen Rosen, die die Mackintoshs zur Abgrenzung der Hauptwege im Garten und zum Schmuck der Erker verwendeten.

Das mit Rosenknospen verzierte Gitter wurde zum wiederkehrenden Motiv in der Arbeit der Mackintoshs. Die feinen Linien einer sich entfaltenden Knospe, die lange Schwingung eines Stiels vor dem Hintergrund der rigiden Geometrie des Gitters – das war eine ergiebige Vorlage für die ornamentalen Flächen und Füllungen, die so kennzeichnend für ihre Arbeit sind. Im Wohnraum von Hill House kontrastieren das Geordnete und Zurückhaltende einzelner Knospen und Blüten zwischen Gittern und die kultivierte Konformität der hochstämmigen Rose mit der wilden Schönheit der Heckenrose. Über dem Kamin befindet sich eine gipserne Platte von Margaret Macdonald Mackintosh, die eine Märchenprinzessin, umgeben von dornigen Wildrosen, zeigt. Das Thema der schlafenden Schönen, die von der Natur geholt und bewacht wird, bis ein Prinz sie befreit, war eine provokative Metapher für diese Zeit. In der Dekoration von Hill House spielte es eine persönliche und eine metaphysische Rolle: Vermutlich waren es ja die Einnahmen aus den Märchenbüchern, mit denen das Haus finanziert wurde. Mrs. Blackies Spinnrad, auffällig an der Treppe postiert, spielte ebenfalls auf das Thema an, und es ist signifikant, daß Rosen und Spaliere zwar im ganzen Haus immer wieder anzutreffen sind, daß aber in der Domäne der Hausfrau, in ihrem Schlafzimmer und ihrem Wohnraum, die Dekoration im wesentlichen weiß war - versilbert wie von Morgentau. Mr. Blackies Schlafzimmer, das Speisezimmer und die Halle sind viel dunkler und in ihrem Charakter eher beherrscht. In der Literatur des späten 19. Jahrhunderts ist die Frau eine versöhnende Gestalt, unverdorben vom Geist des Handels und der Industrialisierung; es besteht eine deutliche Korrespondenz zwischen der jungfräulichen Frau (sei sie Engel, Fee oder unschuldiges Kind) und der wilden Natur.

Die Wände des Wohnraums zeigten das Schablonenmuster eines Rosenspaliers. Streifen von Silberpapier bildeten die Vertikalen, und vereinzelte, auf die Wand gemalte Blätter und Blüten scheinen soeben mit der morgendlichen Brise hereingeweht worden zu sein. Eine unlängst vorgenommene Untersuchung läßt vermuten, daß die Oberfläche der Wand an manchen Stellen mit Silber getüpfelt war, das vielleicht von einem der Mackintoshs mit einem steifen trockenen Pinsel aufgebracht wurde. Frühe Fotografien zeigen die Einrichtung mit Perlenstickerei drapiert – mit Schutzdeckchen, so fein wie Spinnweben, in denen der

OBEN: *Hill House von Südwesten gesehen. Perspektivische Zeichnung von Charles Rennie Mackintosh, 1903.*

RECHTS*: Hill House von Osten gesehen. Über einem der Schlafzimmerfenster ist ein Blattmotiv in den Stein gearbeitet.*

Tau Akzente setzt.[10] Den Kamin umgab ein leuchtendes Mosaik in Silber und Gold. Flankiert war er von einem hohen Regal, dessen mittlerer Holm als junger Baum ausgebildet war. Seine horizontal wegstrebenden Äste endeten in Blättern aus farbigem Glas. Beleuchtet wurde der Raum von kunstvollen vergoldeten oder verchromten Lampen, deren Schirme entweder aus milchweißem opakem oder aus farbigem Glas bestanden, in das Rosenknospen eingesetzt waren, was die märchenhafte Wirkung des Ganzen noch steigerte.

Der große Teppich zeigte ein Spaliermotiv. Die Mackintoshs entwarfen sowohl die Einbauten und das Mobiliar des ganzen Raums. In der Nähe der Tür befand sich ein wiederum mit einem Spalier bemalter Schrank, und im Erker stand ein schwarzgestrichenes Tischchen mit drei unter der eigentlichen Tischplatte befindlichen, in Quadraten geöffneten Ebenen, durch die, wenn die Sonne im Laufe des Tages um den Erker wanderte, ein sich wandelndes Muster von Licht und Schatten auf den Fußboden fiel.

Das Thema der neun Quadrate, wie es auch in der Tischplatte erscheint, kehrt am Fenstersitz, in weiteren

OBEN: *Der Erker im Wohnraum von Hill House. Ursprünglich standen hier Kübel mit hochstämmigen Rosen.*

RECHTS: *Schabloniertes Rosenspalier im Wohnraum.*

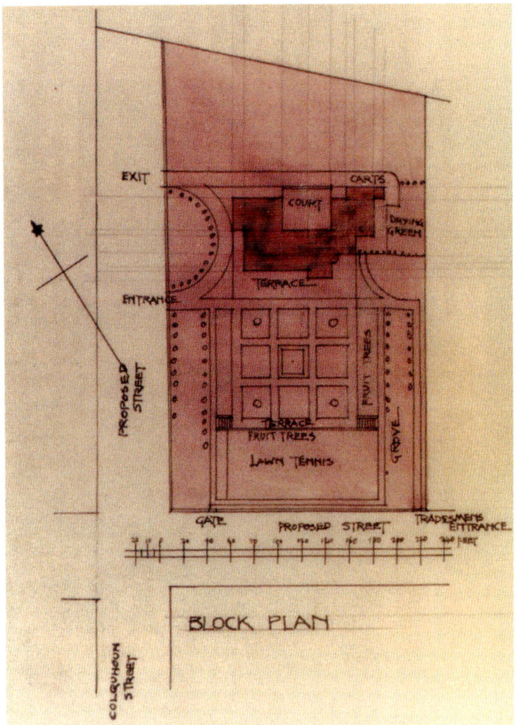

OBEN: *Mackintoshs »Block Plan« für Hill House mit seinem Gartenentwurf.*

Einrichtungsstücken und selbst in den Vorlegern in Mrs. Blackies Schlafzimmer wieder. Mackintosh hatte dieses Muster auch in die Struktur des Gartens übernehmen wollen. Zu den Plänen und Ansichten von Hill House zählt ein so bezeichneter »Block Plan«, ein Grundriß von Haus und Garten, auf dem der an der Südseite des Hauses gelegene Garten in neun Quadrate eingeteilt ist. Das zentrale Quadrat sollte wohl mit einem wiederum quadratischen Becken ausgestattet werden. An der Ostseite des Hauses war ein Graben und jenseits des formalen Bereichs ein Rasentennisplatz vorgesehen. Mackintosh pflegte seine Aufrisse sehr effektvoll zu gestalten. Auf den Hill House-Zeichnungen gibt es Details, die Blackie vermutlich verwarf, um die Kosten niedrig zu halten. Immerhin heißt es in seinen Erinnerungen an Mackintosh: »Er gab uns auch die großen Linien für die Anlage des Gartens, und damit schien sich alles von selbst zu ergeben.«[11]

Mackintoshs Zeichnungen lassen auf einen sehr kunstvollen Gartenentwurf schließen: An der Südseite des Hauses war eine Terrassierung vorgesehen, denn hier sind hohe Stützmauern mit Spalieren angedeutet, an denen vermutlich Obstbäume gezogen werden sollten. Steinerne Stufen führten hinunter in den formalen Garten, der auf der einen Seite von einem runden Pavillon, auf der anderen von einer Laube flankiert werden sollte. Mackintoshs fließender Zeichenstil macht es schwierig zu sagen, ob diese Laube Wände aus Eibenhecken oder aus Mauerwerk, bedeckt mit Kriechern, haben sollte. Die Bekrönung sollten Pfauen liefern, aber auch diese hätten entweder aus dem beschnittenen Buschwerk oder aber aus Schmiedeeisen bestehen können. Die Idee von Haus und Garten als zusammenhängender Einheit kehrte in der Umfassungsmauer wieder, die wie das Haus roh verputzt und so gestaltet war, daß sie den Blick auf das Haus gewissermaßen rahmte: Eine hufeisenförmige Öffnung in der Mauer gewährt den Blick auf den Eingangsbereich. An der Südseite des Hauses war die Mauer niedriger.

Alte Fotografien zeigen, daß Mackintoshs Pläne für den Garten nur zum Teil ausgeführt wurden. Der Pavillon und die Stützmauern wurden gebaut, die Laube offensichtlich nicht. An der Westseite betrat man den formalen Garten durch eine gebogene Öffnung in einer Spalierwand, die auf Mackintoshs Zeichnung nicht zu sehen ist. An der Nordseite des Hauses lag ein kleiner Hof, den man von der Halle aus erreichte. Wiederum nördlich davon, in gebührender Entfernung vom Schatten des Hauses und von den der Familie vorbehaltenen Bereichen sauber durch einen langen geraden Weg getrennt, lag ein Gemüsefeld, noch immer gut von der Küche aus zu erreichen. Die höchst individuelle Gartenauffassung, wie sie in Mackintoshs Zeichnungen zum Ausdruck kommt, wurde in gewissem Umfang durch Blackies Gärtner sabotiert. Mackintosh war sehr geschickt mit den Schwierigkeiten des steil abfallenden und ganz ausgesetzten Geländes auf der Spitze eines Hügels umgegangen. Der Gärtner jedoch (den die Blackies schon in ihrem früheren kleinen Stadtgarten beschäftigt und hierher mitgebracht hatten) konnte sich mit dem abfallenden Gelände und den Winden in Hill House nicht anfreunden. Daß er aus einem Kartoffelfeld, auf dem sich noch Reste einer Vorgängerbebauung fanden, einen anspruchsvollen neuen Garten machen sollte, brachte ihn fast um, und es gibt noch einen Hügel im Garten, heute grasüberwachsen, wo er schubkarrenweise Steine hinwarf, nicht willens, sie an einen weiter entfernten Ort zu bringen.

Das märchenhafte Element an diesem Entwurf und die Idee des beinahe buchstäblich mit dem Morgentau ins Haus hereinwehenden Gartens machten Hill House zu einem der rätselhaftesten und einflußreichsten Häuser seiner Zeit. Um die Jahrhundertwende war von der Bedeutung des Symbolismus im häuslichen Design nur selten die Rede, und heute wird sie nur zu leicht übersehen. Aus schriftlichen Äußerungen der Zeit geht aber hervor, daß offensichtlich ganz normale Kunden symbolische Riten befolgten, zum Beispiel das »lebende Feuer« vom alten zu ihrem neuen Haus trugen. Für manche Architekten und ihre Auftraggeber hatten der Entwurf eines Wohnhauses und dessen Integration mit der Natur eine quasireligiöse Bedeutung: Der buchstäbliche Rückzug in die Natur war Teil einer tieferreichenden Philosophie. Das Design von Hill House wurde in England kaum zur Kenntnis genommen, aber in Österreich und Deutschland war es weithin bekannt: Die Zeitschrift »Deutsche Kunst und Dekoration« veröffentlichte 1905 einen langen Artikel über das Haus, illustriert mit Mackintoshs Zeichnungen und mit frühen Fotografien.[12] Mackintosh wie Baillie Scott hatten einen prägenden Einfluß auf die Wiener Sezession und auf das Konzept des *Gesamtkunstwerks*, wie es im europäischen Jugendstil entwickelt wurde.

Anmerkungen

1 Robert McCarter, *Fallingwater*, Phaidon Press, London, 1994, S. 22.
2 Randell L. Makinson, *Greene & Greene: Architecture as a Fine Art*, Peregrine Smith, Inc., Salt Lake City und Santa Barbara, 1977, S. 21.
3 Gertrude Jekyll und George Samuel Elgood, Some English Gardens, Longmans, Green & Co., London, 1904.
4 Ich danke den heutigen Besitzern für diese Information.
5. C.F. A. Voysey, »Ideas in Things«, The Arts Connected with Building, hg. von T. Raffles Davison, Batsford, London, 1909.
6 M. H. Baillie Scott, *Houses and Gardens*, George Newnes Ltd., London, 1906, S. 81.
7 Ibidem, S. 81.
8 Ibidem, S. 83.
9 Virginia Woolf, Vortrag vor der National Society for Women's Service vom 21. Januar 1931, veröffentlicht in *The Death of a Moth*, 1942.
10 Ich danke Anne Ellis vom National Trust of Scotland dafür, daß sie mich so bereitwillig an ihren Überlegungen zum Wohnraum als einem Binnengarten teilhaben ließ.
11 Walter Blackie, »Memoirs of C. R. Mackintosh«, geschrieben 1943 und veröffentlicht in der *Scottish Art Review*, 1968.
12 *Deutsche Kunst und Dekoration*, Band 6, 1905, S. 337-359.

KAPITEL 9

Neue Wege

Versuche einer Definition und historischen Einkreisung des Arts-and-Crafts-Phänomens beschneiden die Vielfalt der von dieser Bewegung verfolgten Idealvorstellungen und vernachlässigen den Umstand, daß sie es vermochte, nachfolgende Generationen zu inspirieren. Die Arts-and-Crafts-Bewegung existierte neben anderen Stilen, die ebenfalls zu dieser Zeit *en vogue* waren. Viele ihrer Protagonisten, darunter Jekyll, Lutyens und Lorimer, fühlten sich mit der klassischen Tradition ebenso wohl wie mit dem »gotischen« Stil, der die Bewegung inspirierte, und ihre besten Werke zeichnen sich zum Teil dadurch aus, daß frei aus den verschiedenen Quellen geschöpft wurde. Es wäre möglich, die Themen der vorausgegangenen Kapitel einer einigermaßen sauberen Schlußfolgerung zuzuführen

RECHTS: *In Hestercombe mischen sich maurische und italienische Motive mit dem englischen Stil.*

und den Ersten Weltkrieg als den historischen Endpunkt zu setzen; man kann die Arts-and-Crafts-Bewegung aber auch als eine offen endende Erscheinung betrachten, dabei nach dem Umfang dieses Phänomens fragen und zu dem Schluß kommen, daß der Krieg nicht so sehr ein Ende als vielmehr eine Richtungsänderung bedeutete. Wo über historische Zusammenhänge geschrieben wird, werden Schlüsselgestalten in spezifische Rollen gedrängt und Errungenschaften ausgeklammert, die für den Fortgang einer bestimmten Argumentation nichts leisten. Gärten, die den Arts-and-Crafts-Gedanken gewissermaßen hinter sich ließen, führten bekannte Themen in neue Richtungen, und dies sowohl vor als auch nach dem Krieg. Und schließlich setzt sich das Anliegen der Erhaltung und Bewahrung, das die Bewegung kennzeichnete, in der Restaurierung der Arts-and-Crafts-Gärten fort.

Die Vorstellungen, die dem Arts-and-Crafts-Design zugrunde liegen, und die Merkmale, mit denen man diesen Stil identifizierte, wurden vor dem Ersten Weltkrieg frei interpretiert. Lutyens und Jekyll waren keine Dogmatiker, was die Grundsätze angeht, die wir heute mit der Arts-and-Crafts-Bewegung verbinden. Ihre Gärten respektierten nicht in jedem Fall die Gegebenheiten von Gelände und Boden, und manchmal erfuhren alte heimische Traditionen unter ihren Händen eine Vermischung mit modernen und fremdländischen. Hätte Lutyens sich stärker von stilistischen Festlegungen einschüchtern lassen, dann hätte insbesondere Folly Farm sich nicht so entwickelt wie es dies schließlich tat. Hätte er auf der Integration von Haus und Garten bestanden, dann hätte er sich am Garten von Hestercombe gar nicht erst versucht.

Folly Farm in Berkshire war anfangs ein kleines mittelalterliches Bauernhaus. Lutyens wurde zweimal gebeten, es jeweils beträchtlich zu erweitern. Ein weniger kühner Architekt hätte sich möglicherweise das ursprüngliche Gebäude zum Vorbild einer im heimischen Geist vorzunehmenden Erweiterung genommen, so wie Barnsley dies in Upper Dorvel House getan hatte. Lutyens dagegen nahm eine saubere Trennung zwischen Alt und Neu vor. Im Rahmen der ersten, 1906 begonnenen Erweiterung entwarf er ein schmuckes, rechtwinklig zum ursprünglichen Gebäude stehendes neues Haus in einem zurückhaltenden »holländischen« Stil. Eine gewisse Unvereinbarkeit der beiden Baukörper und ein unklarer Zugang zur Fronttür wurden mittels zweier neuer, von hohen Backsteinmauern umgebener Gartenbereiche geschickt überspielt. Lutyens brachte die geringen Dimensionen dieser Gärten zu dramatischer Wirkung, indem er eine Reihe sauberer axialer Linien zog und so zum einen den Eingang ins Blickfeld rückte und zum anderen dem Haus einen interessanten und herausgehobenen Standort verschaffte. Jekylls Bepflanzungspläne für die Höfe haben sich erhalten: buchsgesäumte Rabatten, bepflanzt mit altmodischen Blumen – Mohn, weißen Glockenblumen, Akelei und Iris in blassen Gelb-, Rosa- und Blautönen. Rankende Rosen, Jasmin und Klematis wurden gepflanzt, um die Mauern zu bekleiden. Der größte Teil des Gartens an der Südseite des Hauses wurde allerdings erst sechs Jahre später geplant, als ein ehrgeiziger neuer Besitzer Lutyens ein weiteres Mal berief. Diesmal ging es um eine zweite, noch umfangreichere Erweiterung des Hauses; zugleich wurden die wichtigsten Bereiche des Gartens zu einer Folge miteinander verbundener Räume gestaltet.

Was Folly Farm in seiner endgültigen Gestalt auszeichnet, sind die kontrastierenden Stile in enger Nachbarschaft. Während die »holländische« Erweiterung das originale Gebäude ergänzte, ohne es zu kopieren, folgt die Erweiterung von 1912 wie zufällig einem informellen heimischen Stil (Lutyens sprach von seinen »Kuhställen«), der weder traditionell noch modern war. Ein charaktervolles rotes Ziegeldach schützt eine massive Backsteinarkade, die ihrerseits zwei Seiten eines eingefriedeten Hofs mit einem Becken umschließt, dessen klares Wasser als Spiegel der wohlgestalteten Stützpfeiler diente. Separate »Gartenräume« rahmen und umgeben die kontrastierenden Ansichten des Hauses, und lange axiale Wege schaffen Sichtbeziehungen, die in beide Richtungen gehen: Sie geben die Sicht vom

OBEN: *Lutyens' »holländische« Erweiterung von Folly Farm mit dem 1912 hinzugefügten »Kanalgarten«.*

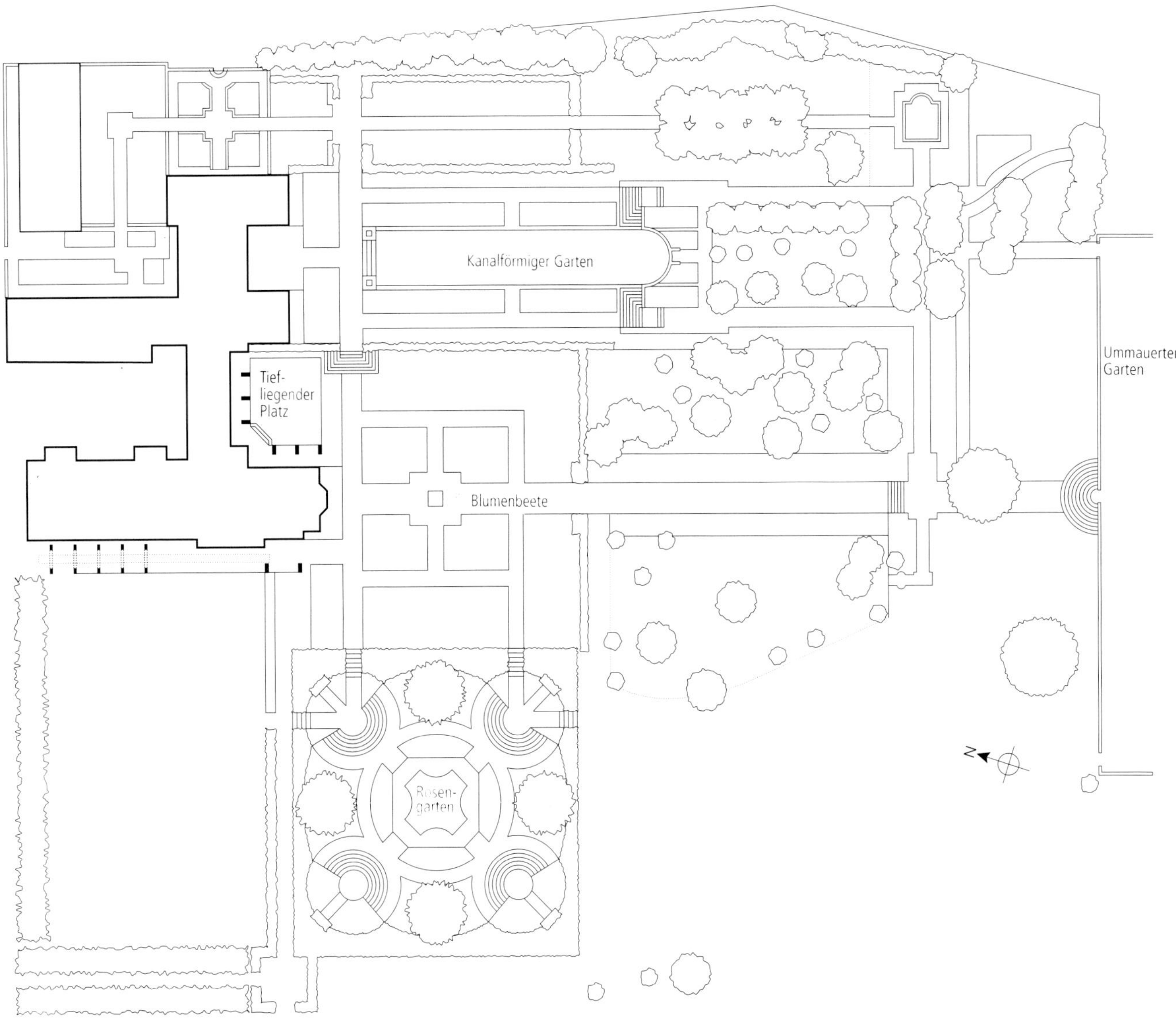

Haus auf den Garten vor und rahmen andererseits die Komposition einer Giebelwand oder einer mit einem Balkon versehenen Maueröffnung vom Garten her. Lutyens machte sich den Spaß, der »holländischen« Fassade des Hauses einen klar proportionierten Kanalgarten anzufügen. Die schlichte Giebelwand des Anbaus von 1912 blickt auf ein formales Parterre, aber der Garten von Folly Farm hat außer den virtuos vorgeführten architektonischen auch romantische und geheimnisvolle Elemente. Westlich des formalen Parterres verbirgt sich ein versunkener Rosengarten hinter hohen Eibenhecken. An jeder seiner vier Ecken verlangt eine auf einer Kaskade von Ziegel- und Steinstufen sich erhebende runde Plattform nach einem Maskenspiel oder zumindest nach würdevoller Meditation. Die Sicht vom Rosengarten zum Haus wird von

LINKS: *Gartenplan, Folly Farm, Berkshire. Von Jekyll und Lutyens 1906 und 1912 entworfen.*

RECHTS: *Der versunkene Rosengarten mit dem Blick auf den 1912 hinzugefügten Flügel.*

LINKS: *Lavendel ergießt sich über einen im Fischgrätmuster angelegten Weg aus handgemachten Ziegeln.*

Oben: *»The Great Plat« in Hestercombe. Architektonischer Rahmen und Bepflanzung gehen hier eine perfekte Synthese ein.*

den tief herabhängenden schützenden Dächern und der langen Westansicht bestimmt, die sich auf ihre massiven Schornsteine verläßt und einen Schlafbalkon für sommerliche Nächte besitzt.

Während Garten und Haus in Folly Farm voneinander abhängen und jedes der beiden Elemente in einer meisterhaften Folge von Effekten auf die Vorzüge des anderen aufmerksam macht, entwarfen Lutyens und Jekyll in Hestercombe einen Garten, der die Aufmerksamkeit vom Haus ablenken soll. In diesem Fall war das Haus vorhanden und rundum dienlich, wenn auch häßlich, und der Auftrag bezog sich allein auf den Garten. Wer sich dem Genuß dieses Gartens hingeben will, muß sich zunächst einmal vom Haus abwenden. Lutyens terrassierte das abfallende Gelände und legte einen versunkenen Garten, genannt »The Great Plat«, tief unterhalb der ursprünglichen Terrasse des Hauses an, so daß der Besucher von oben auf den Garten blickt. Befindet er sich dann innerhalb des *Plat*, beziehen sich alle axialen Linien auf Elemente oder Öffnungen im Garten; verstohlen wird die Aufmerksamkeit vom obenstehenden Haus abgelenkt. Die Anlage des Gartens wirkt trügerisch einfach. Die große Fläche südlich der ursprünglichen Terrasse nimmt ein Quadrat ein, gerahmt von erhöhten Terrassen auf allen vier Seiten. Im Norden dient eine hohe steinerne Stützmauer als vertikale Begrenzung. Sie ist mit Pflanzlöchern versehen, so daß die sonnenliebenden mediterranen Pflanzen – Lavendel, Katzenminze, Santolina und Rosmarin – ihre Wurzeln direkt in den kühlen Boden dahinter aussenden können. Oberhalb dieser Mauer kommt am sogenannten »Grey Walk«, dem Grauen Weg, Jekylls Liebe zu silberlaubigen Pflanzen aufs raffinierteste zur Erscheinung.

An der Südseite ist die erhöhte Terrasse niedriger; sie trägt eine Pergola, die den Rand des formalen Gartens markiert und die Sicht in die Landschaft dahinter filtert. Die steinernen Stützpfosten der Pergola haben abwechselnd runden und quadratischen Grundriß, ein Motiv, das Jekyll und Lutyens gerne anwandten, um den subtilen Unterschied zwischen harten und weichen Schatten zu erzeugen. Kletterrosen, Klematis und Geißblatt dürfen sich hier ausbreiten. Um kritischen Reaktionen – der Behauptung, jede Pergola solle einen Zielpunkt haben – im voraus zu begegnen, ist die Mauer an beiden Enden von ovalen Öffnungen durchbrochen, welche die Sicht in die Landschaft gewähren. Die formalen Terrassen an der Ost- und der Westseite des *Plat* sind von wassergefüllten Kanälchen durchzogen, den sogenannten *rills*. Jekyll behandelte diese langen und schmalen Gebilde als aquatische Beete und sah Iris, Sagittaria, Wasser-Vergißmeinnicht und Froschlöffel (*Alisma plantagoaquatica*) als Bepflanzung vor.

Diese Wasserläufe im Osten und im Westen sind architektonisch nahezu identisch. Dahinter steht ein formales Interesse am Lauf des Wassers. Sie werden von oben durch einen Wasserstrahl gespeist, der von einer grotesken Maske in der Mauer in ein kreisförmiges Becken fällt. In die Mauer sind runde Nischen geschnitten. Das Becken selbst findet Aufnahme in einer halbkreisförmig einschwingenden Mauervertiefung. Die Wirkungen von Brechung und Reflexion des Lichts sind geschickt berechnet, und das reflektierte Sonnenlicht spielt auf der interessant gestalteten Oberfläche der Mauervertiefung. Am entgegengesetzten Ende des Kanälchens tropft das Wasser über eine kurze Stufenfolge herunter, um sich dann in einem sehr viel einfacheren rechteckigen Becken zu sammeln. Selbst hier sind Struktur und visueller Effekt nicht voneinander zu trennen. Die Stufen führen bis unter die Wasseroberfläche, machen klassische Anspielungen und locken Kinderfüße. Beide Wasserläufe durchschneiden zwar ein ausgedehntes grasbewachsenes Areal, aber die Bepflanzung der langen Rabatten, die diese Areale auf beiden Seiten begleiten, widerspricht Lutyens' Symmetrie: Nach Jekylls Angaben sollten an der Ostseite Fackellilien (Gattung *Kniphofia*), türkischer Mohn und Iris gepflanzt werden, an der Westseite dagegen Fingerhut, Taglilien, Sträucher und Rosen. Näher zum Haus hin, am nördlichen Ende der Wasserläufe, geht diese Disparität in eine sehr unterschied-

OBEN: *Der Wasserstrahl komplettiert ein komplexes geometrisches Spiel.*

liche Behandlung der Areale östlich und westlich der ursprünglichen Terrasse über.

Man betritt den Garten von Hestercombe von der Westseite her. Stufen führen vom Haus zu einer Ulmenlaube am Anfang eines Rosariums, die anläßlich der Restaurierung des Gartens von der Ulmenkrankheit geheilt wurde. Die gebogene Nische der Laube und die Halbkuppel ihrer organischen Bedachung deuten auf komplexe geometrische Spiele hin, deren Regeln offensichtlich werden, sobald man den Garten erkundet. In der geschützten Intimität der Laube verführen Farbe und Duft der altmodischen Chinarosen im Verein mit dem Geräusch des in der zentralen Rinne dahinfließenden Wassers den Besucher dazu, seine Erkundungen aufzuschieben. Wenn Witz und Intelligenz der architektonischen Spielereien auch beeindrucken und überraschen, so dominieren sie niemals das Erlebnis des Gartens. Die Folge der Terrassen läßt sich nur von der Balustrade am fernen Ende des Rosariums wirklich erfassen. Der Anblick des kontinuierlichen Wasserlaufs auf der unteren Terrasse mit dem Geräusch des Wassers, das aus dem grotesken Kopf unterhalb der Balustrade sprüht, veranlassen den Besucher, die Stufen hinunterzusteigen und sich zu überlegen, ob er den *Grey Walk* nehmen oder dem westlichen Wasserlauf folgen will.

Im Gegensatz zum altmodischen elisabethanischen Charakter des Rosariums ist die Gestaltung an der Ostseite der ursprünglichen Terrasse kompromißlos klassisch. Der Besucher gelangt hier zu einer Rotunde, die in zweifacher Hinsicht eine sehr geschickte Lösung darstellt: Der runde Grundriß ermöglichte es Lutyens, den Garten in eine neue Richtung, nämlich tangential zur Hauptachse, zu erweitern; und die hohen Mauern der Rotunde verstellen die von hier aus unschöne Sicht auf das Haus. Die Rotunde orchestriert die klassischen Elemente des gesamten Gartens. Als theatralisches und unerwartetes Intervall gibt sie den wiederkehrenden klassischen Themen Kohärenz, und zugleich spielt sie wie der Rosengarten in Folly Farm mit der Idee des Gartens als einer Folge von Phantasien oder kunstvoll komponierten Szenerien für ein Drama.

Die Orangerie, präsentiert in ihrem eigenen formalen Garten nordöstlich der Rotunde, bildet das letzte Szenarium. Das lange schmale Gebäude, entworfen, um einen einzigen Gartenraum aufzunehmen, wiederholt vertraute Themen. Lutyens arbeitete mit zwei verschiedenen – lokal vorkommenden – Arten von Stein: Der graue Stein, der sich leicht in kantige Stücke zerschlagen läßt und dem Garten ein »altes« Aussehen gibt, stammt von dem Hügel hinter dem Haus; ein weicherer gelber Sandstein, den man bearbeiten und für Details sowie zur Erzielung von Kontrasten verwenden kann, wurde in Ham Hill bei Yeovil gebrochen. In der Orangerie verfuhr Lutyens gerade umge-

Oben: *Der Fluß des Wassers in den sogenannten rills in Hestercombe bringt ein Moment der Stille in die Komposition des Gartens.*

kehrt: Hier arbeitete er im wesentlichen mit dem gelben Stein und wählte den grauen Stein für die Details. Auf diese Weise erreichte er einen auffallenden Kontrast zwischen der Orangerie und der Rotunde. Im übrigen gelang ihm mit den italianisierenden und den elisabethanischen Bezügen, die in Hestercombe koexistieren, die Quadratur des Kreises: Der gelbe Sandstein der Orangerie spielt nicht auf antike römische Bauwerke, sondern auf die georgianischen Bauten von Bath an; architektonisch ist der Bau von der englischen Renaissance beeinflußt, von der Lutyens aus Verehrung für Christopher Wren als von der »Wrennaissance« sprach. Daß er die Kühnheit besaß, eine dritte architektonische Sprache einzuführen, um einen gelehrten Kommentar zur Kompatibilität zweier anderer Sprachen abzugeben, überstieg das Verständnis der meisten Zeitgenossen, Jekyll vielleicht ausgenommen.

Hestercombe wurde mit einer Selbstsicherheit und einem Anspruch bepflanzt, die der architektonischen Planung voll entsprachen. Details, die in der Arbeit von Jekyll und Lutyens immer wieder anzutreffen waren – die in einem alten Mühlstein in konzentrischen Kreisen angeordneten Terrakottatöpfe oder die antiken Statuen und Urnen im Garten –, widersprechen der Annahme, daß Lutyens sich um die Struktur des Gartens und alle ihre Details kümmerte, während die Bepflanzung an Jekyll delegiert war. Die Komplexität ihrer Kompositionen spricht für Jekylls künstlerisches Genie und Geschick. Ihre ausgedehnten Reisen und ihre Kenntnis italienischer Gärten haben mit Sicherheit die architektonische Gestaltung und das architektonische Detail des Gartens beeinflußt (wenn nicht hier und da sogar diktiert). Die Wiederholung nicht nur bestimmter architektonischer Motive, sondern auch bestimmter Pflanzen und vorherrschender Farbkombinationen verleiht den disparaten Bereichen innerhalb des Ganzen Kohärenz. *Yucca gloriosa* taucht im Grey Walk, an der Rotunde und im Umkreis der Orangerie auf. »Munstead«-Lavendel, Santolina, *Rosmarinus officinalis*, »Miss Jessopps Upright« und *Stachys byzantina* werden im ganzen Garten immer wieder verwendet.

Die Entdeckung von Gertrude Jekylls Originalplänen für Hestercombe in einem alten Gartenschuppen führte unter anderem 1973 zur Restaurierung des Gartens durch den Besitzer, den Somerset County Council. Originale Pläne, die Variationen des Pflanzschemas zeigen, befinden sich auch in der Reef Point Gardens Collection, und Fotografien, die 1908 in *Country Life* erschienen, lassen vermuten, daß Jekyll es sich zum Zeitpunkt der Bepflanzung noch einmal anders überlegt hatte. Die Restaurierung des Gartens – die Reparatur des bröckelnden Mauerwerks sowie der undichten Kanäle und Becken, die Säuberung der von Unkraut überwucherten Rabatten – war eine außergewöhnliche Leistung, insbesondere wenn man bedenkt, daß kaum Personal vorhanden ist (das Areal wird heute von zwei Vollzeitgärtnern und einigen Teilzeitkräften betreut, während ursprünglich 17 Gärtner hier tätig waren). Im ersten Jahrzehnt wurden die Bepflanzungsschemata wiederhergestellt, wobei man sich Stück um Stück durch den Garten arbeitete, ausmerzte und neu pflanzte. Wo immer möglich, wurden Jekylls Pläne genau befolgt; allerdings setzte man jetzt Sträucher und perenne Pflanzen auch an Stellen, an denen früher extensiv Einjährige gepflanzt waren (zum Beispiel im Great Plat), um den Gärtnern die Wartung des Gartens zu erleichtern.

Die Reparaturarbeiten am Steinwerk bedeuteten, daß ganze Bereiche des Gartens neu gebaut werden mußten. Um das zerbrochene Bett des östlichen Grabens zu reparieren und zu rekonstruieren, mußte man sämtliche Steine herausnehmen. Nach der Reparatur mußten der Rasen, die Randwege und die Rabatten entsprechend angehoben werden, was etwa acht Tonnen neuen Bodens, zwanzig Tonnen Gehäufe unter den Wegen, neuen Rasen und die Arbeit von zwei Gärtnern während des größten Teils des Winters erforderte. Auch kleinere Arbeiten am Steinwerk bescherten den Gärtnern eine Menge zusätzlicher Arbeit. Bei der Reparatur der Mauer zerstörten die Arbeiter, die,

LINKS: *Die nach Süden orientierte nördliche Begrenzungsmauer des »Great Plat« in Hestercombe, die als vertikale Rabatte mit Lavendel, Katzenminze, Santolina und Rosmarin bepflanzt ist.*

oft bei feuchtem Wetter, große Steine hochheben mußten, einen Teil der Pflanzen am rückwärtigen Ende der Rabatten. Der Obergärtner bemerkte sauer: »Maurer haben die allergrößten Füße.«

Hestercombe war keineswegs der letzte Garten, an dem Jekyll und Lutyens gemeinsam arbeiteten. In seiner nun wiederhergestellten Form ist er aber das strahlendste Zeugnis ihrer Zusammenarbeit. Auch Hestercombe überlebte den Ersten Weltkrieg und erregte bis in die zwanziger Jahre hinein das Interesse von *Country Life*. Hinter dem Zusammenspiel von Bepflanzung und Struktur und der Komposition kontrastierender Räume stehen Vision und Geschick. Die Konzentration auf Textur und Detail sowohl in der Bepflanzung als auch im Steinwerk fasziniert den Besucher und verdichtet ihm das Erlebnis des Gartens. Mit den bekannten Anliegen, die sich hier äußern, und mit den Assoziationen seiner Entwerfer gehört Hestercombe sozusagen ins Weichbild von Arts and Crafts. Die Lebhaftigkeit und Kühnheit, die das Design auszeichnen, bedienen sich der Grundregeln von Arts and Crafts und nutzen sie als Ingredienzen in einer eklektischen neuen Richtung.

Gertrude Jekyll wird selten im Kontext der Bemühungen um das Frauenstimmrecht gesehen und allzu häufig in Lutyens' Schatten verwiesen. Im ersten Jahrzehnt des zwanzigsten Jahrhunderts bildeten die Gemeinschaften von Frauen – sei es, daß sie sich in Gartenclubs, in Colleges oder Kommunen trafen und hier zusammenarbeiteten - eine Art natürlichen Boden für Aktivitäten, die auf den Erwerb des Wahlrechts zielten. Die Idealvorstellungen der Arts-and-Crafts-Bewegung – die Beseitigung der alten Hierarchien und die Errichtung eines neuen progressiven Lebensstils auf der Grundlage ländlicher Traditionen und einer unerschütterlichen Vernunft – ließen sich in feministische Grundsätze übersetzen, und die Energie und der Geist, die erfolgreiche Gartenkünstlerinnen auszeichneten, waren auch für die politische Agitation einzusetzen. Die Anhaltspunkte dafür, daß Jekyll sich in der Frauenbewegung engagierte, sind spärlich. Wie ihr Neffe und erster Biograph, Francis Jekyll, schreibt, war sie im Jahre 1910 immerhin soweit aktiv, daß sie Fahnen für die Ortsgruppen von Guildford und Godalming herstellte, und es ist sowohl erhellend als auch frustrierend zu sehen, daß dies in seinem in einem leicht mokanten Ton abgefaßten Bericht nur die allerkärglichste Aufmerksamkeit findet:

»Um diese Zeit erreichte die Agitation für das Frauenstimmrecht ihren Höhepunkt, und Gertrude ließ sich, auch wenn sie mit deren extremeren Manifestationen kaum sympathisiert haben kann, dazu überreden, Fahnen für die Ortsgruppen von Guildford und Godalming zu liefern und sogar eine Zusammenkunft in der Compton Picture Gallery unter der Leitung von Mrs. Watts zu besuchen.«[1]

Es ist unvorstellbar, daß eine so solide und autokratische Person wie Gertrude Jekyll sich zur Unterstützung einer Bewegung hätte überreden lassen, der sie sich nicht wirklich verpflichtet fühlte. Durch ihre gartenkünstlerische Tätigkeit und ihre schriftlichen Äußerungen machte sie einen hohen Standard sozusagen öffentlich, und auf dem Weg über ihre Verbindung mit Mrs. Watts und Lady Wolseley engagierte sie sich auch tätig in der Frage der Beschäftigung und der Selbständigkeit von Frauen.

Mary Watts war mit dem bekannten viktorianischen Maler George Frederick Watts verheiratet, der ein Faible für sehr viel jüngere Frauen hatte. 1864, im Alter von 47 Jahren, hatte er die sechzehnjährige Schauspielerin Ellen Terry geheiratet. Sie trennten sich schon 1865, und fünf Jahre später befreundete er sich mit Mary, die dreiunddreißig Jahre jünger war als er. G.F. Watts bildete den Mittelpunkt der künstlerischen Elite Londons: Ruskin, Tennyson und Burne-Jones waren seine Gefährten, und Mary dürfte mit den sozialistischen und künstlerischen Idealen Ruskins und seiner Nachfolger bekannt geworden sein. Sie stand unter dem Einfluß der praktischen Verlautbarungen der Home Arts and Industries Association, die sich die Wiederbelebung der handwerklichen Fertigkeiten auf dem Land zum Ziel gesetzt hatte. Fünf Jahre, nachdem

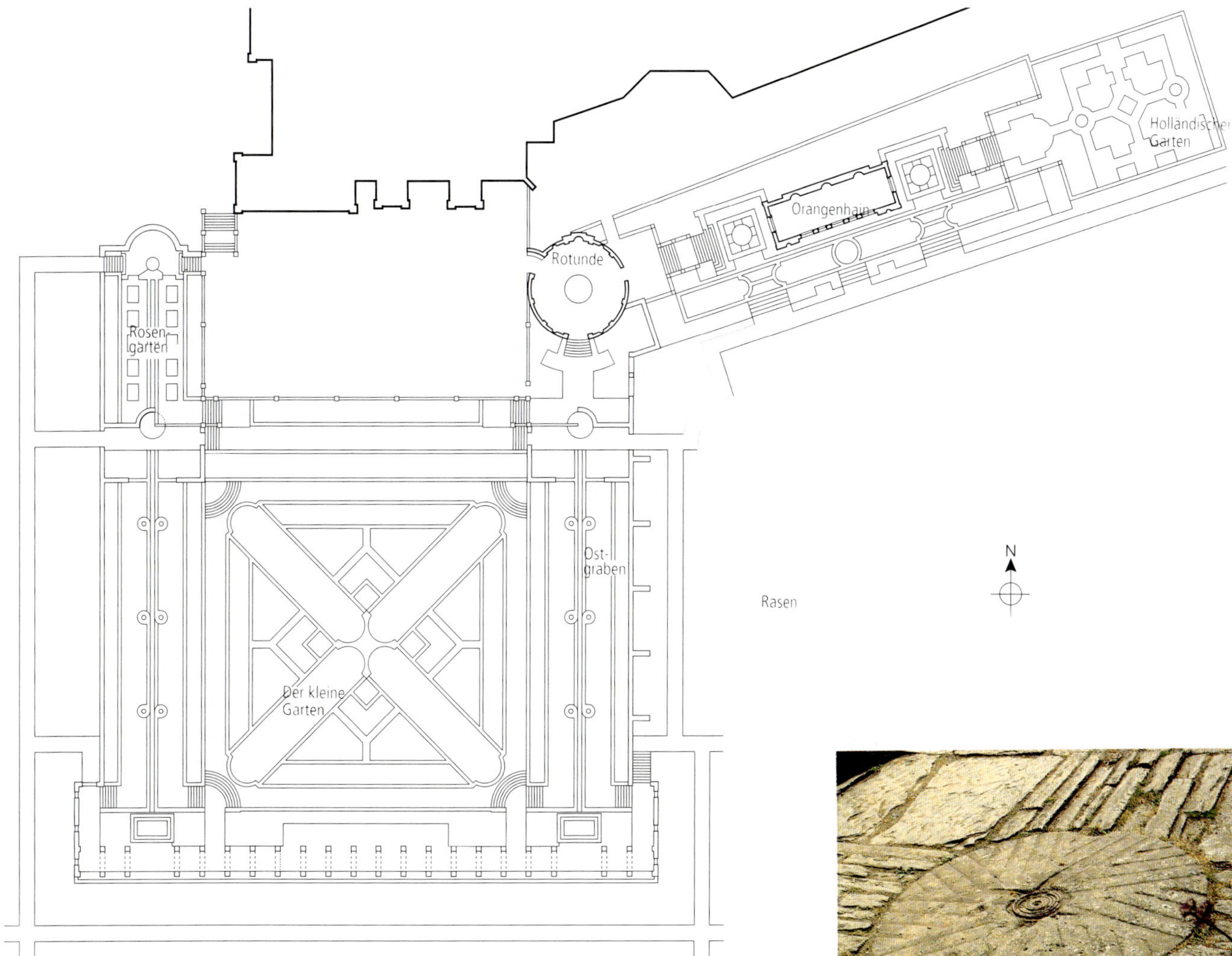

OBEN: *Gartenplan, Hestercombe, Somerset; Jekyll und Lutyens, 1904-1909.*

RECHTS: *Terrakottatöpfe, in einen alten Mühlstein gesetzt, bilden ein Muster aus konzentrischen Kreisen.*

die Watts von London nach Compton in der Grafschaft Surrey übergesiedelt waren, 1891, gründete Mary eine Töpferei, mit der sie ihr eigenes beträchtliches Talent nutzbar machen und zugleich den Frauen dieser Gegend eine handwerkliche Ausbildung und ein gewisses Maß an finanzieller Unabhängigkeit verschaffen wollte.

Dieses Unternehmen, die Compton Pottery, war in gewisser Weise ein Nebenprodukt einer größeren philanthropischen Geste und der architektonischen Ambitionen der Gründerin. Mary Watts besaß zwar keine Architektenausbildung, entwarf aber 1895 von sich aus eine Kapelle als Geschenk für den neuen Dorffriedhof. Das Gebäude sollte unter ihrer Anleitung von den Frauen der Gegend dekoriert werden. Da sich auf dem Gelände der Watts' in Limnerslease ein natürliches Tonbett befand, richteten sie in ihrem neuen Haus eine Werkstatt für die Produktion von Terrakottafliesen zur Ausschmückung der Kapelle ein. Abendkurse ermöglichten es den Frauen, die tagsüber andere Verpflichtungen hatten, sich zur Töpferin auszubilden. Die kunstvoll bemusterten Fliesen, von keltischen Motiven inspiriert, bedecken die Außenwände des aufsehenerregenden Gebäudes noch heute und zeugen von der Professionalität und Originalität ihrer Schöpferinnen. Die Innenwände der Kapelle sind mit Gipspaneelen dekoriert, die ebenfalls von Mary und ihren Schützlingen entworfen und ausgeführt wurden.

Der Erfolg des Projekts ermutigte Mary, eine kommerzielle Töpferei zu gründen, die Gartenschmuck wie Urnen, Sonnenuhren, Pflanzgefäße und dergleichen herstellte. In einem Brief vom Dezember 1901 schrieb sie:

»Ich glaube, daß weder ein Mann noch eine Frau etwas Besseres tun können als zu versuchen, eine dörfliche Industrie aufzubauen – schöne Dinge, schön gemacht von Menschen in einer schönen Umgebung.«[2]

Die Qualität der Watts'schen »Artistic Garden Pots« und Mary Watts' ausgedehnte Verbindungen sorgten für einen stetigen Fluß von Aufträgen aus ganz England und dem Commonwealth, womit, wie *Country Life* 1902 schrieb, das Arts-and-Crafts-Ideal erreicht war, nämlich das Ideal »einer kleinen ländlichen Kolonie glücklich Schaffender, die, geübt, was ihr Auge, ihren Verstand und ihre Hand angeht, stolz darauf sind, wie einst die Gilde der Künstler in Italien den Namen ihres Dorfes in Verbindung mit ihrem Können bekanntzumachen«.

Im Jahre 1904 ließ G.F. Watts in Compton einen Galeriebau für seine Bilder errichten, und Mary fügte ihm ein Gebäude an, das die florierende Töpfergemeinschaft aufnehmen sollte. G.F. Watts starb wenige Monate nach Fertigstellung der Galerie, aber die Töpferei blieb bestehen und belieferte Gertrude Jekyll und andere Gartenkünstler mit Gartenschmuck. In der »Compton Picture Gallery« trafen sich unter der Leitung von Mrs. Watts auch die am Frauenstimmrecht interessierten Frauen der ganzen Gegend.

Wenn Mary Watts sich darum bemühte, daß Frauen etwas lernten, eine Beschäftigung hatten und damit eine relative Selbständigkeit erwarben, so bewegten sich diese Bemühungen im Rahmen eines größeren Anliegens, das der gehobenen Ausbildung und dem akademischen Status von Frauen galt. Die Gesellschaftsdame Frances Evelyn Maynard, Countess of Warwick, war zwar bekannter wegen ihrer Affäre mit dem Prinzen von Wales als wegen ihrer sozialistischen und feministischen Aktivitäten, aber ihre Fähigkeit, ihre reichen Freunde zu großzügigen Schenkungen für ehrgeizige und progressive Ideale zu veranlassen, war einmalig. Lady Warwick war daran interessiert, den Frauen professionelle Möglichkeiten auf dem Gebiet der Landwirtschaft zu erschließen. Im Jahre 1898 gründete sie eine Schule, die Lady Warwick Agricultural Association for Women, und schrieb dem Herausgeber von *Pall Mall*:

»Ich habe jetzt 200 Pfund von Lord Wantage sicher, und die Huntleys, Palmers und Suttons, alles Leute aus Reading, sind mir mit Sympathie, Unterstützung und Geld entgegengekommen. Wir hoffen, am Beginn des nächsten Semesters mit einem Dutzend Studentinnen anfangen zu können ... Mr. Sutton hat die freie Benutzung seines wundervollen Versuchsgeländes durch die Studentinnen angeboten, was eine unschätzbare Hilfe ist, und es gibt dort auch eine hervorragend ausgestattete Molkerei.«[3]

Die Studentinnen erhielten Unterkunft und praktische wie theoretische Ausbildung. Die Schule gab ihre eigene Zeitung heraus, die *Women's Agricultural Times*, und in Verbindung mit dem Women's Institute in London wurde eine Liste freier Stellen veröffentlicht.

Als die Räume in Reading zu klein wurden, ließ Lady Warwick ihre Verbindungen spielen und bat über ein Komitee, dem neben anderen Sir Winston Churchill, Mrs. Asquith und Cecil Rhodes angehörten und dessen Gönner Edward VII. war, um Spenden, die ihr auch in beträchtlicher Höhe zuflossen. 1903 wurde Studley Castle in Warwickshire erworben und in »Studley College« umbenannt; seine mehr als hundert Hektar wurden zum Ausbildungsgelände für Frauen, auf dem sie sich professionelle Kenntnisse in Landwirtschaft und Hortikultur und in der Führung eines Landguts aneignen konnten. Das College nahm staatlich anerkannte Prüfungen ab und erhielt im Ersten Weltkrieg die Lizenz des Board of Trade. Studley College florierte bis in die sechziger Jahre.

Wenn hier von Frauen die Rede ist, die sich um die Förderung beruflicher Möglichkeiten für ihre Geschlechtsgenossinnen verdient machten, dann darf Lady Wolseley nicht unerwähnt bleiben, die, nachdem sie im Jahre 1906 einen Abend bei Gertrude Jekyll in Munstead Wood verbracht hatte, beschloß, den Rest ihres Lebens angehenden Gartenkünstlerinnen zu widmen. Ihre Notizen erweisen sie als unermüdliche Gartenliebhaberin, die mit der Eisenbahn, mit dem Fahrrad und manchmal mit dem Automobil durch das Land fuhr, um die schönsten Gärten zu studieren. Häufig erschien sie ohne vorherige Anmeldung. Oft waren die Gärten, die sie besuchte, eher die Domäne der Dame als diejenige des Herrn des Hauses. Sie tauchte regelmäßig auch in William Robinsons Garten auf. Im September 1904 heißt es in ihren Notizen: »Ich besuchte mit Miss Verrall und einigen Studentinnen den Garten von Mr. William Robinson in Gravetye.«[4] Nach ihren Worten hatte er *Sedum spectabile* zur Einfassung einer großen Rabatte verwendet; sie beschrieb auch »das französische System der Obstbaumzucht« im neuen Küchengarten. Im folgenden Frühjahr besuchte sie Gravetye ein weiteres Mal, »und der Besitzer war höchst freundlich zu uns«. Seine Rosenbeete »mit Horsten von Zwiebelgewächsen, Stiefmütterchen, Veilchen und *Saxifraga*« waren, wie sie schrieb, »immer wirkungsvoll«. Lady Wolseley war allerdings nicht immer verschwenderisch mit ihrem Lob. Wisley fiel ihr 1905 als »aus botanischen Gründen nützlich, aber schlecht gehalten« auf, und im gleichen Jahr heißt es: »Ich fuhr mit Sybil Burnaby und Charlie Seymours nach Sandringham... Für mich war es ein absolut schrecklicher Architektur- und Gartenstil.«[5]

Sie beschrieb sowohl die Methoden als auch die erfolgreichsten Pflanzenkombinationen ihrer Zeitgenossen: Interessant ist ihre Schilderung der roten Gladiolen zwischen Rosen in Great Tangley Manor; der Bericht über Lady Ardilauris' Methode, eine Pergola zu planen (»sie nahm ein Brett, ließ Siegellack darauf tropfen und befestigte Streichhölzer darin, welche die Stützen darstellen sollten«) würde einen Architekten zusammenzucken lassen. Der Gedanke, daß ihre Besuche in den Gärten als Zudringlichkeit empfunden werden könnten, kam ihr nicht. Es scheint gängige Praxis bei den Adligen und ihren wohlhabenden Zeitgenossen gewesen zu sein, Gärten zu besuchen, und der anonyme Rezensent von Jekylls *Home and Garden* schreibt in *The Garden* mit Bezug auf den Wunsch der Autorin nach Privatheit:

»Ich weiß aus eigener Erfahrung, was das bedeutet. Im Laufe des Tages kommen vielleicht zwanzig Personen zu mir. Für sich genommen ist so ein Besuch ein Vergnügen; alle miteinander machen einem die Arbeit aber unmöglich.«

Wo immer sie reiste, achtete Lady Wolseley auf die beruflichen Aussichten, die sich möglicherweise für Gärtnerinnen boten. Ein besonderes Lob bekam der Garten von Lady Sligo bei Guildford, weil dort eine

Frau den Posten des Chefgärtners bekleidete: »Perfekt gehalten und alles wunderbar gezogen, was zeigt, daß eine Frau ein wirklicher Erfolg sein kann.« Über eine irische Gartenbesitzerin notierte sie: »Diese Dame war bereit, einen weiblichen Gärtner einzustellen.« Die Idee, eine Schule für Gartenwesen in ihrem Heimatort Glynde in Sussex zu gründen, scheint sich allmählich entwickelt zu haben. Seit 1901 hatte Lady Wolseley sich in der informellen Unterweisung von Studentinnen betätigt, und sie muß von Lady Warwicks Landwirtschaftsschule gewußt haben. Am 23. August 1905 spricht sie von einem Fahrradausflug in die Töpferei von Mary Watts, wo sie »die Töpfe aussuchte, die sie mir freundlicherweise für meine Schule geben will. Von dort fuhr ich weiter, um Miss Jekyll zu besuchen«. Mary Watts dürfte außer den Töpfen auch Ratschläge gegeben haben. Aber obwohl hier von der Schule als von einem definitiven Vorhaben die Rede ist, dauerte es noch ein weiteres Jahr und erforderte einen zweiten Besuch bei Gertrude Jekyll, bis das Vorhaben Realität wurde. Am 30. Juli 1906 schrieb Lady Wolseley: »Ich verbrachte einen Abend bei Miss Jekyll ... Es war der Tag, an dem ich endgültig beschloß, den Rest meiner aktiven Jahre den Gartenstudentinnen zu widmen; es war also ein ereignisreicher Tag für mich.«

Die Schule für Gärtnerinnen in Ragged Lands, Glynde, wurde gegründet, um eben jenen professionellen Standard festzuschreiben, den Jekyll (als Amateurin) mittlerweile repräsentierte. Lady Wolseley bot nicht nur eine gründliche Ausbildung, sondern hielt weiterhin Ausschau nach Chefgärtnerstellen für ihre Studentinnen. Wie in Compton konnte die Gemeinschaft motivierter und ambitionierter Frauen auch sehr wohl mit der Frauenbewegung in Verbindung gebracht werden, und zweifellos wurden sie mit einigem Mißtrauen betrachtet. Als Lady Wolseley 1912 mit ihren Studentinnen einen Besuch bei Gertrude Jekyll in Munstead Wood machte, wurde die Zusammenkunft durch einen Kriminalbeamten gestört, der »eine Erklärung für diese Versammlung von Frauen verlangte, die, was nicht weiter verwundert, sein Mißtrauen geweckt hatte!«[6]

In Amerika bot ein Netz von Gärten den Frauen ein Forum für die Gründung ihrer eigenen nationalen Organisation, des Garden Club of America. Man unternahm Reisen, setzte sich für die Erhaltung des einen oder anderen Gartens ein und hielt die Gärten der Mitglieder in einer Sammlung von mehr als 1400 handbemalten Laterna-magica-Bildern fest. Die erste Schule für Landschaftsarchitektur und Hortikultur für Frauen wurde 1901 gegründet, und von 1915 an hatten die Frauen allmählich auch Zugang zur Cambridge School of Architectural and Landscape Design, konnten also ein Studium der Architektur oder der Landschaftsgestaltung absolvieren. Dennoch war dies keineswegs eine universale Entwicklung. Die britischen Architekten zeigten sich resistent gegenüber Veränderungen, und als man Edwin Lutyens – dessen Schwägerin wegen ihres Engagements für das Frauenstimmrecht mehrfach im Gefängnis gesessen hatte – nach dem Ersten Weltkrieg zur Rolle der Frauen in der Architektur befragte, meinte er spöttisch, er könne sie nur »als Ehefrauen von Architekten« sehen.[7]

Der Erste Weltkrieg beschnitt die Frauen zwar nicht in ihren Möglichkeiten, Entwerferinnen oder Gartengestalterinnen zu werden, aber er bot ihnen andere Gelegenheiten, der häuslichen Sphäre zu entkommen. Frauen aller sozialen Schichten wurden durch den Krieg insofern befreit, als er es ihnen ermöglichte, sich in manuelle und geistige Tätigkeiten hineinzubegeben, die zuvor die ausschließliche Domäne der Männer gewesen waren. Der Arts-and-Crafts-Garten bot den Frauen ein legitimes Ventil für ihre physische Energie, ihr organisatorisches Können und ihre ästhetischen Neigungen; Gartenclubs und regelmäßige Expeditionen, bei denen sie ihre Arbeit wechselweise begutachteten, verschafften ihnen einen sozialen Fokus und in gewissem Umfang eine Stimme in den Fachkreisen. Der Erste Weltkrieg lenkte die Entwicklung in eine neue Richtung und verstärkte sie noch. Das Dahinscheiden des Arts-and-Crafts-Gartens im Krieg kann aus feministischer Perspektive als ein Unglücksfall betrachtet werden. In vielen Gärten lag die Betonung jetzt nicht mehr auf dem ästhetischen Genuß, sondern auf der Nahrungsbeschaffung, aber die Herausforderungen für den Gärtner, der oft nur noch wenige Leute um sich hatte, waren nicht weniger hart. Die anspruchsvolle Dame des Hauses war jetzt nicht nur mit der Wiederherstellung des Gartens, sondern auch mit dem drängenden Problem der Bewältigung des täglichen Lebens befaßt.

Daß der Erste Weltkrieg eine Kluft zwischen den von Jane Brown beschworenen »Gardens of a golden afternoon« und den härteren Realitäten der zwanziger und dreißiger Jahre aufriß, trifft im allgemeinen zu. Viele der in den vorangegangenen Kapiteln beschriebenen Arts-and-Crafts-Gärten überlebten allerdings ohne ernsthafte Folgen und veränderten oder entwickelten sich bis zum Ausbruch des Zweiten Weltkriegs weiter. New Place erlebte seine größte Blüte in den zwanziger Jahren, und in Hidcote wurden noch in den dreißiger Jahren agrarische Flächen in Gartenareale verwandelt. Natürlich war der Erste Weltkrieg, ähnlich wie die große Depression, das dominante Ereignis dieser Zeit, aber daß die Dinge in Haus und Garten, wo immer möglich, trotz allen Mangels weiterliefen, war ein wichtiger psychologischer Beitrag zu den Bemühungen, mit dem Krieg fertigzuwerden. Die Landhäuser wurden von der Armee requiriert, aber für viele Gartengestalter trifft zu, daß der Krieg eher das Detail als die Struktur ihres Lebens beeinträchtigte: Die Gärten wurden von ihren Besitzern und von einem Kern von Hilfskräften unterhalten, die für den Kriegsdienst entweder schon zu alt oder aber noch zu jung waren.

Die Kosten der Arbeit stiegen, aber nicht so dramatisch, wie dies angenommen wird. Ein Blumengärtner in einem privaten Garten in der Nähe von Stamford erhielt im Jahre 1910 einen Wochenlohn von 21 Schillingen – einen Schilling weniger als der Obergärtner und drei Schillinge mehr als ein Gartenarbeiter.[8] Im Jahre 1932, als in Hidcote sechs Vollzeitgärtner beschäftigt waren, wurden dem für den Felsengarten zuständigen Gärtner 25 Schillinge pro Woche gezahlt. Die Unterkunft wurde in beiden Fällen nicht gestellt: Der Gärtner von Hidcote wohnte bei einem der Knechte im nahegelegenen Kiftsgate und zahlte dafür fünf Schillinge in der Woche. Er erinnert sich, daß die Chefgärtner des ganzen Landes einander kannten. Sie reisten mit ihren Arbeitgebern oder allein und tauschten bei ihren Zusammenkünften Samen und junge Pflanzen aus. Auch 1932 war die Ausbildung eine ernsthafte Sache. Der Blumengärtner von Hidcote sollte Pflanzennamen auswendig lernen, und der Obergärtner sagte ihm, wenn er sie nicht hersagen könne, dann werde man ihn leider zu seinem Vater (der ebenfalls Gärtner war) nach Hause schicken müssen. Wie er sich erinnert, saß er bis spät in die Nacht und memorierte *Argyroxiphium sandwichense var. macrocephalum* für den kommenden Morgen, wurde dann aber erst drei Wochen später nach diesem Namen gefragt. Er meint, er habe die größte Hürde in seiner Karriere damals genommen, als es ihm gelang, den Pflanzennamen korrekt aufzusagen.[9]

Nach dem Ersten Weltkrieg wurden nicht mehr so viele neue Zufluchtsorte auf dem Land errichtet, und der sommerliche Exodus der ganzen Familie samt allen Angestellten war nicht mehr die Regel. Die progressiven Entwerfer der zwanziger und dreißiger Jahre waren den Möglichkeiten und der Ästhetik des Maschinenzeitalters verpflichtet. Das Landhaus folgte jetzt der eleganten Geometrie des Internationalen Stils oder schwang sich zum exotischen Hedonismus des Art Deco auf. Die Beziehung zwischen »Kunst und Natur« wich dem kraftvolleren Bild von »Mensch und Maschine«, und die Rolle des Gartens als eines Vermittlers zwischen dem Haus und der umgebenden Landschaft änderte sich radikal. Die Vorliebe für das Tennisspiel, das Radfahren und das Gärtnern wich dem Gedanken der Schnelligkeit und des Sonnenanbetens. Der Fahrradschuppen wurde zur Garage, und der Arts-and-Crafts-Garten wurde durch die elegante Sonnenterrasse beeinträchtigt, die man auf dem Dach oder auf dem Niveau des ersten Stockwerks baute, fern vom Schmutz der Natur. Sehnsucht nach handwerklicher Betätigung und der Cottage-Tradition war nicht mehr das, was die Avantgarde beschäftigte. Beides blieb dennoch erhalten.

Die Grundsätze des Arts-and-Crafts-Gartens – die Konturen eines formalen Schemas, das eine überreiche, romantische Bepflanzung einschloß (aber nicht rundum beherrschte), und die Erweiterung der Räume und kennzeichnenden Elemente des Hauses in eine intime und faszinierende Außenstruktur hinein – verschwanden mit den sich ändernden architektonischen Vorlieben keineswegs. Gerade weil dieser Stil in so erheblichem Umfang auf viel ältere Traditionen – auf Tudor-Elemente, auf das 17. Jahrhundert, auf den Cottage-Garten – zurückgriff, bewahrte er sich eine Gültigkeit, mit der die Gartenkünstler sich weiterhin interpretierend auseinandersetzten. Vita Sackville-West arbeitete den Gedanken der Gartenkompartimente, wie sie in Hidcote existierten, in ihren eigenen höchst individuellen Garten in Sissinghurst Castle ein, mit dem sie von den dreißiger Jahren an zusammen mit ihrem Ehemann Harold Nicolson befaßt war. Dabei wurden sowohl Pflanzen als auch Anregungen aus Hidcote importiert; bei einer Gelegenheit erschien Johnston mit einer großen Menge von Fliedersämlingen aus seiner Baumschule bei Vita Sackville-West und sagte: »Probier' es mal mit diesen. Manche sind es wahrscheinlich nicht wert, daß man sie behält, aber es könnten auch einige brauchbare dabei sein.« Das Resultat, der gefüllte weiße und rosafarbene Flieder, erhielt den Namen »Kinder von Hidcote«. Vita Sackville-West hatte 1917 einen Besuch bei Gertrude Jekyll in Munstead Wood gemacht. Aber die Bepflanzung von Sissinghurst und die klare Organisation des von Nicolson erarbeiteten Plans nahmen Rücksicht auf das schon in elisabethanischer Zeit bebaute Gelände, auf Vitas Gespür für ihre Herkunft – ihre Kindheit in Knole – und nicht zuletzt auf ihren persönlichen Geschmack. Sissinghurst absorbiert den Arts-and-Crafts-Gedanken. Wie in Hidcote ist auch hier das strukturelle Schema des Gartens eher ein gepflanztes als ein gebautes. Es hat allerdings etwas Insulares und befolgt eher die eigenen Regeln, anstatt sich in imitierender Bewunderung für große Gärten der näheren und ferneren Vergangenheit zu ergehen.

In Nordamerika war es Beatrix Farrand (1872-1959), die viele der Grundsätze weiterführte, die Jekylls Arbeit kennzeichneten. Dazu zählen die nachdenkliche Aufmerksamkeit für das Detail, der malerische Umgang mit Farbe und Form und das Konzept des Gartens als Folge intimer, in hohem Maße persönlicher Räume. In New York City geboren, wurde Farrand in einer künstlerisch wie intellektuell verfeinerten Atmosphäre erzogen. Ihre Mutter pflegte eine Zeitlang einen vertrauten Briefwechsel mit Henry James und unterhielt einen der lebhaftesten Salons der Stadt. Die Tante, Edith Wharton, war eine berühmte Schriftstellerin und die Verfasserin von *Italian Villas and Gardens* (1903). Die Anregung zum Studium der Landschaftsgärtnerei kam von Charles Sprague Sargent, dem ersten Leiter des Arnold Arboretum. Von ihm erhielt Farrand den Rat, »in Europa herumzureisen und alle Gärten anzusehen«, die anzusehen ihr möglich sein würden. Im Jahre 1895 besuchte sie die großen italienischen Gärten – die Villa Aldobrandini, die Villa Lante und die Boboli-Gärten –, bevor sie nach England weiterreiste. In ihrem Tagebuch ist von Besuchen im formalen Tudorgarten von Penshurst und in Hampton Court die Rede. Den nachhaltigsten Eindruck empfing Farrand allerdings in Munstead Wood, wo Gertrude Jekyll, die damals noch in The Hut lebte, soeben dabei war, den Garten anzulegen.

Farrand imitierte Gertrude Jekyll nicht, aber sie sprach wiederholt von deren Bedeutung als Mentorin. Bald nach ihrer Rückkehr nach New York im September 1895 eröffnete sie ihr eigenes Büro, errang rasch einen professionellen Standard und einen nationalen Ruf als Landschaftsarchitektin und gehörte im Januar 1899 zu den Gründungsmitgliedern der American Society of Landscape Architects. In gewisser Weise blieb sie allerdings lebenslänglich eine Randfigur, weil sie eine Frau war: Bis 1980 widmeten die Historiker ihr kaum Aufmerksamkeit. Sie stellten zwar fest, daß sie die einzige Frau unter den Gründern der American Society of Landscape Architects war, äußerten sich aber niemals detailliert über ihre Arbeit. Sie wurde gar nicht erst angesprochen, als es um den Entwurf der großen öffentlichen Parks ging, die ihre männlichen Kollegen berühmt machten. Vielmehr war sie auf den privaten Sektor beschränkt und spezialisierte sich auf die Gärten von Landgütern.

Farrands große Leistungen – Dumbarton Oaks in Washington DC, Dartington Hall in Devon (England), Reef Point in Maine und die Campus-Entwürfe für Princeton und Yale – gehen über den Arts-and-Crafts-Gedanken hinaus. Dennoch sind sie einbezogen in die Aussage, daß die Arts-and-Crafts-Bewegung ein reiches Reservoir an Idealen, Auffassungen und Methoden darstellte, die man heranziehen, erweitern und mit anderen stilistischen Bezügen verknüpfen konnte. Farrands Plan für Dartington Hall nahm große Rücksicht auf das altehrwürdige Gelände und spielte auf einen sehr viel älteren Garten an. Dumbarton Oaks wurde als eine Folge sich entfaltender Räume geplant, mit Obsthainen in den Hügeln, sorgfältig abgemessenen Stufen und einem klaren Blick für die Wirkung schlichter Elemente wie Gras und Wasser und für die inhärenten Qualitäten von Kieseln, Ziegelwerk und Stein. Die rigorosen Standards und stillen, intuitiven Einsichten, wie Jekyll sie in ihrer Arbeit als Amateurin verkörperte, erfuhren in Farrands Garten- und Campusentwürfen eine professionelle Zusammenfassung. Mit dem 1948 getätigten Kauf des größten Teils von Gertrude Jekylls Plänen und Zeichnungen, die Farrand in ihrem Haus in Reef Point Gardens im Bundesstaat Maine für die Nachwelt bewahrte, legte sie den Grundstein für eine hortikulturelle Stiftung, die weiterhin die detaillierte Beschäftigung mit ihrem eigenen wie mit dem Werk von Gertrude Jekyll ermöglicht.

Obwohl Gartengestalterinnen wie Margery Fish weiterhin die Arts-and-Crafts-Grundsätze vertraten, verschlechterte sich der Zustand vieler Arts-and-Crafts-Gärten in der Zeit zwischen den Weltkriegen; sie fielen sozusagen in Schlaf. Die Landhäuser, für die sie entworfen worden waren, gingen in andere Hände über und dienten anderen Funktionen, und damit haftete den Gärten etwas Obsoletes an, das ihre Zukunft bedrohte. Manche Landhäuser wurden geteilt, andere wurden zum Sitz von Firmen oder Einrichtungen umfunktioniert. Häufig wurde die elementare Einheit von Haus und Garten, ja sogar die Einheit der verschiedenen Teile des Hauses durch eine veränderte Nutzung zerstört. Die Landgüter wurden aufgeteilt, Nebengebäude wie Stallungen, Garten- oder Parkwächterhäuser verkauft. Aufteilung und Vernachlässigung waren allerdings weniger schädlich als Änderungen im Geschmack des Besitzers. Gertrude Jekylls Garten verfiel nach ihrem Tod im Jahre 1932, aber die wesentlichen Strukturen blieben bis in die sechziger Jahre erhalten; dann allerdings wurden sie aus einer Laune heraus leichtfertig zerstört. Die Asternbeete und Haselnußalleen wurden eingeebnet und zu Rasen umfunktioniert, und vor der Pergola legte man ein Schwimmbecken an. Jekylls Gartenpfade wurden beseitigt, und kürzlich hat man Scherben von keramischen Gefäßen als Schotterlager unter einem modernen Gartenweg entdeckt – ein barbarischer Umgang mit Überresten aus Jekylls Zeiten.

Kein Garten kann vor den Wünschen seines Besitzers angemessen in Schutz genommen werden, und bis vor kurzem gab es keine gesetzlichen Schutzbestimmungen für private Gärten auf britischem Boden. Immerhin haben in den siebziger und achtziger Jahren eine Fülle neuer Bücher sowie mehrere Ausstellungen über Lorimer, Lutyens, Voysey, Mackintosh, Ashbee, Baillie Scott, Greene und Greene sowie vor allem über Frank Lloyd Wright dazu geführt, daß Arts-and Crafts-Häuser wieder geschätzt und gewürdigt werden und viele von ihnen als schützenswert eingetragen worden sind. Parallel dazu hat sich die Restaurierung allmählich auch der Gärten angenommen. Ein zunehmendes Verständnis für die Ambitionen des Arts-and-

Crafts-Gartens als Bestandteil des Hauses und für den hier praktizierten Lebensstil hat viele Besitzer motiviert, nun auch den ihre Häuser umgebenden Außenraum wieder anzulegen.

Gartenrestaurierung kann ein sehr entmutigendes Unternehmen und mit Schwierigkeiten ideeller wie praktischer Art befrachtet sein. Der Arts-and-Crafts-Garten birgt, da er unserer jüngeren Vergangenheit zugehört, seine eigenen Vorzüge, Probleme und Lösungen. Dokumentation und Erscheinungsbild sind, verglichen mit älteren Gärten, in der Regel gut. Häufig hat sich die ursprüngliche Struktur erhalten, nicht zuletzt deshalb, weil ihre Entfernung ein so monumentales Unterfangen gewesen wäre: Ziegel- und Steinpfade, Stützmauern, Torbogen und die Überreste formaler Hecken und Alleen erfreuen sich einer gewissen Permanenz, auch wenn Jahrzehnte der Vernachlässigung oder oberflächlichen Veränderung über sie hinweggegangen sind. Die Wahrscheinlichkeit, daß sich in den Zeichnungen des Architekten gewisse Details des Gartens finden lassen, vom Grundriß bis zur Ausstattung, ist größer als für alle anderen Epochen, und da zur Zeit der Entstehung dieser Gärten zahlreiche illustrierte Bücher und Zeitschriften herauskamen und viel fotografiert wurde (manche Häuser besaßen eine eigene Dunkelkammer), ist das dokumentarische Material häufig genau und vielfältig. Auch Gemälde halten Bepflanzung und Struktur eines Gartens in ihrem Bestzustand fest. Gärten, die noch bis in die zwanziger und dreißiger Jahre existierten, sind sogar noch im lebendigen Gedächtnis, und viele Restaurierungen haben davon profitiert, daß die einstigen Gärtner sich noch im einzelnen an den jeweiligen Garten erinnerten.

Der Arts-and-Crafts-Garten war häufig mit höchst sinnreichen Erfindungen ausgestattet, welche die Möglichkeiten des Restaurators auf die Probe stellen. Hestercombe hat ein Bewässerungssystem, das aus einem Netz von unterirdisch verlaufenden Rohren besteht. In Gravetye Manor installierte Robinson 1884 eine Druckpumpe, die das überfließende Wasser aus dem tiefergelegenen See in ein Reservoir oberhalb des Küchengartens pumpte. Keines dieser Systeme funktioniert, wenn sich nicht ein erfahrener Installateur darum kümmert. Ein zentrales Problem der Gartenrestaurierung betrifft die Frage, wie man mit den letzten Spuren des einstigen Bepflanzungsschemas umgeht. Von Jekylls großer Rabatte in Munstead Wood hat sich neben wenigen anderen Pflanzen eine Magnolie erhalten, die jetzt das Zwei- bis Dreifache der Größe erreicht hat, die ursprünglich als optimal ins Auge gefaßt war. Sie ist so groß, daß sie das Ostende der Rabatte beschattet und damit jede Neubepflanzung dieses Bereichs nach Jekylls ursprünglichem Plan unmöglich macht; ihre Entfernung käme aber einem Sakrileg gleich. An anderer Stelle im Garten hatten die Wurzelschößlinge von Jekylls Rhododendron inzwischen die Stärke eines Beins erreicht und die veredelten Stellen damit sozusagen ausgehungert, was zu einer höchst dürftigen und kaum sichtbaren Blüte nur am oberen Ende der Büsche führte. Sie wurden im Zuge der Restaurierung und Wiederherstellung des Gartens mit der Kettensäge gekappt und weisen jetzt eine akzeptable Größe und Form auf.

Munstead Wood wurde nicht in einem Arbeitsgang restauriert. Die Entscheidung, allmählich zur ursprünglichen Planung und Bepflanzung zurückzukehren, wo immer dies möglich sein würde, wurde in mehreren Stufen umgesetzt. Die Stürme der Jahre 1987 und 1990 fällten mehr als 130 Bäume und ermöglichten es, den Garten seiner ursprünglichen Struktur wieder anzunähern. Wie der Obergärtner sagt, sind Jekylls Rabatten leichter zu pflegen als ein wohlgehaltener Rasen. Nach seinem Bericht wurden sie neu abgesteckt, im Einklang mit Jekylls wohldokumentierter Praxis kräftig gedüngt und anschließend anhand der alten Fotografien neu bepflanzt. Insgesamt wird die Restaurierung, wie die einstige erstmalige Anlage des Gartens, als ein fortdauernder Prozeß angesehen, in dem länger- und kürzerfristige Vorhaben ihren Platz haben: So werden die wichtigen Bäume von damals wieder gepflanzt, und man sammelt die Samen der Schlüsselblumen, die sich im Frühlingsgarten noch fanden, um

LINKS: *Das Gipspaneel über dem Kamin im Wohnraum von Hill House, ein Werk von Margaret Macdonald Mackintosh, zeigt eine in einem losen Geflecht wilder Rosen gefangene Prinzessin.*

eines von Jekylls ursprünglichen »Pflanzenbildern« wiederherzustellen.

Wohl haben sich die ökonomischen und sozialen Bedingungen, die den Arts-and-Crafts-Garten (als wesentliches Element eines künstlerisch-ländlichen Lebensstils) hervorbrachten, von Grund auf verändert, aber das Gedankengut, das dahintersteckt, hat sich doch als dauerhaft erwiesen. Der Wunsch, dem städtischen Leben den Rücken zu kehren, aufs Land »zu entkommen«, die Freude an heimischen Pflanzen und Büschen, an wildwachsenden Blumen, altmodischen Rosen und Cottage-Garten-Pflanzen sowie eine der Mittelklasse eigene Entschlossenheit, künstlerische und handwerkliche Techniken und bauliche Traditionen zu erhalten, die in Gefahr waren unterzugehen – all das ist heute ebenso vorhanden wie vor hundert Jahren. Dabei ist bemerkenswert, daß es bei der typischen Pflanzweise – den üppigen sogenannten Bändern oder Driften von Blumen – weniger um Kontrolle als vielmehr um die natürliche Ordnung ging und daß diese Pflanzweise damals und später am brillantesten von den Frauen unter den Gartengestaltern erprobt worden ist. Heute bilden Robinsons Sicht des englischen Blumengartens und Jekylls Maler-Interesse an Farbe und Laub die Basis der »englischen Pflanzweise«, die im Werk neuer Generationen von Gartenschriftstellern und Gartengestaltern ständig neuen Ausdruck findet.

Anmerkungen

1 Francis Jekyll, Gertrude Jekyll: A Memoir, Jonathan Cape, London, 1934, S. 174.
2 Wilfred Blunt, England's Michelangelo, A Biography of George Frederick Watts, Hamish Hamilton, London, 1975, S. 231.
3 Zitiert in Kay N. Sanecki, »Hard Work in High Society«, Hortus, vol. 1, Nr. 2, 1987, S. 66.
4 Lady Wolseleys gebundene Gartennotizen befinden sich in der Hove Public Library, East Sussex.
5 Lady Wolseley, Gartennotizen, 1905.
6 Francis Jekyll, op.cit., S. 174.
7 Robert Lutyens, Sir Edwin Lutyens: An appreciation in perspective, by his son, Country Life Ltd., London, 1942, S. 79.
8 Diese Zahlen finden sich in Lady Wolseleys Gartennotizen.
9 Freundliche Mitteilung von Jack Percival, der von 1932 bis 1936 Gärtner in Hidcote war.

Ausgewählte Bibliographie

Allan, Mea: *William Robinson 1838-1935*. Faber & Faber 1982.

Amery, Colin, Richardson, Margaret, und Gavin Stamp: *The work of the English Architect Sir Edwin Lutyens (1869-1944)*. Arts Council of Great Britain 1981.

Anderson, Dorothy May: *Women, Design, and the Cambridge School*. PDA Publishers 1980.

Angier, Belle Sumner: *The Garden Book of California*. Paul Elder & Co. 1906.

Baillie Scott, M.H.: *Houses and Gardens*. George Newnes Ltd. 1906.

Balmori, Diana: *Beatrix Farrand's American Landscapes*. New York (Sagapress) 1985.

Blomfield, Reginald, und F. Inigo Thomas: *The Formal Garden in England*. Macmillan 1892.

Blomfield, Reginald: *Memoirs of an Architect*. Macmillan 1932.

Bosley, Edward: *Gamble House*. Phaidon Press 1992.

Brooks, H. Allen: *The Prairie School: Frank Lloyd Wright and his Midwest Contemporaries*. University of Toronto Press 1972.

Brown, Jane: *Gardens of a Golden Afternoon*. Allen Lane 1982.

Brown, Jane: *The English Garden in our Time*. Antique Collector's Club 1986.

Burne-Jones, Georgiana: *Memorials of Edward Burne-Jones*. Macmillan 1904.

Callen, Anthea: *Angel in the Studio. Women in the Arts and Crafts Movement 1870-1914*. Astragal Books 1979.

Crawford, Alan: *Charles Rennie Mackintosh*. Thames & Hudson 1995.

Curtis und Gibson: *The Book of Topiary*, 1904.

Davey, John (Hg.): *Nature and Tradition, Arts and Crafts architecture and gardens in and around Guildford*. Guildford Borough Council 1993.

Davey, Peter: *Arts and Crafts Architecture*. Phaidon Press [2]1995. Deutsch: *Arts-and-Crafts-Architektur*. Stuttgart (Deutsche Verlags-Anstalt) 1996.

Eckstein, Eve: *George Samuel Elgood*. Alpine Fine Arts Collection 1995.

Elliott, Brent: *Victorian Gardens*. Gatsford 1986.

Ely, Helen Rutherford: *A Woman's Hardy Garden*. New York (Macmillan) 1903.

Fellows, Richard: *Sir Reginald Blomfield: An Edwardian Architect*. Zwemmer 1985.

Forsythe, Alistair: *Yesterday's Gardens*. Royal Commission of Historical Monuments 1983.

Fricker, Laurence: *Beatrix Jones Farrand (1872-1959), Fifty years of American landscape architecture*. Dumbarton Oaks, Trustees of Harvard University, Washington DC 1982.

Girouard, Mark: *The Victorian Country House*. Yale 1971.

Girouard, Mark: *Sweetness and Light: The Queen Anne Movement 1860-1900*. Oxford (Clarendon) 1977.

Gradidge, Roderick: *Edwin Lutyens: Architect Laureate*. 1981.

Greensted, Mary: *The Arts and Crafts Movement in the Cotswolds*. Alan Sutton 1993.

Griswold, Mac, und Eleanor Weller: *The Golden Age of American Gardens*. New York (Abrams) 1991.

Hadfield, Miles: *Pioneers in Gardening*. Routledge & Kegan Paul 1955.

Hervey, John: *Medieval Gardens*. Batsford 1981.

Hitchmough, Wendy: *CFA Voysey*. Phaidon Press 1995.

Hobhouse, Penelope, und Christopher Wood: *Painted Gardens, English watercolours 1850-1914*. Pavilion 1988.

Holme, Charles: *The Gardens of England in the Northern Counties*. The Studio 1911.

Hollamby, Edward: *Red House*. Phaidon Press 1991.

Hussey, Christopher: *The Life of Sir Edwin Lutyens*. Country Life Ltd. 1950.

Jekyll, Francis: *Gertrude Jekyll: A Memoir*. Jonathan Cape 1934.

Jekyll, Gertrude: *Wood and Garden*. Longmans, Green & Co. 1899.

Jekyll, Gertrude: *Home and Garden*. Longmans, Green & Co. 1900.

Jekyll, Gertrude: *Wall and Water Gardens*. Country Life Ltd. 1901.

Jekyll, Gertrude, und George Samuel Elgood: *Some English Gardens*. Longmans, Green & Co. 1904.

Jekyll, Gertrude: *Colour in the Flower Garden*. Country Life Ltd. 1908.

Jekyll, Gertrude, und Lawrence Weaver: *Gardens for Small Country Houses*. Country Life Ltd. 1912.

Jekyll, Gertrude: *Garden Ornament*. Country Life Ltd. 1918.

Jewson, Norman: *By Chance I Did Rove*. Private Veröffentlichung 1973.

King, Francis: *The Well-Considered Garden*. New York (Scribner's) 1915.

Lethaby, W.R.: *Philip Webb and his Work*. Oxford University Press 1935.

Lethaby, W.R., Powell, Alfred, und F.L. Griggs: *Ernest Gimson, His Life & Work*. Shakespeare Head Press 1924.

Lutyens, Mary: *Edwin Lutyens*. John Murray 1980.

Lutyens, Robert: *Sir Edwin Lutyens: An appreciation in perspective*. Country Life Ltd. 1942.

MacCarthy, Fiona: *William Morris, A Life for Our Time*. Faber & Faber 1994.

Mackail, J.W.: *The Life of William Morris*. Longmans 1899.

Makinson, Randell: *Greene & Greene: Architecture as a Fine Art*. Salt Lake City (Peregrine Smith Inc.) 1977.
Marix-Evans, J-P: *Journal of an Ancient Manor*. Unveröff. Manuskript im Besitz der Autorin.
Masse, H. J. L. J.: *The Art Workers' Guild 1884-1934*. Art Workers' Guild 1935.
Massingham, Betty: *Miss Jekyll*. David & Charles 1966.
Masson, Georgina: *Dumbarton Oaks, A Guide to the Gardens*. Dumbarton Oaks, Washington DC 1968.
Mawson, Thomas: *The Art and Craft of Garden Making*. Batsford 1900.
Mawson, Thomas: *The Life and Work of an English Landscape Architect*. Batsford 1927.
McCarter, Robert: *Fallingwater*. Phaidon Press 1994.
Muthesius, Hermann: *Das englische Haus*. Berlin (Wasmuth) 1908.
Ottewill, David: *The Edwardian Garden*. Yale 1989.
Parsons, Beatrice, und E.T. Cooke: *Gardens of England*. Black 1908.
Pavord, Anna: *Hidcote Manor Garden*. The National Trust 1993.
Pevsner, Nikolaus: *Pioneers of the Modern Movement*. Faber & Faber 1936. Deutsch: *Wegbereiter moderner Formgebung*.
Robinson, William: *The Wild Garden*. John Murray 1870.
Robinson, William: *The English Flower Garden*. John Murray 1883.
Robinson, William: *Garden Design and Architects' Gardens*. John Murray 1892.
Robinson, William: *Gravetye Manor, or Twenty Years' Work Around an Old Manor House*. New York (Sagapress) 1995 (1911).
Ruskin, John: *The Complete Works of John Ruskin*. London 1903-1912.
Saint, Andrew: *Richard Norman Shaw*. Yale 1976.
Savage, Peter: *Lorimer and the Edinburgh Craft Designers*. Paul Harris Publishing 1980.
Sedding, John Dando: *Garden-Craft Old and New*. Kegan Paul 1891.
Spielmann, M.S., und G.S. Layard: *Kate Greenaway*. Benjamin Blom 1905.
Streatfield, David: *California Gardens: Creating a New Eden*. Abbeville Press 1994.
Taylor, Geoffrey: *Some Nineteenth Century Gardeners*. Skeffington 1951.
Tipping, H. Avray: *English Gardens*. Country Life Ltd. 1925.
Triggs, H. Inigo: *Formal Gardens in England and Scotland*. Batsford 1902.
Vallance, Aymer: *William Morris. His art, his writings and his public life*. George Bell & Sons 1897.
Weaver, Lawrence: *Small Country House of Today*. Country Life Ltd. 1910.

Bildnachweis

Arcaid: S. 157 © Scott Frances/Esto; 159 © Richard Bryant

Architectural Association: S. 156L © G Smythe

Bridgeman Art Library: S. 10: Musée D'Orsay, Paris; 20: Christopher Wood Gallery, London; 37: V&A Museum, London; 45: Mallett Gallery, London; 50: Maas Gallery, London

Christopher Wood Gallery: S. 40

E.T. Archive: S. 47

Frank Lloyd Wright Foundation, Scottsdale, AZ: S. 156T © 1997

F. Warne & Co. S. 24 © 1902, 1987

Glasgow School of Art Collection: S. 176T

Glasgow Picture Library: S. 178

National Portrait Gallery, London: S. 114

Tate Gallery, London: S. 23, 26

INFORMATIONEN ZUM BESUCH DER GÄRTEN

BERKSHIRE:
Folly Farm, Sulhamstead.
Sir Edwin Lutyens und
Gertrude Jekyll.
1906 und 1912.
Privathaus.
Öffnungszeiten Ende April,
Ende Mai und Ende Juni
(National Gardens Scheme).

CHESHIRE:
Tirley Garth, Tarporley.
E. E. Mallows
1906-1912.
Heute Tirley Garth Trust.
Geöffnet an 6 Tagen im
Jahr (Mai und Juni).
Einzelheiten unter
Tel. 01829-732301.

CUMBRIA:
Brantwood, Coniston.
Hier handelt es sich
nicht eigentlich um einen
Arts-and-Crafts-Garten.
Brantwood ist aber von
Interesse,
weil es John Ruskin ab 1872
als Wohnsitz diente.
Geöffnet täglich.
Tel. 015394-41396.

Brockhole, Windermere.
T.H.Mawson und
D. Gibson.
Ab 1899.
Heute das Lake District
National Park Centre.
Geöffnet täglich.
Tel. 015394-46601.

DERBYSHIRE:
Hardwick Hall, Doe Lea,
Chesterfield.
»Altmodischer« Garten von
Lady Louisa Egerton.
Ab ca. 1860.
Geöffnet täglich von
Ende März bis Ende
Oktober.
Tel. 01246-850430.

DEVON:
The Barn, Fox Holes Hill,
Exmouth.
Edward Prior.
1897.
Country House Hotel.
Tel. 01395-224411.

Castle Drogo,
Drewsteignton
b. Exeter.
Sir Edwin Lutyens.
1910-1930.
National Trust.
Geöffnet täglich außer
Fr von April bis Ende
Oktober.
Tel. 01647-433306.

Dartington Hall Gardens,
Dartington, Totnes, Devon.
Beatrix Farrand.
Dartington Hall Trust.
Ganzjährig geöffnet.
Tel. 01803-862367.

ESSEX:
Easton Lodge, Warwick
House, Little Easton b.
Great Dunmow.
Birgt einen Garten
von Harold Peto.
1902.
Geöffnet Sa und So,
15. April bis 9. Juli,
14-18 Uhr und nach
Vereinbarung
(National Gardens Scheme).
Tel. 01371-873305.

GLOUCESTERSHIRE:
Combend Manor, Elkstone.
Sidney Barnsley und
Gertrude Jekyll.
1921-1925.
Geöffnet Anfang Juli
(National Gardens Scheme).

Hartbury House,
b. Gloucester.
Thomas Mawson und
Alfred Parsons.
1907.
Heute Sitz des
Gloucestershire College
of Agriculture.
Geöffnet Ende Mai und
nach Vereinbarung
(National
Gardens Scheme).
Tel. 01452-700283.

Hidcote Manor, Hidcote
Bartrim.
Lawrence Jonston.
Ab 1907.
National Trust.
Geöffnet April bis Ende
Oktober täglich
außer Di und Fr,
im Juni und
Juli auch Di.
Tel. 01386-438333.

Kelmscott Manor
b. Lechlade.
William Morris'
Landsitz und Garten.
1871-1896.
Heute im Besitz der
Society of Antiquaries.
Geöffnet April bis Sept.:
jeden Mittwoch 11-13 und
14-17 Uhr
sowie jeweils am 3. Samstag
des Monats 14-18 Uhr.
Do und Fr nur nach
Vereinbarung.
Tel. 01367-252486.

Rodmarton Manor
b. Cirencenster.
Ernest Barnsley.
1909-1929.
Geöffnet Anfang Mai bis
Ende August Sa 14-17 Uhr.
Tel. 01285-841253.

Snowshill Manor
b. Broadway.
Charles Wade.
1919-1923.
Der eigene Garten
des Architekten.
National Trust.
Geöffnet April bis
Ende Oktober täglich,
im April und Oktober
Di geschlossen.
Tel. 01386-852410.

Upper Dorvel House,
Sapperton.
Ernest Barnsley.
1901.
Der eigene Garten
des Architekten.
Heute Privathaus.

HAMPSHIRE:
Moundsmere Manor,
Preston
Candover.
Reginald Blomfield.
1908.
Geöffnet Anfang Juli
(National Gardens Scheme).

HEREFORD UND
WORCESTER:
Hergest Croft, Kington.
William Banks.
Ab 1896.
Geöffnet April
bis Oktober täglich.
Tel. 01544-230160.

KENT:
Great Maytham Hall,
Rolvenden.
Sir Edwin Lutyens.
1909.
Country Houses
Association.
Tel. 01580-241346.

Red House, Red House
Lane,
Bexleyheath.
William Morris und
Philip Webb.
1859.
Geöffnet an einem
Wochenende
pro Monat nach vorheriger
Absprache.
Tel. Edward Hollamby:
0181-303-8808.

Sissinghurst Castle Garden,
Sissinghurst, Cranbrook.
Vita Sackville-West und
Sir Harold Nicolson.
Ab 1930.
National Trust.
Geöffnet April bis
Mitte Oktober Di-So.
Tel. 01580-712850.

LONDON:
Myddelton House, Bulls
Cross, Enfield.
E.A. Bowles.
Ab ca. 1890.
Der öffentliche Park
geöffnet
Mo-Fr 10-15.30 Uhr.

Emslie Horniman Pleasance,
East Row, Kensal Town.
C. F. A. Voysey.
1913.
Restaurierungsbedürftig.
Der öffentliche Garten
täglich geöffnet.

WEST MIDLANDS:
Wightwick Manor,
Wightwick Bank b.
Wolverhampton.
Alfred Parsons und
Thomas Mawson.
Um 1890.
National Trust.
Geöffnet März bis
Dezember Do und Sa.
Tel. 01902-761108.

NORTHUMBERLAND:
Lindisfarne Castle, Holy
Island, Berwick-upon-
Tweed.
Sir Edwin Lutyens und
Gertrude Jekyll.
1911.
National Trust.
Geöffnet April bis Ende
Oktober Sa-Do.
Tel. 01289-389244.

OXFORDSHIRE:
Buscot Park
b. Faringdon.
Harold Peto.
1904 und 1911.
National Trust.
Geöffnet April bis
Ende September Mo-Fr und
2. und 4. Wochenende.
Tel. 01367-242094.

SOMERSET:
Barrington Court
b. Ilminster.
Tate Forbes, beeinflußt
von Gertrude Jekyll.
Ab 1917.
National Trust.
Geöffnet April bis
Ende September Sa-Do.
Tel. 01460-241938.

Hestercombe, Cheddon
Fitzpaine, b. Taunton.
Sir Edwin Lutyens und
Gertrude Jekyll.
1904-1909.
Heute Sitz der
Somerset Fire Brigade.
Garten geöffnet
von Mai bis Ende September
Sa und So;
ganzjährig Mo-Fr.
Tel. 01823-413030.

Tintinhull House, Farm
Street b. Yeovil.
S.J.M. Price ab 1898.
Neubepflanzung durch
Mrs. Reiss 1933.
National Trust.
Geöffnet April bis Ende
September Mi-So.
Tel. 01935-822545.

SURREY:
Goddards, Abinger Lane,
Abinger Common, Dorking.
Sir Edwin Lutyens und
Gertrude Jekyll.
1898/99.
Kürzlich vom Landmark
Trust
erworben.
Tel. 01628-825925.

Great Tangley Manor,
Wonersh.
Philip Webb.
Ab 1885.
Privathaus.

Munstead Wood
b. Godalming.
Sir Edwin Lutyens und
Gertrude Jekyll.
Ab 1883.
Geöffnet Ende April,
Ende Mai und Ende Juni
(National Gardens Scheme).

Phillips Memorial,
Godalming.
Thackeray Turner und
Gertrude Jekyll.
1913.
Öffentlicher Garten,
geöffnet täglich.

Vann, Hambledon.
W.D. Caroe und
Gertrude Jekyll.
1907-1911.
Öffnungszeiten über den
National Gardens Scheme,
auch nach Vereinbarung.
Tel. Mr. und Mrs. Caroe:
01428-683413.

EAST SUSSEX:
Bateman's, Burwash.
Rudyard Kipling.
Ab 1902.
National Trust.
Geöffnet April bis
Ende Oktober Sa-Mi.
Tel. 01435-882302.

Brickwall, Northiam
b. Rye.
Garten des 17. Jahrhunderts,
wiederhergestellt
durch George Devey.
Um 1860.
Kein Arts-and-Crafts-
Garten,
aber von Rossetti
fotografiert und
und als romantischer,
»altmodischer« Garten
gepriesen.
Geöffnet Sa und an Bank-
Feiertagen
14-17 Uhr.
Tel. 01797-223329.

Gravetye Manor, West
Hoathley.
William Robinson.
Ab 1885.
Country House Hotel.
Tel. 01342-810567.

Great Dixter, Northiam.
Sir Edwin Lutyens und
Nathaniel Lloyd.
Ab 1910.
Garten heute von
Christopher Lloyd betreut.
Geöffnet Di-So ganzjährig.
Tel. 01797-252878.

WEST SUSSEX:
Little Thakeham,
Merrywood Lane,
Storrington.
Sir Edwin Lutyens.
1902.
Country House Hotel.
Tel. 01903-744416.

WILTSHIRE:
Heale House, Woodford
b. Salisbury.
Harold Peto und
Detmar Blow.
Ab 1901.
Geöffnet ganzjährig
10-15 Uhr.
Tel. Mr. Guy Rasch und
Lady Anne Rasch:
01722-782504.

Iford Manor, Westwood
b. Bradford-on-Avon.
Harold Peto.
Ab 1899.
Eigenbesitz des Architekten.
Geöffnet Mai bis September
täglich (außer Mo und Fr),
April und Oktober nur So.
Privatbesuche nach Absprache.
Tel. Mr. und Mrs. Hignett:
01225-863146.

YORKSHIRE:
Newby Hall, Skelton
b. Ripon.
Ellen Willmott und
später Major Compton.
Um 1900 und 1923.
Geöffnet April bis
September täglich (außer Mo)
11-17.30 Uhr.
Gruppenbesuche nach
Absprache.
Tel. 01423-322583.

SCHOTTLAND FIFE:
Earlshall, Leuchars.
Sir Robert Lorimer.
Ab 1892.
Privatbesuche nach
Absprache.
Tel. 01334-839205.

Hill of Tarvit b. Cupar.
Sir Robert Lorimer.
1906/07.
Kein reiner Arts-and-
Crafts-Garten.
National Trust for Scotland.
Geöffnet ganzjährig täglich.
Tel. 01334-653127.

Kellie Castle, Pittenweem.
Sir Robert Lorimer.
Ab 1880.
National Trust for Scotland.
Geöffnet ganzjährig täglich.
Tel. 01333-720271.

EAST LOTHIAN:
Grey Walls, Muirfield,
Gullane.
Sir Edwin Lutyens.
1901.
Country House Hotel.
Tel. 01620-842144.

STRATHCLYDE:
The Hill House,
Upper Colquhoun Street,
Helensburgh.
Charles Rennie Mackintosh
und
Margaret Macdonald
Mackintosh.
1902.
National Trust for Scotland.
Geöffnet April bis Ende
Oktober
täglich 13.30-17.30 Uhr.

ORKNEY:
Melsetter, Island of Hoy
W.R. Lethaby.
1898.
Privatbesuche nach
Absprache.
Tel. 01856-791352.

OBEN: *Der Garten von Earlshall in der Grafschaft Fife, ab 1892 von Robert Lorimer gestaltet.*

Personenregister

Kursive Seitenzahlen verweisen auf Abbildungen.